신개념 중국어 1

New Concept Chinese

북경어언대학출판사 편
원제 新概念汉语 1 - 课本
편저 崔永华 | 편역 임대근

본책

다락원

MP3 파일 다운로드 및
실시간 재생 서비스

New Concept Chinese
신개념 중국어 1 본책

지은이 崔永华
옮긴이 임대근
펴낸이 정규도
펴낸곳 (주)다락원

초판 1쇄 발행 2016년 9월 5일
초판 7쇄 발행 2024년 9월 4일

기획·편집 고은지, 이상윤, 박소정
디자인 박나래, 최영란

다락원 경기도 파주시 문발로 211
전화 (02)736-2031(내선 250~252/내선 430, 437)
팩스 (02)732-2037
출판등록 1977년 9월 16일 제406-2008-000007호

Copyright © 2012, 北京语言大学出版社
한국 내 Copyright © 2016, (주)다락원

이 책의 한국 내 저작권은 北京语言大学出版社와의
독점 계약으로 (주)다락원이 소유합니다.

저자 및 출판사의 허락 없이 이 책의 일부 또는 전부를 무단 복제·전재·발췌할 수 없습니다. 구입 후 철회는 회사 내규에 부합하는 경우에 가능하므로 구입처에 문의하시기 바랍니다. 분실·파손 등에 따른 소비자 피해에 대해서는 공정거래위원회에서 고시한 소비자 분쟁 해결 기준에 따라 보상 가능합니다. 잘못된 책은 바꿔 드립니다.

ISBN 978-89-277-2184-0 18720
       978-89-277-2183-3 (set)

www.darakwon.co.kr
다락원 홈페이지를 방문하시면 상세한 출판 정보와 함께 동영상 강좌, MP3 자료 등 다양한 어학 정보를 얻으실 수 있습니다.

들어가는 말

중국어, 욕심부리지 말고 차근차근,
새롭게, 쉽게, 재미있게 배우세요!

『신개념 중국어』시리즈는 중국 북경어언대학출판사에서 출간한『新概念汉语』시리즈의 한국어판입니다. 외국인에 대한 중국어 교수법을 다년간 연구해 온 교수진이 기획 및 집필에 참여해 내용이 실용적이고 흥미로우며, 간단하고 효과적인 학습법·교수법을 기초로 설계되어 커리큘럼이 체계적이고 탄탄합니다.

새롭다! 『신개념 중국어』시리즈는 기존의 교재들과 차별화됩니다. 한 과가 두 페이지(1~2권) 또는 네 페이지(3~4권)로 보기 좋게 펼쳐지고 끝나는 단순함, 풍부하고 다채로운 연습으로 학습 포인트를 자연스럽게 체득하게 하는 영민함, 학습 내용을 일방적으로 전달하지 않고 적재적소에서 질문을 던져 가며 차분하게 안내하는 친절함 등이 교재 곳곳에 녹아 있습니다.

쉽다! 『신개념 중국어』시리즈의 각 권은 40과(1~2권) 또는 20과(3~4권)로, 양질의 본문 학습과 연습이 유기적으로 이루어집니다. 본문은 익혀야 할 학습 포인트가 많지 않고 명확해 부담이 없으며, 연습은 반복적이고 종합적이라 충분한 복습이 됩니다. 한 과 한 과 차근차근 학습해 나가다 보면 말하기는 물론 듣기·쓰기·읽기까지 가벼운 책 한 권으로 모두 가능해집니다.

재미있다! 『신개념 중국어』시리즈는 지루할 틈이 없습니다. 본문에는 중국의 문화와 유머, 중국인의 사상과 감성 등이 가득 담겨 있으며, 풍부한 삽화는 내용 연상 및 이해에 도움이 됩니다. 연습은 형태가 창의적이고 다채로워 단조롭지 않습니다.

다년간 중국어 교재 연구·개발에 열정을 쏟아 온 다락원과 강의 경험이 풍부한 국내 교수님이 주체가 되어 재편한『신개념 중국어』시리즈는 다양한 학습자와 교사가 편리하게 활용할 수 있는 신개념 중국어 완성 프로그램입니다. 원서의 특장점을 최대한 부각하고, 국내 실정을 고려해 부족함이 없도록 수정·보완했습니다. 중국어 공부를 처음 시작하는 입문자부터 고급자까지 본 시리즈를 통해 활기차게 생동하는 중국과 중국어를 배울 수 있을 거라 확신합니다.

다락원 중국어 출판부

차례

들어가는 말	3
차례	4
이 책의 구성과 활용법	8
일러두기	11
중국어의 발음	12

학습 포인트	단어	핵심 어법	간체자
01 你叫什么名字? 이름이 무엇인가요?			26
02 他叫姚明。 그는 야오밍이라고 합니다.			28
• 이름 묻고 답하기	• 인칭대사 • 중국인의 성과 이름	• 동사술어문 • 의문사를 쓴 의문문 ① - 什么	一 二 三

03 他是中国人。 그는 중국인입니다.			30
04 他是哪国人? 그는 어느 나라 사람인가요?			32
• 국적 묻고 답하기	• 국적	• '是'자문 • 의문사를 쓴 의문문 ② - 哪, 谁 • 부사 '也'	工 土 王

05 您是木先生吗? 무 선생님이신가요?			34
06 他是王经理。 그는 왕 사장입니다.			36
• 신분 묻고 답하기 • 알맞은 호칭하기	• 호칭 • 사과, 겸양	• '吗'자 의문문 • 소유·종속을 나타내는 '的' • 부정을 나타내는 '不'	十 木 林

07 他做什么工作? 그는 무슨 일을 하나요?			38
08 她很忙。 그녀는 바쁩니다.			40
• 직업 묻고 답하기 • 상태 표현하기	• 직업 • 신체·심리 상태 묘사 형용사	• 형용사술어문 • 정반의문문	人 大 天

09 他们喜欢做什么? 그들은 무엇 하기를 좋아하나요?			42
10 我喜欢上网。 저는 인터넷 하기를 좋아합니다.			44
• 취미 묻고 답하기	• 취미 • 일상생활 ①	• 주어+喜欢+목적어 • 범위를 나타내는 '都' • 조사 '呢'	也 他 她

학습 포인트	단어	핵심 어법	간체자
11 我有一个姐姐。 저는 언니가 하나 있습니다.			46
12 他家有几口人？ 그의 집은 식구가 몇인가요?			48
• 가족관계 묻고 답하기 • 수(數) 말하기	• 가족 • 숫자 0~99	• '有'자문 • 양사 '个' • 의문사를 쓴 의문문 ③ – '几'	妈 姐 妹

13 我的钥匙在哪儿？ 내 열쇠가 어디 있지?			50
14 报纸在电脑旁边。 신문은 컴퓨터 옆에 있습니다.			52
• 사물의 위치 묻고 답하기	• 가구 • 사물 • 방위 ①	• '在'자문 • 의문사를 쓴 의문문 ④ – 哪儿	有 友 在

15 这条红色的裙子好看吗？ 이 빨간색 치마 예쁜가요?			54
16 这个黄色的沙发很舒服。 이 노란색 소파는 편합니다.			56
• 사물의 색과 성질 말하기	• 색 • 의류+관련 양사	• 수식 관계를 나타내는 '的' • '주어+怎么样？' 문형	女 子 好

17 春节是农历1月1日。 춘지에는 음력 1월 1일입니다.			58
18 元宵节是几月几日？ 위앤샤오지에는 몇 월 며칠인가요?			60
• 날짜 묻고 답하기	• 명절, 기념일 • 연, 월, 일 • 요일	• 연, 월, 일 표현	日 月 明

19 现金还是刷卡？ 현금 결제하시겠어요, 카드 결제하시겠어요?			62
20 您要大的还是小的？ 큰 것으로 드릴까요, 작은 것으로 드릴까요?			64
• 음식 주문하기 • 결제 방식 선택하기	• 식품 ①+관련 양사 • 성질 묘사 형용사	• 명량사 • 선택의문문 • 명사 역할을 하는 '……的'	不 杯 还

학습 포인트	단어	핵심 어법	간체자

21 苹果多少钱一斤？ 사과 한 근에 얼마인가요?			66
22 香蕉怎么卖？ 바나나는 어떻게 팔아요?			68
• 가격 묻고 답하기	• 식품 ②+관련 양사 • 화폐 단위	• '多少钱'과 '怎么卖' • 양사 '斤' • 금액 표현	口 名 多

23 银行怎么走？ 은행에는 어떻게 가나요?			70
24 那个白色的大楼就是。 바로 저 흰색 큰 건물입니다.			72
• 길 묻고 답하기	• 공공장소 ① • 방위 ②	• '장소+怎么走？' 문형 • 방향을 나타내는 개사 '往' • 강조 어기의 부사 '就'	很 行 往

25 我坐公共汽车上班。 저는 버스를 타고 출근합니다.			74
26 姐姐怎么去机场？ 누나는 어떻게 공항에 가나요?			76
• 수단·방법 묻고 답하기	• 교통수단 • 운동	• 의문사를 쓴 의문문 ⑤ – 怎么 • 연동문 ① – 수단·방식 표현	个 会 坐

27 我去埃及旅游了。 저는 이집트에 여행을 갔습니다.			78
28 昨天你做什么了？ 어제 무엇을 했나요?			80
• 일상생활 묻고 답하기	• 날, 때 • 공공장소 ②	• 이미 발생했음을 나타내는 '了' • 연동문 ② – 목적 표현 • 시간상 빠름을 나타내는 부사 '就'	头 买 卖

29 早上六点半出发，怎么样？ 아침 여섯 시 반에 출발하면 어떤가요?			82
30 星期日下午我们去打篮球吧。 일요일 오후에 우리 농구 하러 갑시다.			84
• 제안하기 • 약속 정하기 • 시간 말하기	• 시각 • 하루의 때	• 조사 '吧' • '제안+怎么样？' 문형 • '시간+장소+见' 문형	门 问 们

학습 포인트	단어	핵심 어법	간체자
31 他个子很高。 그는 키가 큽니다.			86
32 她身材不好。 그녀는 몸매가 좋지 않습니다.			88
• 외모 표현하기	• 신체 • 인물 묘사 형용사	• 주술술어문	位 件 作
33 北京天气怎么样? 베이징은 날씨가 어떤가요?			90
34 莫斯科冬天常常下雪。 모스크바는 겨울에 자주 눈이 옵니다.			92
• 날씨 묻고 답하기	• 날씨 • 계절 • 도시 이름	• 명사술어문	白 的 自
35 你感冒了。 감기에 걸렸군요.			94
36 他怎么了? 그에게 무슨 일이 있나요?			96
• 아픈 증상 말하기	• 질병 • 증상	• 변화를 나타내는 '了' • 동사의 중첩 • 장소를 나타내는 개사 '在'	几 机 没
37 他们在做什么? 그들은 무엇을 하고 있나요?			98
38 爷爷在打太极拳。 할아버지는 태극권을 하고 계십니다.			100
• 진행 중인 동작 표현하기	• 일상생활 ②	• 부사 '(正)在'	生 姓 星
39 房间收拾完了。 방 정리를 끝냈습니다.			102
40 爸爸听懂了。 아빠는 알아들으셨습니다.			104
• 동작의 결과 표현하기	• 집안일 • 결과 표현 동사·형용사	• 결과보어 • 과거의 행위를 부정하는 '没'	元 完 院

부록

홀수 과 번체자 본문	108
짝수 과 녹음 대본과 모범답안	115
단어 색인	140

이 책의 구성과 활용법

『신개념 중국어 1』은 중국어를 처음 공부하는 학습자, 중국어에 대한 약간의 기초 지식을 지닌 학습자를 대상으로 합니다. 40~60시간에 걸쳐 이 책에서 다루는 주제별 표현과 400여 개의 단어(词), 300여 개의 글자(字), 40여 개의 어법 포인트 등을 마스터한다면 新HSK 2급 수준에 도달할 수 있으며, 초급 수준의 중국어 듣기, 말하기, 읽기, 쓰기 능력을 갖춤으로써 익숙하고 일상적인 화제로 간단한 의사소통을 할 수 있습니다. 20개의 단원은 각각 두 과로 구성됩니다.

본 책

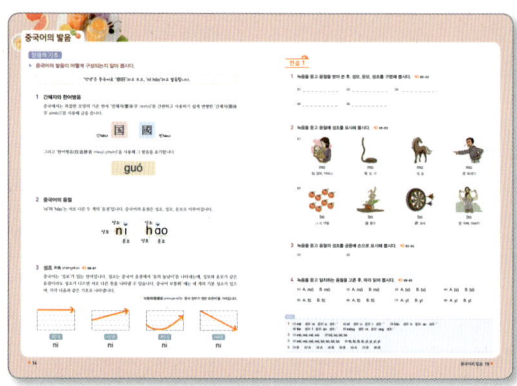

중국어의 발음
중국어를 배우는 데 가장 기초가 되는 발음 학습이 이루어집니다.

발음의 기초 한어병음을 보고 읽을 수 있도록 기본적인 내용을 배우고 연습합니다.

발음의 심화 유창한 발음을 위해 추가로 알아야 할 발음을 배우고 연습합니다.

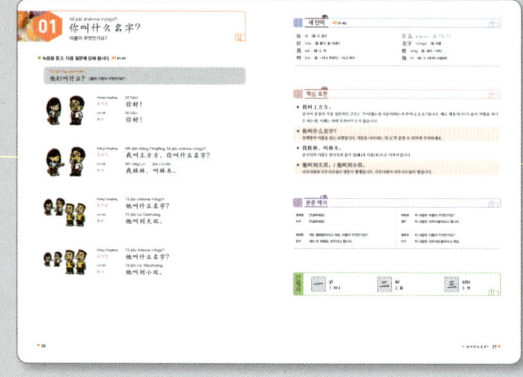

홀수 과
각 단원의 중심이 되는 과로, 본문을 통한 단어·표현·어법 학습, 간체자 학습이 이루어집니다.

본문 실용적이고 간단한 주제별 대화 또는 글을 듣고, 질문에 답하는 방식으로 학습합니다.

새 단어 모르는 단어의 품사와 의미를 확인합니다.

핵심 표현 핵심 문형과 표현, 어법을 익힙니다.

본문 해석 해석을 통해 본문을 완전히 이해합니다.

간체자 혼동하기 쉬운 세 글자를 구분합니다.

이렇게 학습하세요!

① 오른쪽 페이지는 가리고, 과 제목과 질문을 읽은 다음 삽화를 통해 본문 내용을 유추합니다.
② 본문 녹음을 두 번 들으면서 질문에 대한 답이 무엇일지 생각해 봅니다.
③ 오른쪽 페이지의 '새 단어'를 열어 확인하고, 발음과 뜻을 익힙니다.
④ 본문 녹음을 다시 들으며 자신이 생각한 답이 맞는지 확인합니다.
⑤ 오른쪽 페이지의 '핵심 표현'을 학습한 후, 녹음을 다시 듣습니다.
⑥ 오른쪽 페이지의 '본문 해석'을 확인한 후, 녹음을 여러 번 따라 읽고, 혼자서도 읽어 봅니다.
⑦ '본문 해석'을 보면서 중국어로 다시 말해 봅니다.
⑧ 생김새가 비슷해 혼동하기 쉬운 '간체자'의 발음과 뜻을 익히고, 구분합니다.

짝수 과

각 단원의 복습 과로, 다양한 형태의 쓰기·듣기·말하기·읽기 연습이 이루어집니다.

본문   홀수 과에서 익힌 핵심 문형·표현에 대한 교체 연습으로, 확장 단어·응용 표현을 익힙니다.

새 단어 모르는 단어의 품사와 의미를 확인합니다.

연습   다양한 형태의 '단어→대화→응용' 연습으로, 학습한 모든 내용을 완전히 터득합니다.

이렇게 학습하세요!

① 오른쪽 페이지는 가리고, 과 제목과 '예'를 보고 연습의 핵심인 문형·표현을 파악합니다.
② 삽화와 제시된 낱말을 보고, 녹음 속 질문에 뭐라고 답할지 생각해 봅니다.
③ 오른쪽 페이지의 '새 단어'를 열어 확인하고, 발음과 뜻을 익힙니다.
④ 본문의 첫 번째 녹음을 들으며 녹음 속 질문들에 스스로 답해 봅니다.
⑤ 본문의 두 번째 녹음을 들으며 자신의 답이 맞는지 확인하고, 여러 번 다시 들으며 따라 읽어 봅니다.
⑥ 오른쪽 페이지의 '연습'을 통해 다시 한 번 복습하고 활용합니다.

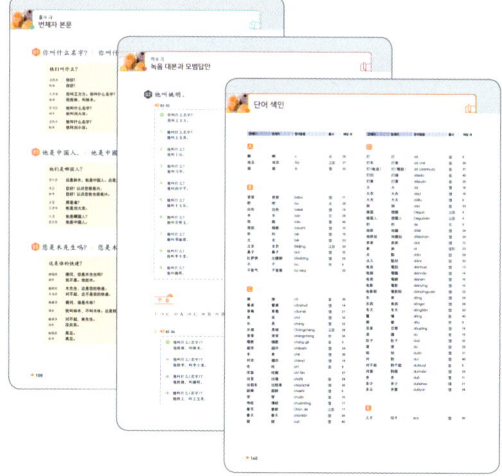

부록

홀수 과 번체자 본문, 짝수 과 녹음 대본과 모범답안, 단어 색인입니다.

◆ 홀수 과 본문을 번체자로 읽어 보고, 어떤 글자가 간단한 형태로 바뀌었는지 살펴봅니다.
◆ 짝수 과 녹음 대본과 해석, 연습에 대한 모범답안을 확인합니다.
◆ 간편하게 단어를 찾고, 품사별 의미를 떠올려 봅니다.

워크북

홀수 과·짝수 과

홀수 과는 '단어 연습→어법 연습→회화 연습→쓰기 연습', 짝수 과는 '단어 연습→어법 연습→회화 연습→활동'으로 이루어집니다.

단어 연습   단어의 발음과 의미, 특징과 용법을 알고 있는지 확인합니다.

어법 연습   어법에 맞게 중국어 문장을 만들고, 써 봅니다.

회화 연습   알맞은 표현을 사용해 대화를 완성하고, 질문에 답해 봅니다.

쓰기 연습   차이점에 유의해 간체자를 직접 써 봅니다.

활동   유쾌한 활동을 통해 자유롭게 중국어를 구사해 봅니다.

✻ 워크북의 모범답안은 다락원 홈페이지(www.darakwon.co.kr)의 '학습자료 〉 중국어'에서 다운로드 받으실 수 있습니다.

MP3 음원

본책 '중국어의 발음' '홀수 과' '짝수 과'의 녹음 파일이 들어 있습니다.

✻ 본책의 해당 부분에 MP3 트랙 번호가 기재되어 있습니다.
✻ 워크북은 녹음이 제공되지 않습니다.
✻ MP3 음원은 다락원 홈페이지(www.darakwon.co.kr)에서 무료로 다운로드 받으실 수 있습니다. 스마트폰으로 QR코드를 스캔하면 MP3 다운로드 및 실시간 재생 가능한 페이지로 바로 연결됩니다.

일러두기

▶ **이 책의 고유명사 표기는 다음과 같습니다.**

❶ 중국의 지명·건물·기관·관광명소 등은 중국어 발음을 한국어로 표기했습니다.
 예 北京 베이징   上海 상하이   颐和园 이허위안

❷ 인명은 각 나라에서 실제 사용하는 발음을 기준으로 하여 한국어로 표기했습니다.
 예 王方方 (중국인) 왕팡팡   大卫 (프랑스인) 다비드   金东国 (한국인) 김동국

▶ **중국어의 품사는 다음과 같이 약자로 표기했습니다.**

명사	명	형용사	형	접속사	접
고유명사	고유	부사	부	감탄사	감
동사	동	수사	수	조사	조
조동사	조동	양사	양	접두사	접두
대사	대	개사	개	접미사	접미

중국어의 발음

중국어의 발음

발음의 기초

▶ 중국어의 발음이 어떻게 구성되는지 알아 봅시다.

'안녕'은 중국어로 '你好'라고 쓰고, 'nǐ hǎo'라고 발음합니다.

1 간체자와 한어병음

중국에서는 복잡한 모양의 기존 한자 '번체자(繁体字 fántǐzì)'를 간편하고 사용하기 쉽게 변형한 '간체자(简体字 jiǎntǐzì)'를 사용해 글을 씁니다.

간체자 国　國 번체자

그리고 '한어병음(汉语拼音 Hànyǔ pīnyīn)'을 사용해 그 발음을 표기합니다.

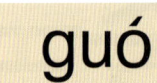
guó

2 중국어의 음절

'nǐ'와 'hǎo'는 서로 다른 두 개의 '음절'입니다. 중국어의 음절은 성조, 성모, 운모로 이루어집니다.

3 성조 声调 shēngdiào 🔊 00-01

중국어는 '성조'가 있는 언어입니다. 성조는 중국어 음절에서 '음의 높낮이'를 나타내는데, 성모와 운모가 같은 음절이라도 성조가 다르면 서로 다른 뜻을 나타낼 수 있습니다. 중국어 보통화*에는 네 개의 기본 성조가 있으며, 각각 다음과 같은 기호로 나타냅니다.

*'보통화(普通话 pǔtōnghuà)'는 '중국 정부가 정한 표준어'를 가리킵니다.

제1성　　제2성　　제3성　　제4성
nī　　　　ní　　　　nǐ　　　　nì

연습 1

1 녹음을 듣고 음절을 받아 쓴 후, 성모, 운모, 성조를 구분해 봅시다. 🔊 00-02

(1) _____ (2) _____ (3) _____

(4) _____ (5) _____

2 녹음을 듣고 음절에 성조를 표시해 봅시다. 🔊 00-03

(1)

ma 妈 엄마, 어머니   ma 麻 삼, 마   ma 马 말   ma 骂 욕하다

(2)

ba 八 8, 여덟   ba 拔 뽑다   ba 靶 과녁   ba 爸 아빠, 아버지

3 녹음을 듣고 음절의 성조를 공중에 손으로 표시해 봅시다. 🔊 00-04

(1)   (2)

4 녹음을 듣고 일치하는 음절을 고른 후, 따라 읽어 봅시다. 🔊 00-05

(1) A. mā   B. mà   (2) A. mǎ   B. má   (3) A. bá   B. bā   (4) A. bà   B. bǎ

(5) A. fá   B. fā   (6) A. fà   B. fǎ   (7) A. yǐ   B. yí   (8) A. yì   B. yī

답안

1 (1) mā 성모: m 운모: a 성조: ˉ   (2) nǐ 성모: n 운모: i 성조: ˇ   (3) hǎo 성모: h 운모: ao 성조: ˇ
   (4) fàn 성모: f 운모: an 성조: `   (5) máng 성모: m 운모: ang 성조: ´

2 (1) mā, má, mǎ, mà   (2) bā, bá, bǎ, bà

3 (1) mā, má, mǎ, mà, bā, bá, bǎ, bà   (2) fā, fá, fǎ, fà, yī, yí, yǐ, yì

4 (1) B   (2) A   (3) A   (4) B   (5) B   (6) A   (7) B   (8) B

4 성모 声母 shēngmǔ 🔊 00-06

중국어 음절 맨 앞에 오는 자음을 '성모'라고 합니다. 중국어에는 21개의 성모가 있습니다.

쌍순음   윗입술과 아랫입술을 살짝 붙였다 떼면서 내는 소리   b p m

순치음   윗니로 아랫입술을 부딪쳐 내는 소리   f

설첨음   혀의 끝을 뾰족하게 윗니 뒤쪽에 붙였다 떼면서 내는 소리   d t n l

설근음   혀뿌리 쪽에서 목구멍을 막았다 떼면서 내는 소리   g k h

설면음   혀를 평평하게 바닥에 대고 내는 소리   j q x

권설음   혀를 입천장 쪽으로 말아 올리고 공기를 내보내며 내는 소리   zh ch sh r

설치음   혀끝을 앞니 뒤쪽에 붙였다 떼면서 내는 소리   z c s

특히 주의해야 할 것은 발음할 때 목구멍에서 강한 세기의 소리를 뱉어내는 거센소리 성모와 약한 세기의 소리를 뱉어내는 예사소리 성모의 구분입니다.

p t k q ch c ≠ b d g j zh z

설면음, 권설음, 설치음 역시 혼동하기 쉬우니 주의해야 합니다.

j q x ≠ zh ch sh ≠ z c s

5 운모 韵母 yùnmǔ 🔊 00-07

중국어 음절에서 성모를 제외한 부분을 '운모'라고 합니다.

단운모   하나의 모음으로 이루어진 운모

a o e* i** u ü***

*   'e'는 '(으)어'로 발음하기도 하고, '에'로 발음하기도 합니다. 예 gē | jiě

**   'i'는 '이'로 발음하기도 하고 '으'로 발음하기도 합니다. 예 nǐ | sì - shì

*** 'i(이)'를 발음하면서 혀를 움직이지 않고 입술만 동그랗게 오므리거나 'u' 발음의 동그랗게 오므린 입술을 유지하면서 혀끝을 아랫니 안쪽에 갖다 대면 'ü'를 발음할 수 있습니다.

*** 'ü'와 'ü'로 시작하는 이중운모, 콧소리운모는 성모 'j, q, x, n, l' 뒤에만 오며, 'j, q, x' 뒤의 'ü'는 'u'로 표기합니다.

중국어의 발음

연습 2

1 녹음을 듣고 따라 읽어 봅시다. 🔊 00-08

	a	o	e	i	u	ü
b	ba	bo		bi	bu	
p	pa	po		pi	pu	
m	ma	mo	me	mi	mu	
f	fa	fo			fu	
d	da		de	di	du	
t	ta		te	ti	tu	
n	na		ne	ni	nu	nü
l	la		le	li	lu	lü
g	ga		ge		gu	
k	ka		ke		ku	
h	ha		he		hu	
j				ji		ju
q				qi		qu
x				xi		xu
zh	zha		zhe	zhi	zhu	
ch	cha		che	chi	chu	
sh	sha		she	shi	shu	
r			re	ri	ru	
z	za		ze	zi	zu	
c	ca		ce	ci	cu	
s	sa		se	si	su	

2 녹음을 듣고 일치하는 음절을 골라 봅시다. 🔊 00-09

(1) A. duō B. tuō (2) A. bí B. pí (3) A. tù B. dù (4) A. pá B. bá

(5) A. gē B. kè (6) A. bāng B. páng (7) A. duì B. tuì (8) A. kǔ B. gǔ

3 녹음을 듣고 따라 읽으며 빈칸에 알맞은 설면음 성모를 써 봅시다. 🔊 00-10

(1) gāo___ìng 高兴 (2) zài___iàn 再见 (3) ___ǐngwèn 请问 (4) ___īng___ù 京剧

(5) ___iě___ie 姐姐 (6) Liú___iǎo___ie 刘小姐 (7) ___īnkǔ 辛苦 (8) ___ǐhuan 喜欢

답안

2 (1) A (2) B (3) A (4) B (5) B (6) A (7) A (8) B
3 (1) x (2) j (3) q (4) j, j (5) j, j (6) x, j (7) x (8) x

🔊 00-07

이중운모   두 개, 세 개의 모음으로 이루어진 운모

> ai ei ao ou ia ie ua uo üe
> iao iou(iu) uai uei(ui)

콧소리운모   단운모 또는 이중운모가 콧소리 'n' 'ng'와 결합한 운모

> an ian uan üan en in uen(un) ün
> ang iang uang eng ing ueng ong iong

권설운모   혀를 입천장 쪽으로 말아 올려 발음하는 운모   er

6 한어병음 표기 규칙

(1) 'i, u, ü'로 시작하는 운모의 표기

① 성모 없이 'i'로 시작하는 음절에 모음이 'i'뿐이면 'i' 앞에 'y'를 붙입니다.

   예) i → yī 一   in → yīn 音   ing → yīng 英

다른 모음과 결합한 음절의 'i'도 'y'로 바꿔 표기합니다.

   예) ia → yá 牙   iao → yào 药   ian → yǎn 眼   iang → yáng 羊
       ie → yě 也   iou → yóu 游   iong → yǒng 泳

② 성모 없이 'u'로 시작하는 음절에 모음이 'u'뿐이면 'u' 앞에 'w'를 붙입니다.

   예) u → wǔ 五

다른 모음과 결합한 음절의 'u'도 'w'로 바꿔 표기합니다.

   예) ua → wà 袜   uai → wài 外   uan → wán 完   uang → wáng 王
       uo → wǒ 我   uei → wèi 位   uen → wèn 问   ueng → wēng 翁

③ 'ü'로 시작하는 음절의 'ü'는 언제나 'yu'로 바꿔 표기합니다.

   예) ü → yú 鱼   üe → yuè 月   üan → yuán 元   ün → yùn 运

④ 'ü'는 성모 'j, q, x'와 결합하면 'u'로 표기하고, 'n, l'과 결합하면 그대로 표기합니다.

   예) jü → jù 句   qüe → quē 缺   xüan → xuǎn 选   nü → nǚ 女   lü → lǜ 绿

(2) 성모 뒤에 위치한 'iou, uei, uen'의 표기

성모 뒤에 위치한 'iou, uei, uen'은 각각 'iu, ui, un'으로 표기합니다.

   예) jiou → jiǔ 九   duei → duì 对   cuen → cūn 村

중국어의 발음

연습 3

1 운모표를 통해 운모가 어떻게 구성되는지 살펴봅시다. 🔊 00-11

	i	u	ü
a	ia	ua	
o		uo	
e	ie		üe
ai		uai	
ei		uei(ui)	
ao	iao		
ou	iou(iu)		
an	ian	uan	üan
en	in	uen(un)	ün
ang	iang	uang	
eng	ing	ueng	
ong	iong		

2 먼저 스스로 읽고, 녹음을 따라 다시 읽어 봅시다. 🔊 00-12

(1) ài 爱   tài 太   gāo 高
(2) pò 破   wǒ 我   yǒu 有   dōu 都
(3) yě 也   è 饿   lèi 累
(4) jiā 家   xiǎo 小   xiè 谢
(5) jiǔ 九   bù 不   guà 挂
(6) duì 对   duō 多   wài 外
(7) shān 山   máng 忙   zhōng 中
(8) hěn 很   shēng 生   wēng 翁
(9) tā 他   tiān 天   liǎng 两
(10) yī 一   jīn 金   qǐng 请   yòng 用
(11) yuán 元   duǎn 短   wáng 王
(12) wèi 位   wèn 问   cūn 村
(13) lù 路   qù 去   yú 鱼   jūn 军
(14) nǚ 女   lüè 略   jué 觉

(3) 성조 기호의 표기

① 한어병음의 성조 기호는 운모의 **모음 위**에 표기합니다.　예 bā 八

② 운모가 두 개 이상의 모음으로 이루어진 경우, 모음 'a' 위에 표기합니다.　예 hǎo 好
만약 모음 'a'가 없다면 'o'나 'e' 위에 표기합니다.　예 yǒu 有　　běi 北
'o'나 'e'도 없다면 'i'나 'u' 또는 'ü' 위에 표기합니다.

> a ＞ o e ＞ i u ü

③ 성조 기호를 'i' 위에 표기할 때는 'i'의 점을 없앱니다.　예 yī 一

④ 운모가 'ui' 또는 'iu'일 때, 성조 기호는 항상 마지막 글자에 표기합니다.　예 duì 对　　jiǔ 九

발음의 심화

▶ **주의해야 할 중국어 발음에 대해 알아 봅시다.**

> 중국어 음절은 저마다 고정된 성조를 지닙니다. 그런데 음절과 음절을 연이어 읽을 때, 앞 음절 성조가 뒤 음절 성조의 영향을 받아 원래 성조대로 발음되지 않고 변화하는 경우가 있습니다. 이를 '변조(变调 biàndiào)'라고 합니다. 가장 흔히 접할 수 있는 것은 '제3성' '不' '一'의 변조입니다.

1 제3성의 변조 🔊 00-13

제3성 뒤에 제3성이 올 때는 앞 음절을 제2성으로, 뒤에 제1성·제2성·제4성이 올 때는 앞 음절을 반3성으로 발음합니다. 반3성은 제3성의 (내려가는) 절반만 발음하는 것입니다.

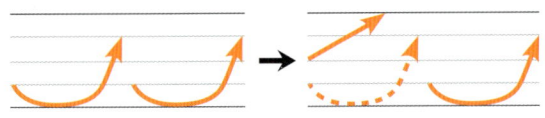

제3성+제3성
예 shuǐguǒ 水果 과일

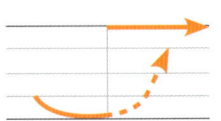

제3성+제1성
예 lǎoshī 老师 선생님

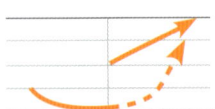

제3성+제2성
예 Měiguó 美国 미국

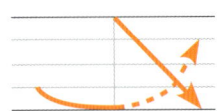

제3성+제4성
예 qǐngwèn 请问 좀 여쭙겠습니다

중국어의 발음

연습 4

1 녹음을 듣고 각 음절에 성조를 표시해 봅시다. 🔊 00-14

(1) da   wo   le   du   tu   (2) tian   huang   gou   hei

(3) nan   lang   men   leng   hong   (4) ni   pi   nin   ning

(5) shui   duibuqi   (6) lanqiu   liu

2 녹음을 듣고 각 글자에 해당하는 한어병음을 써 봅시다. 🔊 00-15

(1) 一 _____ 眼 _____   (2) 完 _____ 五 _____

(3) 元 _____ 学 _____   (4) 绿 _____ 去 _____

(5) 九 _____ 牛 _____   (6) 对 _____ 岁 _____

(7) 村 _____ 顿 _____   (8) 帅 _____ 兄 _____

3 제3성 변조에 주의해 녹음을 듣고 따라 읽어 봅시다. 🔊 00-16

(1) xiǎoyǔ 小雨 가랑비   dǎsǎo 打扫 청소하다   shuǐguǒ 水果 과일   shǒubiǎo 手表 손목시계

(2) lǎoshī 老师 선생님   shǒujī 手机 휴대 전화   huǒchē 火车 기차   Běijīng 北京 베이징

(3) Měiguó 美国 미국   Fǎguó 法国 프랑스   kěnéng 可能 아마(도)   lǚyóu 旅游 여행하다

(4) qǐngwèn 请问 좀 여쭙겠습니다   nǚshì 女士 여사   hǎokàn 好看 예쁘다   pǎo bù 跑步 뛰다

4 빈칸에 알맞은 말을 써 넣어 봅시다.

제3성은 제3성 음절 앞에 위치할 때는 _____으로 바꿔 발음하고, 제1성·제2성·제4성 음절 앞에 위치할 때는 _____으로 바꿔 발음합니다. 성조는 원래대로 표기합니다.

답안

1 (1) dà, wǒ, lè, dú, tù   (2) tiān, huáng, gǒu, hēi   (3) nán, láng, mén, lěng, hóng   (4) nǐ, pí, nín, níng   (5) shuǐ, duìbuqǐ   (6) lánqiú, liù

2 (1) yī, yǎn   (2) wán, wǔ   (3) yuán, xué   (4) lǜ, qù   (5) jiǔ, niú   (6) duì, suì   (7) cūn, dùn   (8) shuài, xiōng

4 제2성, 반3성

2 '不'의 변조 🔊 00-17

'不'의 원래 성조는 제4성이지만, 제4성 음절 앞에 올 때는 제2성으로 발음합니다.

예 bù qù → bú qù 不去 가지 않다   bù huì → bú huì 不会 ~할 줄 모르다

3 '一'의 변조 🔊 00-18

'一'의 원래 성조는 제1성이지만 제4성 음절 앞에서는 제2성으로, 제1성·제2성·제3성 음절 앞에서는 제4성으로 발음합니다.

예 yīgòng → yígòng 一共 모두

yī tiān → yì tiān 一天 하루   yīzhí → yìzhí 一直 곧장, 줄곧   yīqǐ → yìqǐ 一起 함께

4 경성 轻声 qīngshēng 🔊 00-19

중국어의 일부 음절은 본래의 성조를 잃고 짧고 약하게, '경성'으로 발음됩니다. 경성은 네 가지 성조와 별개의 다섯 번째 성조를 말하는 것이 아니라 네 가지 성조의 특수한 변화입니다. 경성은 음의 높낮이가 앞 글자 성조에 따라 결정되기 때문에 성조 기호를 표기하지 않습니다.

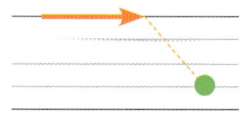  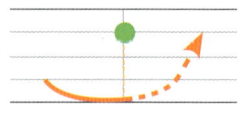 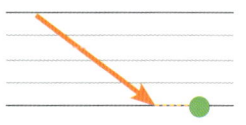

제1성+경성   제2성+경성   제3성+경성   제4성+경성
예 māma 妈妈 엄마   예 yéye 爷爷 할아버지   예 jiějie 姐姐 언니, 누나   예 bàba 爸爸 아빠

5 '儿'화 현상 🔊 00-20

많은 중국어 단어에서 혀가 말리는 동작으로 운모의 발음이 변화하는 현상을 볼 수 있는데, 이를 '儿'화라고 합니다. '儿'화된 음절은 여전히 하나의 음절이며, 본래의 글자 뒤에 '儿'을 붙여 표기하고, 한어병음으로는 운모 뒤에 'r'을 붙여 표기합니다.

예 wán+ér → wánr 玩儿 놀다   lǎotóu+ér → lǎotóur 老头儿 노인

중국어의 발음

연습 5

1 '不'와 '一'의 성조를 표기한 후, 녹음을 듣고 따라 읽어 봅시다. 🔊 00-21

(1)
bu chī	bu hē	bu máng	bu cháng
不吃 먹지 않다	不喝 마시지 않다	不忙 바쁘지 않다	不长 길지 않다

bu hǎokàn	bu kěnéng	bu shì	bu kuàilè
不好看 예쁘지 않다	不可能 그럴 리 없다	不是 아니다	不快乐 즐겁지 않다

(2)
yi bēi	yi shuāng	yi tiáo	yi máo
一杯 한 잔	一双 한 쌍	一条 한 줄기	一毛 1마오

yidiǎnr	yi wǎn	yiqiè	yi jiàn
一点儿 조금	一碗 한 그릇	一切 모든	一件 한 건

2 빈칸에 알맞은 말을 써 넣어 봅시다.

(1) '不'는 뒤 음절이 제1성·제2성·제3성일 경우에 _____으로 발음하고, 뒤 음절이 제4성일 경우에는 _____으로 발음합니다. 이때 '不'의 성조는 실제 발음에 따라 표기합니다.

(2) '一'를 단독으로 읽을 때는 _____으로, '一'가 제1성·제2성·제3성 음절 앞에 위치할 때는 _____으로, 제4성 음절 앞에 위치할 때는 _____으로 바꿔 발음합니다. 이때 '一'의 성조는 실제 발음에 따라 표기합니다.

3 경성과 '儿'화 현상에 주의해 녹음을 듣고 따라 읽어 봅시다. 🔊 00-22

(1)
gēge	xuésheng	zěnme	dàifu
哥哥 형, 오빠	学生 학생	怎么 어떻게	大夫 의사

duōshao	shénme	nǐ ne	xièxie
多少 얼마나	什么 무엇	你呢 당신은요?	谢谢 감사합니다

(2)
nǎr	zhèr	miàntiáor	fànguǎnr
哪儿 어디	这儿 여기	面条儿 국수	饭馆儿 식당

답안

1 (1) bù chī, bù hē, bù máng, bù cháng, bù hǎokàn, bù kěnéng, bú shì, bú kuàilè　(2) yì bēi, yì shuāng, yì tiáo, yì máo, yìdiǎnr, yì wǎn, yíqiè, yí jiàn

2 (1) 제4성, 제2성　(2) 제1성, 제4성, 제2성

신개념
중국어 ①

01 你叫什么名字?
Nǐ jiào shénme míngzi?

이름이 무엇인가요?

● 녹음을 듣고, 다음 질문에 답해 봅시다. 🔊 01-01

> **他们叫什么?** 그들은 이름이 무엇인가요?
> Tāmen jiào shénme?

Wáng Fāngfāng　　Nǐ hǎo!
王方方　　　　　　你好!

Lín Mù　　　　　　Nǐ hǎo!
林木　　　　　　　你好!

Wáng Fāngfāng　　Wǒ jiào Wáng Fāngfāng. Nǐ jiào shénme míngzi?
王方方　　　　　　我叫王方方。你叫什么名字?

Lín Mù　　　　　　Wǒ xìng Lín,　jiào Lín Mù.
林木　　　　　　　我姓林，叫林木。

Wáng Fāngfāng　　Tā jiào shénme míngzi?
王方方　　　　　　他叫什么名字?

Lín Mù　　　　　　Tā jiào Liú Dàshuāng.
林木　　　　　　　他叫刘大双。

Wáng Fāngfāng　　Tā jiào shénme míngzi?
王方方　　　　　　他叫什么名字?

Lín Mù　　　　　　Tā jiào Liú Xiǎoshuāng.
林木　　　　　　　他叫刘小双。

새 단어 01-02

你	nǐ	대 너, 당신
好	hǎo	형 좋다, 잘 지내다
我	wǒ	대 나, 저
叫	jiào	동 ~라고 부르다, ~라고 하다

什么	shénme	대 무엇, 무슨
名字	míngzi	명 이름
姓	xìng	동 성이 ~이다
他	tā	대 그, 이[저] 사람[분]

핵심 표현

- **我叫王方方。**
  중국어 문장의 가장 일반적인 구조는 '주어(我)+동사술어(叫)+목적어(王方方)'입니다. 때로 형용사(구)가 술어 역할을 하기도 하는데, 이때는 뒤에 목적어가 오지 않습니다.

- **你叫什么名字?**
  상대방의 이름을 묻는 표현입니다. 의문을 나타내는 '什么'의 문장 속 위치에 주의하세요.

- **我姓林，叫林木。**
  중국인의 이름도 한국인과 같이 성(林)과 이름(木)으로 이루어집니다.

- **他叫刘大双。/ 他叫刘小双。**
  리우다쐉과 리우샤오쐉은 쌍둥이 형제입니다. 리우다쐉이 리우샤오쐉의 형입니다.

본문 해석

왕팡팡 안녕하세요!
린무   안녕하세요!

왕팡팡 저는 왕팡팡이라고 해요. 이름이 무엇인가요?
린무   저는 린 씨예요. 린무라고 합니다.

왕팡팡 저 사람은 이름이 무엇인가요?
린무   저 사람은 리우다쐉이라고 합니다.

왕팡팡 저 사람은 이름이 무엇인가요?
린무   저 사람은 리우샤오쐉이라고 해요.

간체자

 yī 1, 하나

 èr 2, 둘

 sān 3, 셋

02 Tā jiào Yáo Míng.
他叫姚明。
그는 야오밍이라고 합니다.

● 제시된 낱말을 활용해 녹음 속 질문에 답해 봅시다. 🔊 02-01 🔊 02-02

Wáng Fāngfāng
王方方

Nǐ jiào shénme míngzi?
你叫什么名字?

Wǒ jiào Wáng Fāngfāng.
我叫王方方。

1
Wáng Yùyīng
王玉英

2
Dīng Shān
丁山

3
Mǎ Huá
马华

4
Sūn Zhōngpíng
孙中平

5
Yú Wénlè
于文乐

6
Wú Míngyù
吴明玉

7
Dèng Lìjūn
邓丽君

8
Lǐ Xiǎolóng
李小龙

9
Yáo Míng
姚明

새 단어 🔊 02-03

她 tā 때 그녀, 이[저] 사람[분]

연습

1 빈칸에 알맞은 말을 보기에서 골라 봅시다.

| 보기 | A 叫 jiào | B 姓 xìng | C 什么 shénme | D 名字 míngzi |

(1) Nǐ jiào　　　míngzi?
你叫_____名字? 이름이 무엇인가요?

(2) Tā xìng Lín, tā　　　Lín Mù.
他姓林，他_____林木。 그는 린 씨예요. 린무라고 합니다.

(3) Tā jiào
她叫_____? 그녀는 이름이 무엇인가요?

(4) Tā　　　Wáng, tā jiào Wáng Fāngfāng.
她_____王，她叫王方方。 그녀는 왕 씨예요. 왕팡팡이라고 합니다.

(5) Wǒ　　　Liú,　　　Liú Dàshuāng.
我_____刘，_____刘大双。 저는 리우 씨예요. 리우다솽이라고 합니다.

(6) Tā　　　Yáo, tā　　　Yáo Míng.
他_____姚，他_____姚明。 그는 야오 씨예요. 야오밍이라고 합니다.

2 제시된 낱말을 활용해 이름을 묻고 답해 봅시다. 🔊 02-04

| 예 | tā 他　Lín Mù 林木 | Tā jiào shénme (míngzi)? 他叫什么(名字)?
 Tā xìng Lín, jiào Lín Mù. 他姓林，叫林木。 |

(1) tā 他　Lǐ Xiǎolóng 李小龙
(2) tā 他　Yáo Míng 姚明
(3) tā 她　Wáng Yùyīng 王玉英
(4) tā 他　Dīng Shān 丁山

3 자신이 알고 있는 중국인의 이름을 말해 봅시다.

03

Tā shì Zhōngguórén.
他是中国人。
그는 중국인입니다.

● 녹음을 듣고, 다음 질문에 답해 봅시다. 🔊 03-01

> Tāmen shì nǎ guó rén?
> **他们是哪国人?** 그들은 어느 나라 사람인가요?

Wáng Fāngfāng
王方方

Zhè shì Lín Mù, tā shì Zhōngguórén.
这是林木，他是中国人。

Zhè shì Dàwèi, tā shì Fǎguórén.
这是大卫，他是法国人。

Dàwèi
大卫

Nín hǎo! Rènshi nín hěn gāoxìng.
您好！认识您很高兴。

Lín Mù
林木

Nín hǎo! Rènshi nín wǒ yě hěn gāoxìng.
您好！认识您我也很高兴。

Dàwèi
大卫

Nà shì shéi?
那是谁？

Wáng Fāngfāng
王方方

Tā shì Liú Dàshuāng.
他是刘大双。

Dàwèi
大卫

Tā shì nǎ guó rén?
他是哪国人？

Wáng Fāngfāng
王方方

Tā shì Zhōngguórén.
他是中国人。

새 단어 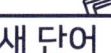 03-02

这 zhè	대 이(것), 이 사람[분]	认识 rènshi	동 알다
是 shì	동 ~이다	很 hěn	부 매우, 아주
中国人 Zhōngguórén	고유 중국인	高兴 gāoxìng	형 반갑다, 기쁘다, 즐겁다
中国 Zhōngguó	고유 중국	也 yě	부 ~도
人 rén	명 사람	那 nà	대 그(것), 저(것), 그[저] 사람[분]
法国人 Fǎguórén	고유 프랑스인	谁 shéi	대 누구
法国 Fǎguó	고유 프랑스	哪国人 nǎ guó rén	어느 나라 사람
您 nín	대 당신	哪 nǎ	대 어느, 어떤

핵심 표현

- **您**好!
  '您'은 '你'의 존칭입니다.

- 认识您我**也**很高兴。
  '~도'라는 뜻의 부사 '也'는 문장에서 주어(我) 뒤, 술어(高兴) 앞에 위치합니다. 그리고 다른 부사(很)와 함께 쓰일 때는 그 앞에 사용됩니다.

- 那是**谁**? / 他是**哪**国人?
  '你叫什么名字?'의 '什么'가 그렇듯이 '谁' '哪' 또한 문장 속에서 의문을 나타냅니다.

본문 해석

왕팡팡	이분은 린무 씨이고, 중국인입니다. 이분은 다비드 씨이고, 프랑스인입니다.	다비드	저 사람은 누구죠?
		왕팡팡	저 사람은 리우다샹입니다.
다비드	안녕하세요! 뵙게 되어 반갑습니다.	다비드	어느 나라 사람인가요?
린무	안녕하세요! 뵙게 되어 저도 반갑습니다.	왕팡팡	중국인이에요.

간체자

 工 gōng 일, 작업

 土 tǔ 흙

 王 wáng 왕, 임금

04 Tā shì nǎ guó rén?
他是哪国人?
그는 어느 나라 사람인가요?

● 제시된 낱말을 활용해 녹음 속 질문에 답해 봅시다. 🔊 04-01 🔊 04-02

예
Dàwèi　Fǎguórén
大卫　法国人

Tā shì shéi?
他是谁?
Tā shì Dàwèi.
他是大卫。

Tā shì nǎ guó rén?
他是哪国人?
Tā shì Fǎguórén.
他是法国人。

1
Kǒngzǐ
孔子 공자
Zhōngguórén
中国人

2
Bèiduōfēn
贝多芬 베토벤(Beethoven)
Déguórén
德国人

3
Bìjiāsuǒ
毕加索 피카소(Picasso)
Xībānyárén
西班牙人

4
Màndélā
曼德拉 만델라(Mandela)
Nánfēirén
南非人

5
Mènglù
梦露 먼로(Monroe)
Měiguórén
美国人

6
Gǒng Lì
巩俐
Zhōngguórén
中国人

새 단어 04-03

德国人 Déguórén 고유 독일인
德国 Déguó 고유 독일
西班牙人 Xībānyárén 고유 스페인인
西班牙 Xībānyá 고유 스페인

南非人 Nánfēirén 고유 남아프리카인
南非 Nánfēi 고유 남아프리카
美国人 Měiguórén 고유 미국인
美国 Měiguó 고유 미국

연습

1 빈칸에 알맞은 말을 보기에서 골라 봅시다.

| 보기 | A 叫 jiào | B 姓 xìng | C 是 shì | D 也 yě |

(1) 她____王，____王方方。 그녀는 왕 씨예요. 왕팡팡이라고 합니다.
    Tā　 Wáng,　 Wáng Fāngfāng.

(2) 他____美国人，她____是美国人。 그는 미국인입니다. 그녀도 미국인입니다.
    Tā　 Měiguórén, tā　 shì Měiguórén.

(3) 他____刘，____刘大双，他____中国人。 그는 리우 씨예요. 리우다솽이라고 합니다. 그는 중국인입니다.
    Tā　 Liú,　 Liú Dàshuāng, tā　 Zhōngguórén.

(4) 他____毕加索，他____西班牙人。 그는 피카소라고 합니다. 그는 스페인인이에요.
    Tā　 Bìjiāsuǒ, tā　 Xībānyárén.

2 제시된 낱말을 활용해 국적을 묻고 답해 봅시다.  04-04

예)
刘大双 Liú Dàshuāng　王方方 Wáng Fāngfāng
中国人 Zhōngguórén

刘大双是哪国人? Liú Dàshuāng shì nǎ guó rén?
刘大双是中国人。 Liú Dàshuāng shì Zhōngguórén.

王方方是哪国人? Wáng Fāngfāng shì nǎ guó rén?
王方方也是中国人。 Wáng Fāngfāng yě shì Zhōngguórén.

(1) 孔子 Kǒngzǐ　老子 Lǎozǐ 노자　中国人 Zhōngguórén
(2) 歌德 Gēdé 괴테(Goethe)　贝多芬 Bèiduōfēn　德国人 Déguórén
(3) 雨果 Yǔguǒ 위고(Hugo)　罗丹 Luódān 로댕(Rodin)　法国人 Fǎguórén
(4) 毕加索 Bìjiāsuǒ　塞万提斯 Sàiwàntísī 세르반테스(Cervantes)　西班牙人 Xībānyárén

3 본문과 아래 추가 단어를 활용해 친구 두 명의 이름과 국적을 소개해 봅시다.

韩国 Hánguó 한국　日本 Rìběn 일본　英国 Yīngguó 영국　俄罗斯 Éluósī 러시아　意大利 Yìdàlì 이탈리아

05

Nín shì Mù xiānsheng ma?
您是木先生吗?
무 선생님이신가요?

● 녹음을 듣고, 다음 질문에 답해 봅시다. 🔊 05-01

> Zhè shì shéi de kuàidì?
> 这是谁的快递? 이것은 누구의 택배인가요?

Yóudìyuán　　Qǐngwèn,　nín shì Mù xiānsheng ma?
邮递员　　　请问，您是木先生吗?

Lín Mù　　　Wǒ bú shì.　Tā xìng Mù.
林木　　　　我不是。他姓木。

Yóudìyuán　　Mù xiānsheng,　zhè shì nín de kuàidì.
邮递员　　　木先生，这是您的快递。

Mù xiānsheng　Duìbuqǐ,　zhè bú shì wǒ de kuàidì.
木先生　　　对不起，这不是我的快递。

Yóudìyuán　　Qǐngwèn,　shéi shì Mù Lín?
邮递员　　　请问，谁是木林?

Lín Mù　　　Wǒ jiào Lín Mù,　bú jiào Mù Lín.　Zhè shì wǒ de kuàidì.
林木　　　　我叫林木，不叫木林。这是我的快递。

Yóudìyuán　　Duìbuqǐ,　Lín xiānsheng.
邮递员　　　对不起，林先生。

Lín Mù　　　Méi guānxi.
林木　　　　没关系。

Yóudìyuán　　Zàijiàn.
邮递员　　　再见。

Lín Mù　　　Zàijiàn.
林木　　　　再见。

새 단어  05-02

邮递员 yóudìyuán 명 우체부
请问 qǐngwèn 동 실례합니다, 좀 여쭙겠습니다
先生 xiānsheng 명 선생(님), ~씨[성인 남자에 대한 존칭]
吗 ma 조 [문장 끝에 쓰여 의문을 나타냄]
不 bù 부 아니다

的 de 조 ~의 (것)[소유를 나타냄]
快递 kuàidì 명 택배 물품
对不起 duìbuqǐ 동 미안합니다, 죄송합니다
没关系 méi guānxi 괜찮습니다
再见 zàijiàn 동 안녕, 또 만나요

핵심 표현

- **请问**，您是木先生吗?
  '请问'은 상대에게 무언가를 묻는 말 첫머리에 붙이는 공손한 표현입니다.

- 您是木先生**吗**?
  조사 '吗'를 평서문 끝에 붙이면 '~입니까?'라는 의미의 의문문이 됩니다.

- 这是您**的**快递。
  여기서 '的'는 '~의 (것)'라는 뜻으로, '您'과 '快递'가 종속 관계임을 나타냅니다.

- 这**不**是我的快递。
  부사 '不'는 술어 앞에 위치해 '~가 아니다'라는 부정을 나타냅니다.

본문 해석

우체부	실례합니다만 무 선생님이신가요?
린무	아닙니다. 저분이 무 씨예요.
우체부	무 선생님, 택배 배달 왔습니다.
무 선생	미안하지만 이것은 제 것이 아닙니다.
우체부	실례지만 무린 씨가 누구시죠?
린무	제가 린무입니다. 무린이 아니고요. 제 것이네요.
우체부	죄송합니다. 린 선생님.
린무	괜찮습니다.
우체부	안녕히 계세요.
린무	안녕히 가세요.

간체자

十 shí 10, 열

木 mù 나무

林 lín 숲

06

Tā shì Wáng jīnglǐ.
他是王经理。
그는 왕 사장입니다.

● 제시된 낱말을 활용해 녹음 속 질문에 답해 봅시다. 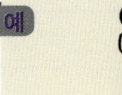 06-01  06-02

예

Mù xiānsheng　Lín xiānsheng
木先生　　林先生

Tā shì Mù xiānsheng ma?
他是木先生吗?

Tā bú shì Mù xiānsheng, tā shì Lín xiānsheng.
他不是木先生，他是林先生。

1

Wáng xiānsheng　Lǐ xiānsheng
王先生　　李先生

2

Yú xiǎojie　Liú xiǎojie
于小姐　　刘小姐

3

Sūn nǚshì　Lǐ nǚshì
孙女士　　李女士

4

Zhāng lǎoshī　Liú lǎoshī
张老师　　刘老师

5

Mǎ jīnglǐ　Wáng jīnglǐ
马经理　　王经理

6

Dīng dàifu　Yú dàifu
丁大夫　　于大夫

새 단어  06-03

小姐 xiǎojie 명 아가씨, ~양
女士 nǚshì 명 여사, 부인
老师 lǎoshī 명 선생님, 스승

经理 jīnglǐ 명 사장, 책임자
大夫 dàifu 명 의사

연습

1 빈칸에 알맞은 말을 보기에서 골라 봅시다.

보기   A 是 shì   B 也 yě   C 不 bù   D 吗 ma

(1) Tā ___ Wáng Fāngfāng.
    她 ___ 王方方。 그녀는 왕팡팡입니다.

(2) Tā shì Lǐ xiānsheng ___ ?
    他是李先生 ___ ? 그가 리 선생님인가요?

(3) Tā ___ Liú lǎoshī ma?
    他 ___ 刘老师吗? 그가 리우 선생님인가요?

(4) Tā ___ shì Zhāng nǚshì.
    她 ___ 是张女士。 그녀는 장 여사님이 아닙니다.

(5) Tā ___ shì Yú xiǎojie, ___ bú shì Liú xiǎojie.
    她 ___ 是于小姐，___ 不是刘小姐。 그녀는 위 양이 아닙니다. 리우 양도 아니에요.

2 제시된 낱말을 활용해 신분을 확인하는 대화를 만들어 봅시다. 06-04

예
Wáng xiānsheng Lǐ xiānsheng
王先生　　李先生

Nín shì Wáng xiānsheng ma?
您是王先生吗?
Bú shì, wǒ xìng Lǐ.
不是，我姓李。

Duìbuqǐ.
对不起。
Méi guānxi.
没关系。

(1) Sūn jīnglǐ Liú jīnglǐ
    孙经理　刘经理

(2) Dīng lǎoshī Zhāng lǎoshī
    丁老师　张老师

(3) Wáng dàifu Yú dàifu
    王大夫　于大夫

(4) Lǐ xiǎojie Lín xiǎojie
    李小姐　林小姐

3 중국의 상점에서 유명인을 닮은 사람을 만났다면 어떤 말로 그(녀)의 신분을 확인할 수 있을까요?

07 他做什么工作?
Tā zuò shénme gōngzuò?

그는 무슨 일을 하나요?

● 녹음을 듣고, 다음 질문에 답해 봅시다. 07-01

Shéi zuì máng?
谁最忙? 누가 가장 바쁜가요?

A 他做什么工作?
Tā zuò shénme gōngzuò?

B 他是司机。他很忙。
Tā shì sījī. Tā hěn máng.

A 她做什么工作?
Tā zuò shénme gōngzuò?

B 她是记者。她很忙。
Tā shì jìzhě. Tā hěn máng.

A 他做什么工作?
Tā zuò shénme gōngzuò?

B 他是医生。他也很忙。
Tā shì yīshēng. Tā yě hěn máng.

A 他做什么工作?
Tā zuò shénme gōngzuò?

B 他是经理。他非常忙。
Tā shì jīnglǐ. Tā fēicháng máng.

A 她做什么工作?
Tā zuò shénme gōngzuò?

B 她是家庭主妇。
Tā shì jiātíng zhǔfù.

A 她忙不忙?
Tā máng bu máng?

B 她最忙。
Tā zuì máng.

새 단어 07-02

做 zuò 동 하다
工作 gōngzuò 명 일, 업무 동 일하다
司机 sījī 명 운전사
忙 máng 형 바쁘다
记者 jìzhě 명 기자
医生 yīshēng 명 의사

非常 fēicháng 부 무척, 대단히
家庭主妇 jiātíng zhǔfù 명 가정주부
家庭 jiātíng 명 가정
主妇 zhǔfù 명 주부
最 zuì 부 가장, 최고로

핵심 표현

- 他很忙。

'주어+형용사술어' 역시 중국어 기본 문형 중 하나입니다. 이때 형용사술어 앞에는 일반적으로 '很' '非常' '最' '不' 같은 부사가 위치합니다. 참고로 이때 '很'은 별 뜻을 나타내지 않으므로 반드시 '매우' '아주' 등으로 해석하지 않아도 된다는 것을 알아 두세요.

- 她忙不忙?

'그녀는 바쁜가요, 안 바쁜가요?' 다시 말해 '그녀는 바쁜가요?(她忙吗?)'라는 의미입니다. 이처럼 동사나 형용사의 긍정형과 부정형을 나란히 쓴 형태의 중국어 의문문을 '정반의문문'이라고 합니다.

본문 해석

A 그는 무슨 일을 하나요?	A 그는 무슨 일을 하나요?
B 그는 운전사입니다. 그는 바쁩니다.	B 그는 사장입니다. 그는 무척 바쁩니다.
A 그녀는 무슨 일을 하나요?	A 그녀는 무슨 일을 하나요?
B 그녀는 기자입니다. 그녀는 바쁩니다.	B 그녀는 가정주부입니다.
A 그는 무슨 일을 하나요?	A 그녀는 바쁜가요?
B 그는 의사입니다. 그도 바쁩니다.	B 그녀가 가장 바쁩니다.

간체자

 人 rén 사람

 大 dà 크다

 天 tiān 하늘, 날

08
Tā hěn máng.
她很忙。
그녀는 바쁩니다.

● 제시된 낱말을 활용해 녹음 속 질문에 답해 봅시다. 🔊 08-01 🔊 08-02

예

jiātíng zhǔfù　hěn máng
家庭主妇　很忙

Tā zuò shénme gōngzuò?
她做什么工作?
Tā shì jiātíng zhǔfù.
她是家庭主妇。

Tā máng bu máng?
她忙不忙?
Tā hěn máng.
她很忙。

1

fúwùyuán　hěn máng
服务员　很忙

2

mìshū　bù máng
秘书　不忙

3

chúshī　fēicháng lèi
厨师　非常累

4

lǜshī　hěn xīnkǔ
律师　很辛苦

5

yùndòngyuán　fēicháng lèi
运动员　非常累

6

xuésheng　bú kuàilè
学生　不快乐

새 단어 🔊 08-03

服务员 fúwùyuán 명 종업원
服务 fúwù 동 서비스하다
秘书 mìshū 명 비서
厨师 chúshī 명 요리사
累 lèi 형 힘들다, 지치다, 피곤하다
律师 lǜshī 명 변호사

辛苦 xīnkǔ 형 고생스럽다
运动员 yùndòngyuán 명 운동선수
运动 yùndòng 동 운동하다
学生 xuésheng 명 학생
快乐 kuàilè 형 즐겁다

연습

1 각 대답에 어울리는 질문을 완성해 봅시다.

(1) _____
   Tā shì Lín Mù.
   他是林木。

(2) _____
   Tā jiào Dàwèi.
   他叫大卫。

(3) _____
   Tā shì sījī.
   他是司机。

(4) _____
   Tā shì Zhōngguórén.
   她是中国人。

(5) _____
   Tā hěn máng.
   他很忙。

(6) _____
   Lǜshī hěn xīnkǔ.
   律师很辛苦。

2 제시된 낱말을 활용해 직업을 묻고 답해 봅시다. 🔊 08-04

> 예
> Lín Mù   lǜshī   xīnkǔ
> 林木　律师　辛苦
>
> Lín Mù zuò shénme gōngzuò?
> 林木做什么工作?
> Tā shì lǜshī.
> 他是律师。
>
> Tā xīnkǔ bu xīnkǔ?
> 他辛苦不辛苦?
> Tā hěn xīnkǔ.
> 他很辛苦。

(1) Sūn Zhōngpíng　yīshēng　máng
   孙中平　医生　忙

(2) Wáng Yùyīng　jiātíng zhǔfù　lèi
   王玉英　家庭主妇　累

(3) Dàwèi　xuésheng　kuàilè
   大卫　学生　快乐

(4) Yú Wénlè　fúwùyuán　xīnkǔ
   于文乐　服务员　辛苦

3 옆 친구와 각자 직업을 가졌다고 가정하고, 직업이 무엇인지, 그 일이 어떠한지 묻고 답해 봅시다.

09

Tāmen xǐhuan zuò shénme?
他们喜欢做什么?
그들은 무엇 하기를 좋아하나요?

● 녹음을 듣고, 다음 질문에 답해 봅시다. 🔊 09-01

> Shéi xǐhuan chàng gē?
> **谁喜欢唱歌?** 누가 노래 부르기를 좋아하나요?

A　Lín Mù xǐhuan zuò shénme?
　　林木喜欢做什么?

B　Tā xǐhuan dǎ lánqiú.
　　他喜欢打篮球。

A　Wáng Fāngfāng xǐhuan zuò shénme?
　　王方方喜欢做什么?

B　Tā xǐhuan chàng gē.
　　她喜欢唱歌。

A　Liú Dàshuāng xǐhuan zuò shénme?
　　刘大双喜欢做什么?

B　Tā xǐhuan dǎ tàijíquán.
　　他喜欢打太极拳。

A　Tā xǐhuan zuò shénme?
　　她喜欢做什么?

B　Tā xǐhuan shàng wǎng.
　　她喜欢上网。

A　Tāmen xǐhuan zuò shénme?
　　他们喜欢做什么?

B　Tāmen dōu xǐhuan chī zhōngguócài.
　　他们都喜欢吃中国菜。

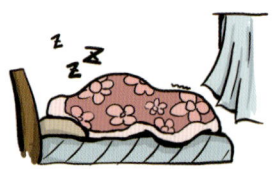

A　Nǐ ne?
　　你呢?

B　Wǒ xǐhuan shuì jiào.
　　我喜欢睡觉。

새 단어 09-02

喜欢 xǐhuan 동 좋아하다		们 men 접미 ~들
打 dǎ 동 (운동이나 놀이를) 하다		都 dōu 부 모두
篮球 lánqiú 명 농구(공)		吃 chī 동 먹다
唱歌 chàng gē 동 노래 부르다		中国菜 zhōngguócài 명 중국요리
太极拳 tàijíquán 명 태극권		呢 ne 조 [문장 끝에 쓰여 의문을 나타냄]
上网 shàng wǎng 동 인터넷을 하다		睡觉 shuì jiào 동 잠자다
他们 tāmen 명 그들, 이들		

핵심 표현

- **他喜欢打篮球。**
  동사구(打篮球), 동사(上网), 명사(中国菜) 모두 동사술어 '喜欢'의 목적어가 될 수 있습니다.

- **他们都喜欢吃中国菜。**
  부사 '都'는 주어 뒤, 술어 앞에 위치해 '모두'라는 범위를 나타냅니다.

- **你呢?**
  앞서 언급된 화제를 생략해 묻는 표현으로, 여기서는 '你喜欢做什么?'의 의미입니다.

본문 해석

A	린무는 무엇 하기를 좋아하나요?		A	그녀는 무엇 하기를 좋아하나요?
B	그는 농구하기를 좋아합니다.		B	그녀는 인터넷 하기를 좋아합니다.
A	왕팡팡은 무엇 하기를 좋아하나요?		A	그들은 무엇 하기를 좋아하나요?
B	그녀는 노래 부르기를 좋아합니다.		B	그들은 모두 중국요리 먹기를 좋아합니다.
A	리우다쌍은 무엇 하기를 좋아하나요?		A	당신은요?
B	그는 태극권 하기를 좋아합니다.		B	저는 잠자기를 좋아합니다.

간체자

 也 yě ~도   他 tā 그   她 tā 그녀

10

Wǒ xǐhuan shàng wǎng.
我喜欢上网。
저는 인터넷 하기를 좋아합니다.

● 제시된 낱말을 활용해 녹음 속 질문에 답해 봅시다. 🔊 10-01 🔊 10-02

Nǐ xǐhuan zuò shénme?
你喜欢做什么?

xǐhuan   tīng yīnyuè
喜欢   听音乐

Wǒ xǐhuan tīng yīnyuè.
我喜欢听音乐。

1

xǐhuan   jiànshēn
喜欢   健身

2

bù xǐhuan   hē chá
不喜欢   喝茶

3

bù xǐhuan   kàn diànshì
不喜欢   看电视

xǐhuan   kàn diànyǐng
喜欢   看电影

4

bù xǐhuan   kàn bàozhǐ
不喜欢   看报纸

xǐhuan   dú shū
喜欢   读书

5

xǐhuan shàng wǎng
喜欢   上网

xǐhuan   xiě wēibó
喜欢   写微博

6

xǐhuan   kàn diànyǐng
喜欢   看电影

yě   xǐhuan   kàn jīngjù
也   喜欢   看京剧

새 단어 10-03

听 tīng 동 듣다
音乐 yīnyuè 명 음악
健身 jiànshēn 동 몸을 튼튼히 하다, 헬스를 하다
喝 hē 동 마시다
茶 chá 명 차
看 kàn 동 보다
电视 diànshì 명 텔레비전

电影 diànyǐng 명 영화
报纸 bàozhǐ 명 신문
读 dú 동 읽다
书 shū 명 책
写 xiě 동 쓰다
微博 wēibó 명 웨이보[중국의 트위터]
京剧 jīngjù 명 경극

연습

1 동사와 목적어를 알맞게 연결해 봅시다. 연결선은 단어마다 한 번씩만 주고받게 합니다.

(1)
xìng 姓   bàozhǐ 报纸
jiào 叫   wǎng 网
kàn 看   Lín 林
dǎ 打   Wáng Fāngfāng 王方方
shàng 上 lánqiú 篮球

(2)
hē 喝   tàijíquán 太极拳
chī 吃   chá 茶
dǎ 打   yīnyuè 音乐
tīng 听   diànshì 电视
kàn 看   zhōngguócài 中国菜

2 제시된 낱말을 활용해 취미를 묻고 답해 봅시다. 10-04

예)
kàn diànyǐng xiě wēibó
看 电影 写微博

Tā xǐhuan kàn diànyǐng ma?
他喜欢看电影吗?
Bù xǐhuan.
不喜欢。

Tā xǐhuan zuò shénme?
他喜欢做什么?
Tā xǐhuan xiě wēibó.
他喜欢写微博。

(1) kàn bàozhǐ dú shū
    看报纸   读书

(2) kàn diànshì kàn diànyǐng
    看电视   看电影

(3) jiànshēn shàng wǎng
    健身   上网

(4) chàng gē tīng yīnyuè
    唱歌   听音乐

3 한국 젊은이(年轻人 niánqīngrén)들이 무엇 하기를 좋아하는지 말해 봅시다.

11

Wǒ yǒu yí ge jiějie.
我有一个姐姐。
저는 언니가 하나 있습니다.

● 녹음을 듣고, 다음 질문에 답해 봅시다. 🔊 11-01

> Wáng Fāngfāng yǒu méiyǒu nánpéngyou?
> **王方方有没有男朋友？** 왕팡팡은 남자친구가 있나요?

Wǒ jiào Wáng Fāngfāng.
我叫王方方。

Wǒ bàba shì jīnglǐ, tā hěn máng.
我爸爸是经理，他很忙。

Wǒ māma shì jiātíng zhǔfù, tā hěn piàoliang.
我妈妈是家庭主妇，她很漂亮。
Tā yǒu hěn duō piàoliang de yīfu.
她有很多漂亮的衣服。

Wǒ méiyǒu gēge, yǒu yí ge jiějie.
我没有哥哥，有一个姐姐。
Wǒ jiějie yǒu nánpéngyou, tā xǐhuan yuēhuì.
我姐姐有男朋友，她喜欢约会。

Wǒ méiyǒu nánpéngyou, wǒ xǐhuan shàng wǎng.
我没有男朋友，我喜欢上网。

새 단어 🔊 11-02

爸爸 bàba 명 아빠, 아버지
妈妈 māma 명 엄마, 어머니
漂亮 piàoliang 형 예쁘다
有 yǒu 동 가지고 있다
多 duō 형 많다
衣服 yīfu 명 옷
没有 méiyǒu 동 없다

哥哥 gēge 명 오빠, 형
一 yī 수 1, 하나
个 gè 양 개, 명[사물, 사람을 세는 단위]
姐姐 jiějie 명 언니, 누나
男朋友 nánpéngyou 명 남자친구
约会 yuēhuì 동 데이트하다, 약속하여 만나다

핵심 표현

- 她**有**很多漂亮的衣服。
  여기서 동사 '有'는 '가지고 있다'라는 소유의 의미를 나타냅니다.

- 我**没有**哥哥，有一个姐姐。
  '有'의 부정형은 '没有'입니다. '不有'가 아니라는 점에 유의하세요.

- 我没有哥哥，有一**个**姐姐。
  중국어에서 수를 나타내는 '수사'와 '명사' 사이에는 '양사'가 옵니다. 명사가 무엇이냐에 따라 함께 사용되는 양사가 달라지는데, '个'는 가장 광범위하게 사용되는 양사라고 말할 수 있습니다.

본문 해석

저는 왕팡팡이라고 합니다.

저희 아빠는 사장님이고, 바쁩니다.

저희 엄마는 가정주부이고, 예쁩니다.
엄마는 예쁜 옷이 많습니다.

저는 오빠는 없고, 언니가 하나 있습니다.
저희 언니는 남자친구가 있고, 데이트하기를 좋아합니다.

저는 남자친구가 없고, 인터넷 하기를 좋아합니다.

간체자

 mā 엄마, 어머니

 jiě 언니, 누나

 mèi 여동생

12 他家有几口人?
Tā jiā yǒu jǐ kǒu rén?

그의 집은 식구가 몇인가요?

● 제시된 낱말을 활용해 녹음 속 질문에 답해 봅시다. 🔊 12-01 🔊 12-02

예

yí ge　jiějie
一个　姐姐

Tā yǒu jiějie ma?
她有姐姐吗?

Tā yǒu jǐ ge jiějie?
她有几个姐姐?

Tā yǒu jiějie.
她有姐姐。

Tā yǒu yí ge jiějie.
她有一个姐姐。

1

yí ge　dìdi
一个　弟弟

2

liǎng ge　mèimei
两个　妹妹

3

méiyǒu　gēge
没有　哥哥

4

méiyǒu　nánpéngyou
没有　男朋友

예

tā jiā　wǔ kǒu
他家　五口

Tā jiā yǒu jǐ kǒu rén?
他家有几口人?

Tā jiā yǒu wǔ kǒu rén.
他家有五口人。

5

tā jiā　sān kǒu
她家　三口

새 단어 12-03

几	jǐ	대 몇	家	jiā 명 가정, 집안
弟弟	dìdi	명 남동생	五	wǔ 수 5, 다섯
两	liǎng	수 둘	口	kǒu 양 식구, 마리[사람, 가축을 세는 단위]
妹妹	mèimei	명 여동생	三	sān 수 3, 셋

연습

1 녹음을 듣고 따라 읽은 후, 생략된 숫자들도 말해 봅시다. 12-04

yī	èr	sān	sì	wǔ	liù	qī	bā	jiǔ	shí	líng
一	二	三	四	五	六	七	八	九	十	零
1	2	3	4	5	6	7	8	9	10	0

shíyī	shí'èr		shíjiǔ	èrshí	èrshíyī		èrshísān		èrshíjiǔ	sānshí
十一	十二	……	十九	二十	二十一	……	二十三	……	二十九	三十
11	12		19	20	21		23		29	30

wǔshíyī		wǔshísì		wǔshíjiǔ	liùshí		jiǔshíyī	jiǔshí'èr		jiǔshíjiǔ
五十一	……	五十四	……	五十九	六十		九十一	九十二	……	九十九
51		54		59	60		91	92		99

2 제시된 낱말을 활용해 가족을 묻고 답해 봅시다. 12-05

예
nǐ　gēge　jiějie
你　哥哥　姐姐

Nǐ yǒu méiyǒu gēge?
你有没有哥哥?
Wǒ méiyǒu gēge.
我没有哥哥。

Nǐ yǒu jiějie ma?
你有姐姐吗?
Wǒ yǒu jiějie.
我有姐姐。

(1) Liú Dàshuāng　jiějie　dìdi
　　刘大双　姐姐　弟弟

(2) Zhāng lǎoshī　gēge　mèimei
　　张老师　哥哥　妹妹

(3) Wáng Fāngfāng　nánpéngyou　jiějie
　　王方方　男朋友　姐姐

(4) Dàwèi　bàozhǐ　shū
　　大卫　报纸　书

3 옆 친구와 각자 가족이 몇 명이고, 누구누구가 있으며, 직업은 무엇인지 등을 이야기해 봅시다.

13

Wǒ de yàoshi zài nǎr?
我的钥匙在哪儿?
내 열쇠가 어디 있지?

● 녹음을 듣고, 다음 질문에 답해 봅시다. 🔊 13-01

> Zhàngfu de yàoshi zài nǎr?
> **丈夫的钥匙在哪儿?** 남편의 열쇠는 어디 있나요?

Zhàngfu 丈夫	Wǒ de yàoshi zài nǎr? 我的钥匙在哪儿?	
Qīzi 妻子	Yàoshi zài zhuōzi shang. 钥匙在桌子上。	
Zhàngfu 丈夫	Yàoshi bú zài zhuōzi shang. 钥匙不在桌子上。	
Qīzi 妻子	Yàoshi zài bu zài shāfā shang? 钥匙在不在沙发上?	
Zhàngfu 丈夫	Bú zài shāfā shang. 不在沙发上。	
Qīzi 妻子	Zài bu zài shāfā xiàbian? 在不在沙发下边?	
Zhàngfu 丈夫	Yě bú zài shāfā xiàbian. 也不在沙发下边。	
Qīzi 妻子	Zài bu zài diànhuà pángbiān? 在不在电话旁边?	
Zhàngfu 丈夫	Bú zài diànhuà pángbiān. 不在电话旁边。	
Qīzi 妻子	Nǐ shǒu li shì shénme? 你手里是什么?	
Zhàngfu 丈夫	……	

새 단어 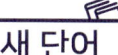 13-02

丈夫 zhàngfu 명 남편
钥匙 yàoshi 명 열쇠
在 zài 동 ~에 있다
哪儿 nǎr 대 어디
妻子 qīzi 명 아내
桌子 zhuōzi 명 탁자, 책상
上 shang 명 위

沙发 shāfā 명 소파
下边 xiàbian 명 아래
电话 diànhuà 명 전화
旁边 pángbiān 명 옆
手 shǒu 명 손
里 li 명 안, 속

핵심 표현

- 钥匙在桌子上。
  '~는 ~에 있다'라고 사물이나 사람의 위치를 나타낼 때는 '사물/사람+在+장소' 문형을 사용합니다. 이때 '장소' 위치에 '桌子' '沙发' '电话'와 같은 일반명사가 오게 되면 반드시 그 뒤에 '上' '下' '旁边'처럼 방위를 나타내는 단어[방위사]를 붙여 '장소'가 되게 만들어 줘야 합니다.

- 钥匙不在桌子上。
  '不在'는 동사 '在'의 부정형입니다.

- 你手里是什么?
  반문하는 문장으로, 남편이 열쇠를 손에 쥔 채 여기저기 찾은 것에 대한 불만스러움이 담겨 있습니다.

본문 해석

남편	내 열쇠가 어디 있지?
아내	열쇠는 탁자 위에 있어요.
남편	열쇠가 탁자 위에 없는 걸요.
아내	열쇠가 소파 위에 있나요?
남편	소파 위에 없어요.
아내	소파 밑에 있나요?
남편	소파 밑에도 없어요.
아내	전화 옆에 있나요?
남편	전화 옆에 없어요.
아내	손에 있는 것은 뭐죠?
남편	……

간체자

 yǒu 가지고 있다

 yǒu 친구

 zài ~에 있다

14

Bàozhǐ zài diànnǎo pángbiān.
报纸在电脑旁边。
신문은 컴퓨터 옆에 있습니다.

● 제시된 낱말을 활용해 녹음 속 질문에 답해 봅시다. 🔊 14-01 🔊 14-02

예)

yàoshi   tā   shǒu li
钥匙   他   手里

Yàoshi zài nǎr?
钥匙在哪儿?

Yàoshi zài tā shǒu li.
钥匙在他手里。

1

cānzhuō
餐桌
shāfā   qiánbian
沙发   前边

2
shūguì
书柜
shāfā   hòubian
沙发   后边

3

zhuōzi
桌子
shūguì   zuǒbian
书柜   左边

4

diànhuà
电话
diànnǎo   yòubian
电脑   右边

5

chá
茶
zhuōzi   shang
桌子   上

6

lánqiú
篮球
yǐzi   xiàbian
椅子   下边

7

māma de yīfu
妈妈的衣服
yīguì   li
衣柜   里

8

bàozhǐ
报纸
diànnǎo   pángbiān
电脑   旁边

9

tā de shū
她的书
zhuōzi   shang
桌子   上

새 단어 🔊 14-03

餐桌 cānzhuō 명 식탁
前边 qiánbian 명 앞
书柜 shūguì 명 책장
后边 hòubian 명 뒤
左边 zuǒbian 명 왼쪽

电脑 diànnǎo 명 컴퓨터
右边 yòubian 명 오른쪽
椅子 yǐzi 명 의자
衣柜 yīguì 명 옷장

연습

1 제시된 낱말을 알맞게 배열해 문장을 완성해 봅시다.

(1) cānzhuō / nǎr / zài
    餐桌　　哪儿　　在

(2) zài / nǎr / chá
    在　　哪儿　　茶

(3) shāfā / shàngbian / nǐ de kuàidì / zài
    沙发　　上边　　你的快递　　在

(4) yàoshi / bù / tā / shǒu li / zài
    钥匙　　不　　他　　手里　　在

(5) zài / ma / zhuōzi shang / shū
    在　　吗　　桌子上　　书

(6) diànshì / pángbiān / zài bu zài / bàozhǐ
    电视　　旁边　　在不在　　报纸

2 제시된 낱말을 활용해 물건의 위치를 묻고 답해 봅시다. 🔊 14-04

예)
yàoshi / zhuōzi shang / yǐzi shang
钥匙　桌子上　椅子上

Yàoshi zài bu zài zhuōzi shang?
钥匙在不在桌子上?
Yàoshi bú zài zhuōzi shang.
钥匙不在桌子上。

Yàoshi zài nǎr?
钥匙在哪儿?
Yàoshi zài yǐzi shang.
钥匙在椅子上。

(1) zhàngfu de shū / zhuōzi shang / shāfā shang
    丈夫的书　　桌子上　　沙发上

(2) bàozhǐ / cānzhuō shang / diànnǎo pángbiān
    报纸　　餐桌上　　电脑旁边

(3) bàba de chá / diànshì pángbiān / diànhuà pángbiān
    爸爸的茶　　电视旁边　　电话旁边

(4) qīzi de yīfu / shāfā shang / yīguì li
    妻子的衣服　　沙发上　　衣柜里

(5) diànhuà / diànnǎo zuǒbian / diànnǎo yòubian
    电话　　电脑左边　　电脑右边

3 자신의 방 안 가구와 사물의 위치를 말해 봅시다.

15

Zhè tiáo hóngsè de qúnzi hǎokàn ma?
这条红色的裙子好看吗?
이 빨간색 치마 예쁜가요?

● 녹음을 듣고, 다음 질문에 답해 봅시다. 🔊 15-01

> Zhàngfu juéde qīzi de yīfu hǎokàn ma?
> 丈夫觉得妻子的衣服好看吗? 남편은 아내의 옷이 예쁘다고 생각하나요?

Qīzi　　Zhè tiáo hóngsè de qúnzi hǎokàn ma?
妻子　　这条红色的裙子好看吗?

Zhàngfu　Hǎokàn.
丈夫　　好看。

Qīzi　　Zhè tiáo báisè de qúnzi hǎokàn ma?
妻子　　这条白色的裙子好看吗?

Zhàngfu　Hǎokàn.
丈夫　　好看。

Qīzi　　Zhè tiáo huángsè de qúnzi ne?
妻子　　这条黄色的裙子呢?

Zhàngfu　Hǎokàn.
丈夫　　好看。

Qīzi　　Zhè jiàn lǜsè de dàyī zěnmeyàng?
妻子　　这件绿色的大衣怎么样?

Zhàngfu　Hǎokàn.
丈夫　　好看。

Qīzi　　Zhè jiàn lánsè de dàyī ne?
妻子　　这件蓝色的大衣呢?

Zhàngfu　Hǎokàn.
丈夫　　好看。

Qīzi　　Nǐ kàn méi kàn?
妻子　　你看没看?

Zhàngfu　Nǐ chuān shénme dōu hǎokàn.
丈夫　　你穿什么都好看。

● 54

새 단어 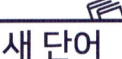 15-02

条　tiáo　양 [폭이 좁고 긴 사물을 세는 단위]
红色　hóngsè　명 빨간색
裙子　qúnzi　명 치마
好看　hǎokàn　형 예쁘다, 보기 좋다
白色　báisè　명 흰색
黄色　huángsè　명 노란색
件　jiàn　양 벌, 건[옷, 일 등을 세는 단위]

绿色　lǜsè　명 녹색
大衣　dàyī　명 외투
怎么样　zěnmeyàng　대 어떠한가
蓝色　lánsè　명 파란색
没　méi　부 ~않다[과거 행위에 대한 부정]
穿　chuān　동 (옷을) 입다, (신발을) 신다

핵심 표현

- **这条红色的裙子好看吗?**
  여기서 '的'는 '红色'와 '裙子'가 수식 관계임을 나타냅니다. '红色'가 꾸며주는 말[수식어], '裙子'가 꾸밈을 받는 말[피수식어]입니다.

- **这件绿色的大衣怎么样?**
  '怎么样'은 종종 '주어+怎么样?'의 형태로, 어떤 사람이나 사물이 어떠한지 물을 때 사용됩니다.

- **你穿什么都好看。**
  '什么'는 때로 '都'와 함께 쓰여 '무엇이든' '모든'이라는 뜻을 나타냅니다.

본문 해석

| 아내 | 이 빨간색 치마 예쁜가요? |
| 남편 | 예뻐요. |

| 아내 | 이 흰색 치마 예쁜가요? |
| 남편 | 예뻐요. |

| 아내 | 이 노란색 치마는요? |
| 남편 | 예뻐요. |

| 아내 | 이 녹색 외투는 어때요? |
| 남편 | 예뻐요. |

| 아내 | 이 파란색 외투는요? |
| 남편 | 예뻐요. |

| 아내 | 본 거예요 만 거예요? |
| 남편 | 당신은 뭘 입든 다 예뻐요. |

간체자

女　nǚ　여자, 딸
子　zǐ　아들
好　hǎo　좋다

16

Zhège huángsè de shāfā hěn shūfu.
这个黄色的沙发很舒服。
이 노란색 소파는 편합니다.

● 제시된 낱말을 활용해 녹음 속 질문에 답해 봅시다. 🔊 16-01 🔊 16-02

예
tiáo　hóngsè　qúnzi
条　红色　裙子
hěn hǎokàn
很好看

Zhè tiáo hóngsè de qúnzi hǎokàn ma?
这条红色的裙子好看吗?
Zhè tiáo hóngsè de qúnzi hěn hǎokàn.
这条红色的裙子很好看。

1
shuāng　zōngsè　xié
双　棕色　鞋
hěn shūfu
很舒服

2
tiáo　lánsè　kùzi
条　蓝色　裤子
hěn hǎokàn
很好看

3
tiáo　lǜsè　qúnzi
条　绿色　裙子
hěn piàoliang
很漂亮

4
jiàn　huīsè　chènyī
件　灰色　衬衣
hěn hǎokàn
很好看

5
jiàn　lánsè　qípáo
件　蓝色　旗袍
bù hǎokàn
不好看

6
jiàn　hóngsè　dàyī
件　红色　大衣
hěn piàoliang
很漂亮

7
gè　hēisè　shǒujī
个　黑色　手机
bù hǎokàn
不好看

8
gè　báisè　cānzhuō
个　白色　餐桌
hěn piàoliang
很漂亮

9
gè　huángsè　shāfā
个　黄色　沙发
hěn shūfu
很舒服

새 단어  16-03

双 shuāng 양 켤레[쌍으로 된 것을 세는 단위]
棕色 zōngsè 명 갈색
鞋 xié 명 신발
舒服 shūfu 형 편안하다
裤子 kùzi 명 바지

灰色 huīsè 명 회색
衬衣 chènyī 명 셔츠, 블라우스
旗袍 qípáo 명 치파오[중국 전통 의상]
黑色 hēisè 명 검은색
手机 shǒujī 명 휴대 전화

연습

1 빈칸에 알맞은 말을 보기에서 골라 봅시다.

보기 A 条 tiáo   B 件 jiàn   C 双 shuāng

(1) 一____裙子 치마 한 벌 (yì qúnzi)
(2) 一____旗袍 치파오 한 벌 (yí qípáo)
(3) 这____鞋 이 신발 (zhè xié)
(4) 那____衬衣 저 셔츠 (nà chènyī)
(5) 三____裤子 바지 세 벌 (sān kùzi)
(6) 十____大衣 외투 열 벌 (shí dàyī)

2 제시된 낱말을 활용해 묻고 답해 봅시다. 16-04

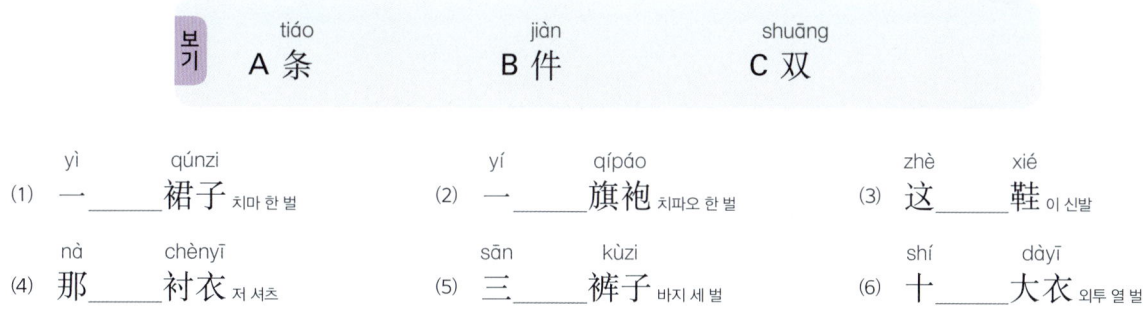

예) 这条 蓝色 裙子 好看
Zhè tiáo lánsè de qúnzi zěnmeyàng?
这条蓝色的裙子怎么样?
Zhè tiáo lánsè de qúnzi hěn hǎokàn.
这条蓝色的裙子很好看。

(1) 那双 红色 鞋 很舒服 (nà shuāng hóngsè xié hěn shūfu)
(2) 这件 灰色 大衣 不好看 (zhè jiàn huīsè dàyī bù hǎokàn)
(3) 这件 绿色 旗袍 很漂亮 (zhè jiàn lǜsè qípáo hěn piàoliang)
(4) 那个 蓝色 沙发 不舒服 (nàge lánsè shāfā bù shūfu)
(5) 那件 黄色 衬衣 不漂亮 (nà jiàn huángsè chènyī bú piàoliang)

3 자신 또는 자신과 가까운 사람이 무슨 색 옷 입기를 좋아하는지 말해 봅시다.

17

Chūn Jié shì nónglì Yīyuè yī rì.
春节是农历1月1日。
춘지에는 음력 1월 1일입니다.

● 녹음을 듣고, 다음 질문에 답해 봅시다. 🔊 17-01

> Èr líng yī èr nián Zhōngguó Qíngrén Jié shì nǎ tiān?
> **2012年中国情人节是哪天？** 2012년 중국 연인의 날은 언제인가요?

Ālǐ / 阿里
Lǎoshī, Zhōngguó yǒu nǎxiē chuántǒng jiérì?
老师，中国有哪些传统节日？

Lǎoshī / 老师
Zhōngguó yǒu Chūn Jié、Yuánxiāo Jié、Zhōngqiū Jié……
中国有春节、元宵节、中秋节……

Ālǐ / 阿里
Chūn Jié shì jǐ yuè jǐ rì?
春节是几月几日？

Lǎoshī / 老师
Chūn Jié shì nónglì Yīyuè yī rì.
春节是农历1月1日。

Ālǐ / 阿里
Yuánxiāo Jié shì jǐ yuè jǐ rì?
元宵节是几月几日？

Lǎoshī / 老师
Yuánxiāo Jié shì nónglì Yīyuè shíwǔ rì.
元宵节是农历1月15日。

Ālǐ / 阿里
Zhōngqiū Jié ne?
中秋节呢？

Lǎoshī / 老师
Zhōngqiū Jié shì nónglì Bāyuè shíwǔ rì.
中秋节是农历8月15日。

Ālǐ / 阿里
Zhōngguó yǒu Qíngrén Jié ma?
中国有情人节吗？

Lǎoshī / 老师
Yǒu, Zhōngguó de Qíngrén Jié shì nónglì Qīyuè qī rì.
有，中国的情人节是农历7月7日。

Ālǐ / 阿里
Èr líng yī èr nián Zhōngguó Qíngrén Jié shì nǎ tiān?
2012年中国情人节是哪天？

Lǎoshī / 老师
Shì èr líng yī èr nián Bāyuè èrshísān rì, Xīngqīsì.
是2012年8月23日，星期四。

58

새 단어 17-02

哪些	nǎxiē	대 어떤 것들	日	rì 명 일, 날
传统	chuántǒng	형 전통의	农历	nónglì 명 음력
节日	jiérì 명 명절, 기념일		情人节	Qíngrén Jié 고유 연인의 날, 밸런타인데이
春节	Chūn Jié 고유 춘지에		年	nián 명 년, 해
元宵节	Yuánxiāo Jié 고유 위앤샤오지에		天	tiān 명 날, 하늘
中秋节	Zhōngqiū Jié 고유 중치우지에		星期四	Xīngqīsì 고유 목요일
月	yuè 명 월, 달		星期	xīngqī 명 주

핵심 표현

- **中国有春节、元宵节、中秋节……**
  음력 1월 1일 춘지에는 중국에서 가장 중요하게 여겨지는 전통 명절입니다. 음력 1월 15일 위앤샤오지에에 중국인들은 거리의 등불을 감상하며, 소가 든 새알심 모양의 위앤샤오(元宵)를 먹습니다. 또 음력 8월 15일 중치우지에에는 온 가족이 함께 모여 둥근 달을 감상하며, 위에빙(月饼)을 먹습니다.

- **春节是农历1月1日。**
  중국도 한국처럼 음력과 양력을 모두 사용합니다. 특히 전통 명절이나 절기 등은 음력으로 계산합니다.

- **2012年8月23日**
  중국어로 연도는 숫자를 하나씩 끊어 읽고, 월과 일은 십진법 숫자를 읽는 방법대로 읽습니다.

본문 해석

알리	선생님, 중국에는 어떤 전통 명절들이 있나요?
선생님	중국에는 춘지에, 위앤샤오지에, 중치우지에 등이 있어요.
알리	춘지에는 몇 월 며칠인가요?
선생님	춘지에는 음력 1월 1일입니다.
알리	위앤샤오지에는 몇 월 며칠인가요?
선생님	위앤샤오지에는 음력 1월 15일입니다.
알리	중치우지에는요?
선생님	중치우지에는 음력 8월 15일입니다.
알리	중국에 연인의 날이 있나요?
선생님	있습니다. 중국 연인의 날은 음력 7월 7일입니다.
알리	2012년 중국 연인의 날은 언제인가요?
선생님	2012년 8월 23일, 목요일이에요.

간체자

日 rì 태양, 일, 날	月 yuè 달, 월	明 míng 밝다

18 元宵节是几月几日?

Yuánxiāo Jié shì jǐ yuè jǐ rì?

위앤샤오지에는 몇 월 며칠인가요?

● 제시된 낱말을 활용해 녹음 속 질문에 답해 봅시다. 🔊 18-01 🔊 18-02

예)

Chūn Jié　nónglì Yīyuè yī rì
春节　农历1月1日

Chūn Jié shì jǐ yuè jǐ rì?
春节是几月几日?

Chūn Jié shì nónglì Yīyuè yī rì.
春节是农历1月1日。

1

Yuánxiāo Jié
元宵节

nónglì Yīyuè shíwǔ rì
农历1月15日

2

Láodòng Jié
劳动节

Wǔyuè yī hào
5月1号

3

jīnnián　Fùhuó Jié
今年　复活节

Sìyuè bā hào
4月8号

4

èr líng yī wǔ nián　Fùqīn Jié
2015年　父亲节

Liùyuè èrshíyī hào
6月21号

5

Mǔqīn Jié　Xīngqītiān
母亲节　星期天

6

jīnnián　Shèngdàn Jié
今年　圣诞节

Xīngqī'èr
星期二

새 단어 18-03

劳动节	Láodòng Jié	고유 라오둥지에	母亲节	Mǔqīn Jié	고유 어머니의 날
号	hào	명 일['日'의 구어적 표현]	星期几	xīngqī jǐ	무슨 요일
今年	jīnnián	명 올해, 금년	星期天	Xīngqītiān	고유 일요일
复活节	Fùhuó Jié	고유 부활절	圣诞节	Shèngdàn Jié	고유 크리스마스
父亲节	Fùqīn Jié	고유 아버지의 날	星期二	Xīngqī'èr	고유 화요일

연습

1 녹음을 듣고 단어를 따라 읽은 후, 해당하는 의미와 연결해 봅시다. 18-04

(1)
- 一月 Yīyuè — 5월
- 二月 Èryuè — 4월
- 三月 Sānyuè — 1월
- 四月 Sìyuè — 3월
- 五月 Wǔyuè — 6월
- 六月 Liùyuè — 2월

(2)
- 七月 Qīyuè — 7월
- 八月 Bāyuè — 11월
- 九月 Jiǔyuè — 8월
- 十月 Shíyuè — 12월
- 十一月 Shíyīyuè — 10월
- 十二月 Shí'èryuè — 9월

(3)
- 星期一 Xīngqīyī — 목요일
- 星期二 Xīngqī'èr — 화요일
- 星期三 Xīngqīsān — 일요일
- 星期四 Xīngqīsì — 월요일
- 星期五 Xīngqīwǔ — 수요일
- 星期六 Xīngqīliù — 금요일
- 星期天/日 Xīngqītiān/rì — 토요일

2 제시된 낱말을 활용해 날짜를 묻고 답해 봅시다. 18-05

예)
èr líng yī liù nián　Chūn Jié
2016年　春节
Èryuè bā hào　Xīngqīyī
2月8号　星期一

Èr líng yī liù nián Chūn Jié shì jǐ yuè jǐ hào? Xīngqī jǐ?
2016年春节是几月几号？星期几？
Èr líng yī liù nián Chūn Jié shì Èryuè bā hào, Xīngqīyī.
2016年春节是2月8号，星期一。

(1) èr líng yī qī nián　Yuánxiāo Jié　Èryuè shíyī hào　Xīngqīliù
2017年　元宵节　2月11号　星期六

(2) èr líng yī bā nián　Zhōngqiū Jié　Jiǔyuè èrshísì hào　Xīngqīyī
2018年　中秋节　9月24号　星期一

(3) jīnnián　Zhōngguó Qíngrén Jié　Bāyuè èrshísān hào　Xīngqīsì
今年　中国情人节　8月23号　星期四

3 한국의 전통 명절이나 기념일이 언제인지 소개해 봅시다. 모르는 단어는 한국어로 해도 좋습니다.

19

Xiànjīn háishi shuā kǎ?

现金还是刷卡?

현금 결제하시겠어요, 카드 결제하시겠어요?

● 녹음을 듣고, 다음 질문에 답해 봅시다. 🔊 19-01

> Tā yào le shénme?
> 他要了什么? 그는 무엇을 원했나요?

Fúwùyuán	Qǐngwèn,	nín yào shénme?
服务员	请问,	您要什么?
Lín Mù	Wǒ yào yì wǎn miàntiáor.	
林木	我要一碗面条儿。	

Fúwùyuán Nín yào dà wǎn de háishi xiǎo wǎn de?
服务员　　您要大碗的还是小碗的?

Lín Mù　　Dà wǎn de.
林木　　　大碗的。

Fúwùyuán Là de háishi bú là de?
服务员　　辣的还是不辣的?

Lín Mù　　Bú là de.
林木　　　不辣的。

Lín Mù　　Zài yào yì bēi dòujiāng.
林木　　　再要一杯豆浆。

Fúwùyuán Yào rè de háishi liáng de?
服务员　　要热的还是凉的?

Lín Mù　　Liáng de.
林木　　　凉的。

Fúwùyuán Yígòng wǔshí kuài.　Xiànjīn háishi shuā kǎ?
服务员　　一共五十块。现金还是刷卡?

Lín Mù　　Shuā kǎ.
林木　　　刷卡。

새 단어

要 yào 동 원하다, 필요로 하다
碗 wǎn 명 그릇, 공기
面条儿 miàntiáor 명 국수
大 dà 형 크다
还是 háishi 접 또는, 아니면
小 xiǎo 형 작다
辣 là 형 맵다
再 zài 부 더, 다시

杯 bēi 명 잔, 컵
豆浆 dòujiāng 명 콩국
热 rè 형 뜨겁다, 덥다
凉 liáng 형 차갑다, 서늘하다
一共 yígòng 부 모두
块 kuài 양 콰이[중국 화폐 단위][=元 yuán]
现金 xiànjīn 명 현금
刷卡 shuā kǎ 동 카드로 계산하다, 카드를 긁다

핵심 표현

- 我要一碗面条儿。/ 再要一杯豆浆。
  '碗' '杯'와 같은 일부 명사는 '一碗面条儿' '一杯豆浆'과 같이 양사로 사용될 수 있습니다.

- 您要大碗的还是小碗的？/ 辣的还是不辣的？/ 要热的还是凉的?
  'A 还是 B?'는 A나 B 둘 중 하나를 선택해서 대답해야 하는 의문문입니다.

- 您要大碗的还是小碗的？/ 辣的还是不辣的？/ 要热的还是凉的?
  여기서 '大碗的'는 '大碗的面条儿', '辣的'는 '辣的面条儿', '热的'는 '热的豆浆'을 의미합니다.

본문 해석

종업원　무엇을 드릴까요?
린무　　국수 한 그릇 주세요.

종업원　큰 그릇으로 드릴까요, 작은 그릇으로 드릴까요?
린무　　큰 그릇으로 주세요.

종업원　매운 것으로 드릴까요, 안 매운 것으로 드릴까요?
린무　　안 매운 것으로 주세요.

린무　　콩국도 한 컵 주세요.
종업원　뜨거운 것으로 드릴까요, 찬 것으로 드릴까요?
린무　　찬 것으로 주세요.

종업원　모두 50콰이입니다. 현금 결제하시겠어요, 카드 결제하시겠어요?
린무　　카드로 하겠습니다.

간체자

 不 bù 아니다

 杯 bēi 잔, 컵

 还 hái 아직

20

Nín yào dà de háishi xiǎo de?
您要大的还是小的?
큰 것으로 드릴까요, 작은 것으로 드릴까요?

● 제시된 낱말을 활용해 녹음 속 질문에 답해 봅시다. 🔊 20-01 🔊 20-02

예

| yì wǎn | miàntiáor | dà wǎn de | xiǎo wǎn de |
| 一碗 | 面条儿 | 大碗的 | 小碗的 |

Qǐngwèn, nín yào shénme?
请问，您要什么?

Wǒ yào yì wǎn miàntiáor.
我要一碗面条儿。

Nín yào dà wǎn de háishi xiǎo wǎn de?
您要大碗的还是小碗的?

Dà wǎn de.
大碗的。

1
yí ge　hànbǎo
一个　汉堡
dà de　xiǎo de
大的　小的

2
yí ge　bǐsàbǐng
一个　比萨饼
dà de　xiǎo de
大的　小的

3
yì bēi　shuǐ
一杯　水
liáng de　rè de
凉的　热的

4
yì bēi　dòujiāng
一杯　豆浆
tián de　xián de
甜的　咸的

5
yí ge　hànbǎo
一个　汉堡
là de　bú là de
辣的　不辣的

6
yì jīn　jiǎozi
一斤　饺子
yángròu de　niúròu de
羊肉的　牛肉的

7
yì wǎn　mǐfàn
一碗　米饭
dà wǎn de　xiǎo wǎn de
大碗的　小碗的

8
yì bēi　kāfēi
一杯　咖啡
dà bēi de　xiǎo bēi de
大杯的　小杯的

9
yì píng　kělè
一瓶　可乐
dà píng de　xiǎo píng de
大瓶的　小瓶的

64

새 단어 🔊 20-03

汉堡 hànbǎo 명 햄버거		羊肉 yángròu 명 양고기	
比萨饼 bǐsàbǐng 명 피자		牛肉 niúròu 명 소고기	
水 shuǐ 명 물		米饭 mǐfàn 명 (쌀)밥	
甜 tián 형 달다		咖啡 kāfēi 명 커피	
咸 xián 형 짜다		瓶 píng 명 병	
斤 jīn 양 근		可乐 kělè 명 콜라	
饺子 jiǎozi 명 쟈오즈[소가 든 반달 모양의 만두]			

연습

1 빈칸에 알맞은 말을 넣어 문장을 완성해 봅시다.

(1) Tā xǐhuan hóngsè de qúnzi. 她喜欢红色的裙子。 Wǒ bù xǐhuan _____，wǒ xǐhuan 我喜欢_____。

(2) Bàba xǐhuan liáng de dòujiāng. 爸爸喜欢凉的豆浆。 Māma bù xǐhuan 妈妈不喜欢_____，tā xǐhuan 她喜欢_____。

(3) Lín Mù xǐhuan dà de shǒujī. 林木喜欢大的手机。 Wáng Fāngfāng bù xǐhuan 王方方不喜欢_____，tā xǐhuan 她喜欢_____。

(4) Qīzi xǐhuan hóngsè de shāfā. 妻子喜欢红色的沙发。 Zhàngfu bù xǐhuan 丈夫不喜欢_____，tā xǐhuan 他喜欢_____。

2 제시된 낱말을 활용해 원하는 것을 묻고 답해 봅시다. 🔊 20-04

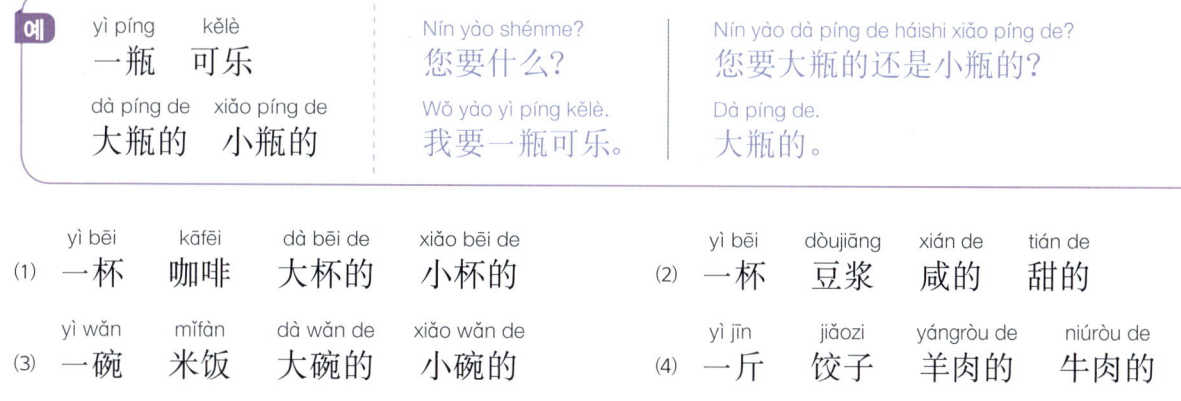

(1) yì bēi kāfēi dà bēi de xiǎo bēi de
一杯 咖啡 大杯的 小杯的

(2) yì bēi dòujiāng xián de tián de
一杯 豆浆 咸的 甜的

(3) yì wǎn mǐfàn dà wǎn de xiǎo wǎn de
一碗 米饭 大碗的 小碗的

(4) yì jīn jiǎozi yángròu de niúròu de
一斤 饺子 羊肉的 牛肉的

3 보기 속 음식에 대해 자신이 선호하는 사이즈나 종류가 무엇인지 말해 봅시다.

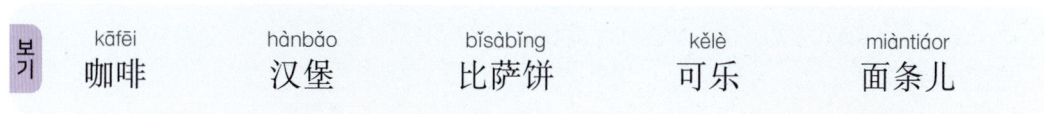

보기: kāfēi 咖啡　hànbǎo 汉堡　bǐsàbǐng 比萨饼　kělè 可乐　miàntiáor 面条儿

21 Píngguǒ duōshao qián yì jīn?
苹果多少钱一斤?
사과 한 근에 얼마인가요?

● 녹음을 듣고, 다음 질문에 답해 봅시다. 🔊 21-01

> Dàwèi mǎi le shénme?
> **大卫买了什么?** 다비드는 무엇을 샀나요?

Dàwèi　Xīhóngshì duōshao qián yì jīn?
大卫　西红柿多少钱一斤?

Gūniang　Sì kuài qián yì jīn.
姑娘　四块钱一斤。

Dàwèi　Píngguǒ duōshao qián yì jīn?
大卫　苹果多少钱一斤?

Gūniang　Bā kuài qián yì jīn.
姑娘　八块钱一斤。

Dàwèi　Cǎoméi ne?
大卫　草莓呢?

Gūniang　Cǎoméi shíwǔ kuài qián yì hé.
姑娘　草莓十五块钱一盒。

Dàwèi　Wǒ yào liǎng jīn píngguǒ、yì hé cǎoméi.
大卫　我要两斤苹果、一盒草莓。

Gūniang　Hǎo, gěi nín.
姑娘　好，给您。

Dàwèi　Xièxie, gūmā.
大卫　谢谢，姑妈。

Gūniang　Nǐ wèi shénme jiào wǒ "gūmā"?
姑娘　你为什么叫我"姑妈"?

Dàwèi　"Niáng" jiù shì "mā", "gūniang" jiù shì "gūmā".
大卫　"娘"就是"妈"，"姑娘"就是"姑妈"。

Gūniang　……
姑娘　……

새 단어

西红柿 xīhóngshì 명 토마토
多少 duōshao 대 얼마
钱 qián 명 돈
姑娘 gūniang 명 아가씨
苹果 píngguǒ 명 사과
草莓 cǎoméi 명 딸기
盒 hé 명 상자, 갑, 팩, 통

给 gěi 동 주다
谢谢 xièxie 동 고맙습니다, 감사합니다
姑妈 gūmā 명 고모
为什么 wèi shénme 왜
娘 niáng 명 엄마
就 jiù 부 바로, 꼭, 틀림없이
妈 mā 명 엄마

핵심 표현

- **西红柿多少钱一斤?**
  '명사+多少钱+一+양사?' '명사+一+양사+多少钱?'은 무게, 수량 등 단위에 따른 물건값을 묻는 표현입니다. 대답은 '四块钱一斤' '一斤四块钱'처럼 '금액+一+양사' '一+양사+금액' 형태로 합니다.

- **西红柿多少钱一斤?**
  '근'이라는 뜻의 양사 '斤'은 중국에서 보편적으로 사용되는 무게 단위입니다. 한국에서 '한 근'은 '600그램'이지만, 중국에서 '1斤'은 '500그램'이라는 점에 유의하세요.

- **四块钱一斤。**
  '인민폐(人民币 rénmínbì)'라 부르는 중국 화폐의 단위는 입말 표현 '块 kuài' '毛 máo' '分 fēn'과 글말 표현 '元 yuán' '角 jiǎo' '分 fēn'으로 구분할 수 있습니다. '1块/元'은 '10毛/角'이고, '100分'입니다.

본문 해석

다비드	토마토 한 근에 얼마인가요?
아가씨	한 근에 4콰이입니다.
다비드	사과는 한 근에 얼마인가요?
아가씨	한 근에 8콰이입니다.
다비드	딸기는요?
아가씨	딸기는 한 상자에 15콰이입니다.

다비드 　사과 두 근하고 딸기 한 상자 주세요.
아가씨 　네. 여기 있습니다.
다비드 　고맙습니다. '姑妈(고모)'.

아가씨 　왜 저를 '姑妈'라고 부르시나요?
다비드 　'娘'이 바로 '妈'이니, '姑娘'이면 '姑妈'인 거잖아요.
아가씨 　……

간체자

 kǒu
입, 식구, 마리

 míng
이름

 duō
많다

22 Xiāngjiāo zěnme mài?
香蕉怎么卖?
바나나는 어떻게 팔아요?

● 제시된 낱말을 활용해 녹음 속 질문에 답해 봅시다. 🔊 22-01 🔊 22-02

예

píngguǒ bā kuài qián jīn
苹果   八块钱   斤

Píngguǒ duōshao qián yì jīn?
苹果多少钱一斤?

Píngguǒ bā kuài qián yì jīn.
苹果八块钱一斤。

1

pútao jiǔ kuài qián jīn
葡萄   九块钱   斤

2

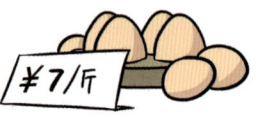

jīdàn qī kuài qián jīn
鸡蛋   七块钱   斤

3

niúnǎi jiǔ kuài qián hé
牛奶   九块钱   盒

4

yú gōngjīn wǔshí kuài
鱼 公斤   五十块

5

qiǎokèlì hé
巧克力   盒

èrshíbā kuài
二十八块

6

miànbāo gè bā kuài wǔ
面包   个 八块五

예

xiāngjiāo sì kuài wǔ jīn
香蕉   四块五   斤

Xiāngjiāo zěnme mài?
香蕉怎么卖?

Xiāngjiāo sì kuài wǔ yì jīn.
香蕉四块五一斤。

7

kāfēi sìshí'èr kuài hé
咖啡   四十二块   盒

8

nǎilào liùshí kuài hé
奶酪   六十块   盒

새 단어 22-03

葡萄 pútao 명 포도
鸡蛋 jīdàn 명 계란
牛奶 niúnǎi 명 우유
鱼 yú 명 생선
公斤 gōngjīn 양 킬로그램
巧克力 qiǎokèlì 명 초콜릿

面包 miànbāo 명 빵
香蕉 xiāngjiāo 명 바나나
怎么 zěnme 대 어떻게
卖 mài 동 팔다
奶酪 nǎilào 명 치즈

연습

1 각 수량사와 명사를 알맞게 연결해 봅시다. 연결선은 단어마다 한 번씩만 주고받게 합니다.

(1)
yí ge 一个   niúnǎi 牛奶
liǎng wǎn 两碗   píngguǒ 苹果
sān jīn 三斤   miànbāo 面包
sì hé 四盒   miàntiáor 面条儿

(2)
wǔ tiáo 五条   chènyī 衬衣
liù ge 六个   qúnzi 裙子
qī jiàn 七件   xié 鞋
bā shuāng 八双   shǒujī 手机

2 제시된 낱말을 활용해 가격을 묻고 답해 봅시다. 22-04

예)
xīhóngshì   jīn   sì kuài qián
西红柿   斤   四块钱

Xīhóngshì duōshao qián yì jīn?
西红柿多少钱一斤?
Xīhóngshì sì kuài qián yì jīn.
西红柿四块钱一斤。

Xīhóngshì zěnme mài?
西红柿怎么卖?
Xīhóngshì yì jīn sì kuài qián.
西红柿一斤四块钱。

(1) qiǎokèlì hé sìshíwǔ kuài qián
巧克力 盒 四十五块钱

(2) yú gōngjīn liùshí kuài qián
鱼 公斤 六十块钱

(3) kāfēi bēi sānshí kuài
咖啡 杯 三十块

(4) nǎilào hé liùshí kuài
奶酪 盒 六十块

3 중국 인터넷 상점에 접속해 다섯 가지 상품의 가격을 적고, 말해 봅시다.

23 银行怎么走?
Yínháng zěnme zǒu?

은행에는 어떻게 가나요?

● 녹음을 듣고, 다음 질문에 답해 봅시다. 🔊 23-01

> Diànyǐngyuàn zài nǎr?
> 电影院在哪儿? 영화관은 어디에 있나요?

A 请问，银行怎么走?
　Qǐngwèn, yínháng zěnme zǒu?

B 一直往前走，那个白色的大楼就是。
　Yìzhí wǎng qián zǒu, nàge báisè de dà lóu jiù shì.

A 请问，火车站怎么走?
　Qǐngwèn, huǒchēzhàn zěnme zǒu?

B 一直往北走，第二个路口右拐。
　Yìzhí wǎng běi zǒu, dì-èr ge lùkǒu yòu guǎi.

A 请问，邮局怎么走?
　Qǐngwèn, yóujú zěnme zǒu?

B 一直往北走，在银行旁边。
　Yìzhí wǎng běi zǒu, zài yínháng pángbiān.

A 请问，电影院怎么走?
　Qǐngwèn, diànyǐngyuàn zěnme zǒu?

B 第一个路口左拐，一直往前走，第一个路口左拐，再一直往前走，第一个路口左拐，往前走，红色的大楼就是。
　Dì-yī ge lùkǒu zuǒ guǎi, yìzhí wǎng qián zǒu, dì-yī ge lùkǒu zuǒ guǎi, zài yìzhí wǎng qián zǒu, dì-yī ge lùkǒu zuǒ guǎi, wǎng qián zǒu, hóngsè de dà lóu jiù shì.

새 단어 23-02

- 银行 yínháng 명 은행
- 走 zǒu 동 걷다
- 一直 yìzhí 부 곧장, 곧바로
- 往 wǎng 개 ~쪽으로
- 前 qián 명 앞
- 楼 lóu 명 건물
- 火车站 huǒchēzhàn 명 기차역
- 火车 huǒchē 명 기차
- 北 běi 명 북쪽
- 第 dì 접두 제[수사 앞에 쓰여 차례를 나타냄]
- 路口 lùkǒu 명 갈림길, 길목
- 右 yòu 명 오른쪽
- 拐 guǎi 동 방향을 바꾸다
- 邮局 yóujú 명 우체국
- 左 zuǒ 명 왼쪽
- 电影院 diànyǐngyuàn 명 영화관

핵심 표현

- 银行**怎么走**?
  '~에 어떻게 가나요?'라고 물을 때는 '가려는 곳+怎么走?'를 씁니다.

- 一直**往**前走。
  개사 '往'은 '往+방위사+동사' 형태로 쓰여 동작의 방향을 나타냅니다.

- 那个白色的大楼**就**是。
  '是' 앞에 위치한 '就'는 '바로' '틀림없이'라는 강조의 어기를 나타냅니다.

본문 해석

A 말씀 좀 묻겠습니다. 은행에는 어떻게 가나요?
B 앞으로 쭉 가면 있는 바로 저 흰색 큰 건물입니다.

A 말씀 좀 묻겠습니다. 기차역에는 어떻게 가나요?
B 북쪽으로 쭉 가다가 두 번째 갈림길에서 오른쪽으로 도세요.

A 말씀 좀 묻겠습니다. 우체국에는 어떻게 가나요?
B 북쪽으로 쭉 가면 은행 옆에 있습니다.

A 말씀 좀 묻겠습니다. 영화관에는 어떻게 가나요?
B 첫 번째 갈림길에서 좌회전해 앞으로 쭉 가다가 다시 첫 번째 갈림길에서 왼쪽으로 돌아 앞으로 쭉 가고, 다시 첫 번째 갈림길에서 왼쪽으로 돌아 앞으로 쭉 가면 있는 빨간색 큰 건물입니다.

간체자

 hěn 매우

 xíng 좋다, 괜찮다

 wǎng ~쪽으로

24

Nàge báisè de dà lóu jiù shì.
那个白色的大楼就是。
바로 저 흰색 큰 건물입니다.

● 제시된 낱말을 활용해 녹음 속 질문에 답해 봅시다. 🔊 24-01 🔊 24-02

예

yínháng　qián
银行　前

báisè de dà lóu　jiù shì
白色的大楼　就是

Qǐngwèn,　yínháng zěnme zǒu?
请问，银行怎么走？

Yìzhí wǎng qián zǒu, nàge báisè
一直往前走，那个白色
de dà lóu jiù shì.
的大楼就是。

1

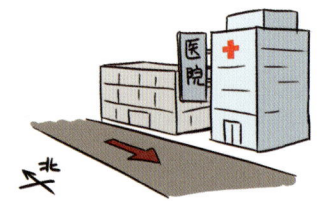

yīyuàn　nán
医院　南

hěn gāo de dà lóu　jiù shì
很高的大楼　就是

2

chāoshì　běi
超市　北

piàoliang de xiǎo lóu　jiù shì
漂亮的小楼　就是

3

shāngdiàn　běi
商店　北

zài　yínháng　pángbiān
在　银行　旁边

4

fànguǎnr　nán
饭馆儿　南

zài　yóujú　duìmiàn
在　邮局　对面

5

yínháng　xī
银行　西

zài　xuéxiào　hòubian
在　学校　后边

6

dìtiězhàn　dōng
地铁站　东

zài　chāoshì　hòubian
在　超市　后边

새 단어 24-03

医院 yīyuàn 명 병원
南 nán 명 남쪽
高 gāo 형 높다
超市 chāoshì 명 슈퍼마켓
商店 shāngdiàn 명 상점
饭馆儿 fànguǎnr 명 식당

对面 duìmiàn 명 맞은편
西 xī 명 서쪽
学校 xuéxiào 명 학교
地铁站 dìtiězhàn 명 지하철역
地铁 dìtiě 명 지하철
东 dōng 명 동쪽

연습

1 녹음을 듣고 따라 읽어 봅시다.  24-04

shàngbian 上边	xiàbian 下边	zuǒbian 左边	yòubian 右边	qiánbian 前边	hòubian 后边
shàngmiàn 上面	xiàmiàn 下面	zuǒmiàn 左面	yòumiàn 右面	qiánmiàn 前面	hòumiàn 后面
위(쪽)	아래(쪽)	왼쪽	오른쪽	앞(쪽)	뒤(쪽)

dōngbian 东边	xībian 西边	nánbian 南边	běibian 北边
dōngmiàn 东面	xīmiàn 西面	nánmiàn 南面	běimiàn 北面
동쪽	서쪽	남쪽	북쪽

2 제시된 낱말을 활용해 길을 묻고 답해 봅시다. 24-05

예)
diànyǐngyuàn   qián   dì-yī ge   yòu
电影院   前   第一个   右

Qǐngwèn, diànyǐngyuàn zěnme zǒu?
请问，电影院怎么走？
Yìzhí wǎng qián zǒu, dì-yī ge lùkǒu yòu guǎi.
一直往前走，第一个路口右拐。

(1) chāoshì dōng dì-èr ge zuǒ
超市 东 第二个 左

(2) dìtiězhàn xī dì-sān ge yòu
地铁站 西 第三个 右

(3) yínháng nán dì-yī ge zuǒ
银行 南 第一个 左

(4) yīyuàn běi dì-èr ge yòu
医院 北 第二个 右

3 집 앞 큰길에서 길을 헤매는 중국인 관광객을 만났다고 가정하고, 옆 친구와 역할극을 해 봅시다.

25

Wǒ zuò gōnggòng qìchē shàng bān.
我坐公共汽车上班。
저는 버스를 타고 출근합니다.

● 녹음을 듣고, 다음 질문에 답해 봅시다. 🔊 25-01

Tāmen míngtiān zěnme shàng bān?
他们明天怎么上班? 그들은 내일 어떻게 출근하나요?

Tóngshì 1 | Míngtiān shì Shìjiè Huánjìng Rì, wǒmen dōu bù kāi chē.
同事 1 | 明天是世界环境日，我们都不开车。

Nǐmen dǎsuàn zěnme shàng bān?
你们打算怎么上班?

Tóngshì 2 | Wǒ zuò dìtiě shàng bān.
同事 2 | 我坐地铁上班。

Tóngshì 3 | Wǒ zuò gōnggòng qìchē shàng bān.
同事 3 | 我坐公共汽车上班。

Tóngshì 4 | Wǒ qí zìxíngchē shàng bān.
同事 4 | 我骑自行车上班。

Tóngshì 5 | Wǒ zǒu lù shàng bān.
同事 5 | 我走路上班。

Tóngshì 6 | Wǒ bú zuò dìtiě, bú zuò gōnggòng qìchē,
同事 6 | 我不坐地铁，不坐公共汽车，

bù qí zìxíngchē, yě bù zǒu lù shàng bān.
不骑自行车，也不走路上班。

Tóngshìmen | Nǐ zěnme shàng bān?
同事们 | 你怎么上班?

Tóngshì 6 | Míngtiān bú shàng bān, míngtiān shì zhōumò.
同事 6 | 明天不上班，明天是周末。

새 단어 25-02

同事	tóngshì	명 동료	坐	zuò 동 앉다, 타다
明天	míngtiān	명 내일	公共汽车	gōnggòng qìchē 명 버스
世界环境日	Shìjiè Huánjìng Rì	고유 세계 환경의 날	公共	gōnggòng 형 공공의
世界	shìjiè	명 세계	汽车	qìchē 명 자동차
环境	huánjìng	명 환경	骑	qí 동 (동물, 자전거 등을) 타다
开车	kāi chē	동 운전하다	自行车	zìxíngchē 명 자전거
打算	dǎsuàn	동 ~하려고 하다, ~할 생각이다	走路	zǒu lù 동 걷다
上班	shàng bān	동 출근하다	周末	zhōumò 명 주말

핵심 표현

- 你们打算**怎么**上班?
  '怎么'는 종종 어떤 동작의 방식, 방법을 물을 때 사용됩니다.

- 我**坐**地铁**上班**。
  이처럼 하나의 주어에 동사술어가 두 개 이상 연달아 사용된 문장을 '연동문'이라고 합니다. 앞쪽에 위치한 '坐地铁'는 뒤쪽에 위치한 '上班'의 '방식'이자 '수단'입니다.

본문 해석

동료 1	내일은 세계 환경의 날이라 우리 모두 운전하지 않을 텐데, 어떻게 출근할 계획인가요?
동료 2	저는 지하철을 타고 출근합니다.
동료 3	저는 버스를 타고 출근합니다.
동료 4	저는 자전거를 타고 출근합니다.
동료 5	저는 걸어서 출근합니다.
동료 6	저는 지하철이나 버스나 자전거를 타고 출근하지도, 걸어서 출근하지도 않을 것입니다.
동료들	어떻게 출근하려고요?
동료 6	내일은 출근 안 해요. 주말이잖아요.

간체자

个 gè 개, 명	会 huì ~할 수 있다, ~일 것이다	坐 zuò 앉다, 타다

26 Jiějie zěnme qù jīchǎng?
姐姐怎么去机场?
누나는 어떻게 공항에 가나요?

● 제시된 낱말을 활용해 녹음 속 질문에 답해 봅시다. 26-01 26-02

| wǒ | zuò dìtiě | shàng bān |
| 我 | 坐地铁 | 上班 |

Nǐ zěnme shàng bān?
你怎么上班?

Wǒ zuò dìtiě shàng bān.
我坐地铁上班。

1
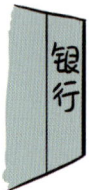
yéye　zǒu lù
爷爷　走路

qù yínháng
去银行

2
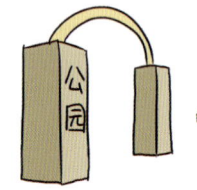
gēge　pǎo bù
哥哥　跑步

qù gōngyuán
去公园

3

dìdi　qí zìxíngchē
弟弟　骑自行车

qù xuéxiào
去学校

4

māma　zuò gōnggòng qìchē
妈妈　坐公共汽车

qù shāngdiàn
去商店

5

jiějie　dǎ chē
姐姐　打车

qù jīchǎng
去机场

6

nǎinai　zuò chūzūchē
奶奶　坐出租车

qù chāoshì
去超市

7

bàba　kāi chē
爸爸　开车

qù gōngsī
去公司

8

mèimei　zuò huǒchē
妹妹　坐火车

qù Shànghǎi
去上海

9

wǒ　zuò fēijī
我　坐飞机

qù Běijīng
去北京

새 단어 26-03

爷爷 yéye 명 할아버지		奶奶 nǎinai 명 할머니	
去 qù 동 가다		出租车 chūzūchē 명 택시	
跑步 pǎo bù 동 뛰다, 달리다		公司 gōngsī 명 회사	
公园 gōngyuán 명 공원		上海 Shànghǎi 고유 상하이	
打车 dǎ chē 동 택시를 타다		飞机 fēijī 명 비행기	
机场 jīchǎng 명 공항		北京 Běijīng 고유 베이징	

연습

1 제시된 낱말을 알맞게 배열해 문장을 완성해 봅시다.

(1) zuò / Liú lǎoshī / shàng bān / gōnggòng qìchē
坐　刘老师　上班　公共汽车

(2) qù huǒchēzhàn / zuò dìtiě / Lín xiānsheng
去火车站　坐地铁　林先生

(3) Lǐ nǚshì / qù jīchǎng / dǎ chē
李女士　去机场　打车

(4) Zhāng xiǎojie / qù yínháng / zuò gōnggòng qìchē
张小姐　去银行　坐公共汽车

(5) tāmen / qù fànguǎnr / zǒu lù
他们　去饭馆儿　走路

(6) qù Shànghǎi / Wáng jīnglǐ / zuò fēijī
去上海　王经理　坐飞机

2 제시된 낱말을 활용해 목적지에 어떻게 가는지 묻고 답해 봅시다. 26-04

예)
wǒ / zǒu lù / chāoshì
我　走路　超市

Nǐ zěnme qù chāoshì?
你怎么去超市?

Wǒ zǒu lù qù chāoshì.
我走路去超市。

(1) gēge / qí zìxíngchē / xuéxiào
哥哥　骑自行车　学校

(2) māma / zuò huǒchē / Shànghǎi
妈妈　坐火车　上海

(3) dìdi / pǎo bù / gōngyuán
弟弟　跑步　公园

(4) nǎinai / zuò chūzūchē / yīyuàn
奶奶　坐出租车　医院

3 자신과 가족들이 어떻게 출근하고 등교하는지, 은행이나 슈퍼마켓에 어떻게 가는지 말해 봅시다.

27

Wǒ qù Āijí lǚyóu le.

我去埃及旅游了。

저는 이집트에 여행을 갔습니다.

● 녹음을 듣고, 다음 질문에 답해 봅시다. 🔊 27-01

> Zhōumò Dàwèi qù nǎr le?
> 周末大卫去哪儿了? 주말에 다비드는 어디에 갔나요?

Lǎoshī　　Tóngxuémen,　zhōumò nǐmen zuò shénme le?
老师　　　同学们，周末你们做什么了？

Tóngxué 1　Wǒ qù Yíhé Yuán wánr le.
同学 1　　我去颐和园玩儿了。

Tóngxué 2　Wǒ qù tǐyùguǎn jiànshēn le.
同学 2　　我去体育馆健身了。

Tóngxué 3　Wǒ qù shāngdiàn mǎi dàyī hé xié le.
同学 3　　我去商店买大衣和鞋了。

Tóngxué 4　Wǒ qù jùyuàn kàn jīngjù le.
同学 4　　我去剧院看京剧了。

Lǎoshī　　Dàwèi,　nǐ qù nǎr le?
老师　　　大卫，你去哪儿了？

Dàwèi　　Wǒ qù Āijí lǚyóu le.
大卫　　　我去埃及旅游了。

Lǎoshī　　Zhème kuài jiù huílai le?
老师　　　这么快就回来了？

Dàwèi　　Wǒ shì shàng wǎng qù de.
大卫　　　我是上网去的。

새 단어 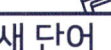 27-02

同学	tóngxué 명 학우, (호칭으로서의) 학생	和	hé 접 ~와[과]
了	le 조 [동작이나 경험의 완료를 나타냄]	剧院	jùyuàn 명 극장
颐和园	Yíhé Yuán 고유 이허위안, 이화원	埃及	Āijí 고유 이집트
玩儿	wánr 동 놀다	旅游	lǚyóu 동 여행하다
体育馆	tǐyùguǎn 명 체육관	这么	zhème 대 이렇게
体育	tǐyù 명 체육, 스포츠	快	kuài 형 빠르다
买	mǎi 동 사다	回来	huílai 동 돌아오다

핵심 표현

- 我去颐和园玩儿了。
  '了'는 문장 끝에 쓰여 어떤 동작이나 행위가 이미 발생했거나 끝났음을 나타냅니다.

- 我去颐和园玩儿了。
  뒤쪽에 위치한 동사 '玩儿'이 앞쪽에 위치한 '去颐和园'의 '목적'임을 나타내는 연동문입니다.

- 这么快就回来了？
  여기서 부사 '就'는 '곧' '바로'라는 의미로, 동작의 발생이 빠르고 짧은 것을 표현합니다.

- 我是上网去的。
  '나는 인터넷 서핑을 통해 이집트에 갔었다.'라는 의미입니다.

본문 해석

선생님	학생 여러분, 모두들 주말에 무엇을 했나요?		학우 4	저는 경극을 보러 극장에 갔습니다.
학우 1	저는 이허위안에 놀러 갔습니다.		선생님	다비드는 어디에 갔었나요?
			다비드	저는 이집트 여행을 갔습니다.
학우 2	저는 헬스 하러 체육관에 갔습니다.		선생님	이렇게 빨리 돌아왔어요?
학우 3	저는 외투와 신발을 사러 상점에 갔습니다.		다비드	인터넷으로 갔거든요.

간체자

 tóu 머리

 mǎi 사다

 mài 팔다

28 Zuótiān nǐ zuò shénme le?
昨天你做什么了?
어제 무엇을 했나요?

● 제시된 낱말을 활용해 녹음 속 질문에 답해 봅시다. 🔊 28-01 🔊 28-02

예)

zhōumò   Yíhé Yuán   wánr
周末   颐和园   玩儿

Zhōumò nǐ zuò shénme le?
周末你做什么了?

Zhōumò wǒ qù Yíhé Yuán wánr le.
周末我去颐和园玩儿了。

1

jīntiān   tǐyùguǎn
今天   体育馆
dǎ lánqiú
打篮球

2

zuótiān   diànyǐngyuàn
昨天   电影院
kàn diànyǐng
看电影

3

qiántiān   jùyuàn
前天   剧院
kàn jīngjù
看京剧

4

Xīngqīyī   fànguǎnr
星期一   饭馆儿
chī zhōngguócài
吃中国菜

5
Xīngqī'èr   xuéxiào
星期二   学校
xué Hànyǔ
学汉语

6

Xīngqīsān   Chángchéng
星期三   长城
wánr
玩儿

7

Xīngqīsì   shāngdiàn
星期四   商店
mǎi dōngxi
买东西

8

Xīngqīliù   tǐyùguǎn
星期六   体育馆
yóuyǒng
游泳

9

Xīngqītiān   xuéxiào
星期天   学校
tī zúqiú
踢足球

새 단어 28-03

今天 jīntiān 명 오늘	长城 Chángchéng 고유 창청, 만리장성
昨天 zuótiān 명 어제	东西 dōngxi 명 물건
前天 qiántiān 명 그저께	游泳 yóuyǒng 동 수영하다
学 xué 동 배우다	踢 tī 동 (공을) 차다, (축구를) 하다
汉语 Hànyǔ 고유 중국어	足球 zúqiú 명 축구(공)

연습

1 제시된 낱말을 알맞게 배열해 문장을 완성해 봅시다.

(1) zhōumò 周末 / wǒ 我 / kàn diànyǐng 看电影 / qù diànyǐngyuàn 去电影院 / le 了

(2) shàng bān 上班 / qù gōngsī 去公司 / le 了 / tā 他 / Xīngqīliù 星期六

(3) gēge 哥哥 / dǎ lánqiú 打篮球 / le 了 / qù tǐyùguǎn 去体育馆 / zuótiān 昨天

(4) wǒmen 我们 / le 了 / qù Běijīng 去北京 / zhōumò 周末 / lǚyóu 旅游

(5) Dàwèi 大卫 / le 了 / Xīngqītiān 星期天 / xué Hànyǔ 学汉语 / qù xuéxiào 去学校

(6) mǎi yīfu 买衣服 / qiántiān 前天 / Liú lǎoshī 刘老师 / qù shāngdiàn 去商店 / le 了

2 제시된 낱말을 활용해 한 일을 묻고 답해 봅시다. 28-04

> **예**
>
> Xīngqītiān Dīng Shān qù tǐyùguǎn jiànshēn
> 星期天 丁山 体育馆 健身
>
> Xīngqītiān Dīng Shān qù nǎr le?
> 星期天丁山去哪儿了?
>
> Xīngqītiān Dīng Shān qù tǐyùguǎn jiànshēn le.
> 星期天丁山去体育馆健身了。
>
> Wǒ Xīngqītiān yě qù tǐyùguǎn jiànshēn le.
> 我星期天也去体育馆健身了。

(1) zhōumò 周末 / tāmen 他们 / jùyuàn 剧院 / kàn jīngjù 看京剧

(2) zuótiān 昨天 / Ālǐ 阿里 / fànguǎnr 饭馆儿 / chī zhōngguócài 吃中国菜

(3) Xīngqī'èr 星期二 / gēge 哥哥 / tǐyùguǎn 体育馆 / tī zúqiú 踢足球

(4) Xīngqīwǔ 星期五 / Liú xiānsheng 刘先生 / Běijīng 北京 / lǚyóu 旅游

3 최근에 어디 가서 무엇을 했는지 자유롭게 말해 봅시다.

29

Zǎoshang liù diǎn bàn chūfā, zěnmeyàng?
早上六点半出发，怎么样？
아침 여섯 시 반에 출발하면 어떤가요?

● 녹음을 듣고, 다음 질문에 답해 봅시다. 🔊 29-01

Wáng Fāngfāng míngtiān wǎnshang zuò shénme?
王方方明天晚上做什么？ 왕팡팡은 내일 저녁에 무엇을 하나요?

Dàwèi　　Wǒmen míngtiān qù Chángchéng ba.
大卫　　我们明天去长城吧。

Wáng Fāngfāng　　Hǎo a!　Jǐ diǎn chūfā?
王方方　　好啊！几点出发？

Dàwèi　　Zǎoshang liù diǎn bàn chūfā,　zěnmeyàng?
大卫　　早上六点半出发，怎么样？

Wáng Fāngfāng　　Hǎo a!
王方方　　好啊！

Liú Xiǎoshuāng　　Míngtiān wǒmen qù hē chá ba.
刘小双　　明天我们去喝茶吧。

Wáng Fāngfāng　　Hǎo a!　Jǐ diǎn qù?
王方方　　好啊！几点去？

Liú Xiǎoshuāng　　Xiàwǔ sì diǎn,　zěnmeyàng?
刘小双　　下午四点，怎么样？

Wáng Fāngfāng　　Méi wèntí.
王方方　　没问题。

Liú Dàshuāng　　Míngtiān xiàwǔ wǒmen qù kàn diànyǐng ba.
刘大双　　明天下午我们去看电影吧。

Wáng Fāngfāng　　Míngtiān xiàwǔ wǒ yǒu shìr.　Wǎnshang hǎo ma?
王方方　　明天下午我有事儿。晚上好吗？

Liú Dàshuāng　　Hǎo ba.　Jǐ diǎn?
刘大双　　好吧。几点？

Wáng Fāngfāng　　Wǎnshang qī diǎn shíwǔ fēn diànyǐngyuàn jiàn.
王方方　　晚上七点十五分电影院见。

새 단어 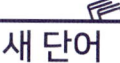 29-02

吧	ba 조 [문장 끝에 쓰여 제안, 긍정을 나타냄]	下午	xiàwǔ 명 오후
好	hǎo 형 그래, 좋아[동의, 칭찬 등을 나타냄]	没问题	méi wèntí 문제없어요
啊	a 조 [문장 끝에 쓰여 긍정을 나타냄]	事儿	shìr 명 일
点	diǎn 양 시[시간의 단위]	晚上	wǎnshang 명 저녁
出发	chūfā 동 출발하다	分	fēn 양 분[시간의 단위]
早上	zǎoshang 명 아침	见	jiàn 동 만나다, 보다
半	bàn 수 반		

핵심 표현

- 我们明天去长城**吧**。/ 好**吧**。
  문장 끝에 쓰인 조사 '吧'는 다양한 어기를 나타낼 수 있습니다. 예를 들어 '我们明天去长城吧.'에서는 '제안, 명령'의 어기를, '好吧.'에서는 '(상대의 제안에 대한) 긍정, 동의'의 어기를 나타냅니다.

- 早上六点半出发，**怎么样**？
  제안하는 말 뒤에 '怎么样'을 써서 제안에 대한 상대방의 의견이 어떠한지 물을 수 있습니다.

- 晚上七点十五分电影院见。
  '시간+장소+见'은 '~에 ~에서 만나요'라는 의미로, 만날 시간과 장소를 정할 때 자주 쓰는 표현입니다.

본문 해석

다비드	우리 내일 창청에 갑시다.
왕팡팡	그래요! 몇 시에 출발할까요?
다비드	아침 여섯 시 반에 출발하면 어떤가요?
왕팡팡	좋아요!
리우샤오쌍	내일 우리 차 마시러 갑시다.
왕팡팡	좋아요! 몇 시에 갈까요?
리우샤오쌍	오후 네 시 어떤가요?
왕팡팡	문제없어요.
리우다쌍	내일 오후에 우리 영화 보러 갑시다.
왕팡팡	내일 오후에는 일이 있어요. 저녁에 괜찮아요?
리우다쌍	좋아요. 몇 시에요?
왕팡팡	저녁 일곱 시 15분에 영화관에서 만나요.

간체자

 mén 문

 wèn 묻다

 men ~들

30

Xīngqīrì xiàwǔ wǒmen qù dǎ lánqiú ba.
星期日下午我们去打篮球吧。
일요일 오후에 우리 농구 하러 갑시다.

● 제시된 낱말을 활용해 녹음 속 질문에 답해 봅시다. 🔊 30-01 🔊 30-02

예

Xīngqīrì xiàwǔ
星期日下午

qù dǎ lánqiú
去打篮球

Xīngqīrì xiàwǔ wǒmen zuò shénme?
星期日下午我们做什么?

Xīngqīrì xiàwǔ wǒmen qù dǎ lánqiú ba.
星期日下午我们去打篮球吧。

1

Xīngqīliù shàngwǔ
星期六上午

qù yóuyǒng
去游泳

2

Xīngqīyī zhōngwǔ
星期一中午

qù hē chá
去喝茶

3

Xīngqī'èr xiàwǔ
星期二下午

qù hē kāfēi
去喝咖啡

4

Xīngqīwǔ shàngwǔ
星期五上午

qù tiào wǔ
去跳舞

5

Xīngqīsān xiàwǔ
星期三下午

qù mǎi dōngxi
去买东西

6

Xīngqīsì shàngwǔ
星期四上午

qù tī zúqiú
去踢足球

7

jīntiān wǎnshang liù diǎn bàn
今天晚上六点半

qù tīng yīnyuèhuì
去听音乐会

8

míngtiān xiàwǔ liǎng diǎn èrshí
明天下午两点二十

qù jiànshēn
去健身

9

hòutiān wǎnshang qī diǎn yí kè
后天晚上七点一刻

qù kàn huàjù
去看话剧

새 단어

上午	shàngwǔ	몡 오전		后天	hòutiān	몡 모레
中午	zhōngwǔ	몡 정오, 한낮		刻	kè	양 15분[시간의 단위]
跳舞	tiào wǔ	동 춤추다		话剧	huàjù	몡 연극
音乐会	yīnyuèhuì	몡 음악회, 콘서트				

연습

1 시계를 보고 시간을 말해 봅시다.

liù diǎn yí kè
六点一刻
liù diǎn shíwǔ fēn
六点十五分

(1)  (2)

(3)  (4)  (5)

2 제시된 낱말을 활용해 약속을 정하는 대화를 만들어 봅시다.

예)
míngtiān xiàwǔ　hē chá
明天下午　喝茶
liǎng diǎn bàn
两点半

Míngtiān xiàwǔ wǒmen qù hē chá ba.
明天下午我们去喝茶吧。
Hǎo a! Jǐ diǎn qù?
好啊! 几点去?

Liǎng diǎn bàn, zěnmeyàng?
两点半, 怎么样?
Méi wèntí!
没问题!

(1) hòutiān wǎnshang　tiào wǔ　liù diǎn shíwǔ
后天晚上　跳舞　六点十五

(2) Xīngqīwǔ wǎnshang　tīng yīnyuèhuì　qī diǎn èrshí
星期五晚上　听音乐会　七点二十

(3) Xīngqītiān shàngwǔ　mǎi dōngxi　jiǔ diǎn
星期天上午　买东西　九点

(4) míngtiān shàngwǔ　yóuyǒng　shí diǎn yí kè
明天上午　游泳　十点一刻

3 친구에게 어떤 활동을 함께 하자 제안하고, 서로 시간을 약속하는 대화를 나누어 봅시다.

31

Tā gèzi hěn gāo.
他个子很高。
그는 키가 큽니다.

● 녹음을 듣고, 다음 질문에 답해 봅시다. 🔊 31-01

> Wáng Fāngfāng zhǎo shéi?
> **王方方找谁?** 왕팡팡은 누구를 찾나요?

Wáng Fāngfāng / 王方方
Qǐngwèn, nǐ pángbiān nà wèi xiānsheng qù nǎr le?
请问，你旁边那位先生去哪儿了？

Dīng Shān / 丁山
Nǎ wèi xiānsheng?
哪位先生？

Wáng Fāngfāng / 王方方
Tā gèzi hěn gāo, yǎnjing hěn dà, tóufa hěn duǎn.
他个子很高，眼睛很大，头发很短。

Dīng Shān / 丁山
Tā chuān shénme yīfu?
他穿什么衣服？

Wáng Fāngfāng / 王方方
Tā yīfu hěn kù. Tā chuān yí jiàn hēisè de chènyī,
他衣服很酷。他穿一件黑色的衬衣，
yì tiáo lánsè de niúzǎikù, yì shuāng báisè de yùndòngxié.
一条蓝色的牛仔裤，一双白色的运动鞋。

Dīng Shān / 丁山
Shì bu shì nà wèi xiānsheng?
是不是那位先生？

Wáng Fāngfāng / 王方方
Shì.
是。

Wáng Fāngfāng / 王方方
Liú Dàshuāng, nǐ zài zhèr a!
刘大双，你在这儿啊！

Liú Xiǎoshuāng / 刘小双
Duìbuqǐ, Fāngfāng, wǒ shì Xiǎoshuāng!
对不起，方方，我是小双！

새 단어 31-02

位 wèi 양 분[사람을 세는 단위]
个子 gèzi 명 키
眼睛 yǎnjing 명 눈
头发 tóufa 명 머리카락
短 duǎn 형 짧다

酷 kù 형 멋지다, 근사하다
牛仔裤 niúzǎikù 명 청바지
运动鞋 yùndòngxié 명 운동화
这儿 zhèr 대 여기, 이곳

핵심 표현

- 他个子很高。
  주어(他)를 묘사하고 설명하는 술어가 '주어+술어(个子很高)' 구조인 문장을 '주술술어문'이라고 합니다.

- 他衣服很酷。
  '酷'는 영어의 'cool'을 중국어로 음역한 표현으로, 사람의 모습이나 옷차림 등을 형용할 때 씁니다.

본문 해석

왕팡팡	말씀 좀 여쭙겠습니다. 옆에 계시던 남자 분은 어디 가셨나요?
딩산	어떤 분이요?
왕팡팡	키가 크고, 눈이 크고, 머리가 짧은 분이요.
딩산	어떤 옷을 입었나요?
왕팡팡	옷이 멋졌어요. 검은색 셔츠에 파란 청바지를 입고, 흰색 운동화를 신었습니다.
딩산	저분인가요?
왕팡팡	네.
왕팡팡	리우다샹. 여기 있었네요!
리우샤오샹	미안해요, 팡팡. 나는 샤오샹이에요!

간체자

位 wèi 분

件 jiàn 벌, 건

作 zuò 하다

32

Tā shēncái bù hǎo.
她身材不好。
그녀는 몸매가 좋지 않습니다.

● 제시된 낱말을 활용해 그림 속 인물을 묘사해 봅시다. 🔊 32-01 🔊 32-02

| gèzi | gāo | ǎi |
| 个子 | 高 | 矮 |

Tā gèzi hěn gāo, tā gèzi hěn ǎi.
他个子很高，他个子很矮。

1

| yǎnjing | dà | xiǎo |
| 眼睛 | 大 | 小 |

2

| tóufa | cháng | duǎn |
| 头发 | 长 | 短 |

3

| zuǐ | dà | xiǎo |
| 嘴 | 大 | 小 |

4

| jiǎo | dà | xiǎo |
| 脚 | 大 | 小 |

5

| dùzi | dà | bú dà |
| 肚子 | 大 | 不大 |

6

| tuǐ | cháng | bù cháng |
| 腿 | 长 | 不长 |

7

| bízi | gāo | bù gāo |
| 鼻子 | 高 | 不高 |

8

| shēncái | hǎo | bù hǎo |
| 身材 | 好 | 不好 |

새 단어 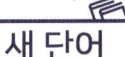 32-03

矮 ǎi 형 (키가) 작다	肚子 dùzi 명 배
长 cháng 형 길다	腿 tuǐ 명 다리
嘴 zuǐ 명 입	鼻子 bízi 명 코
脚 jiǎo 명 발	身材 shēncái 명 몸매, 체격

연습

1 빈칸에 알맞은 말을 보기에서 골라 봅시다.

보기: A 高 gāo   B 酷 kù   C 大 dà   D 长 cháng   E 好 hǎo   F 漂亮 piàoliang

(1) Tā tóufa hěn ___
他头发很_____。 그는 머리가 깁니다.

(2) Wǒ gēge yǎnjing bú ___
我哥哥眼睛不_____。 우리 오빠[형]는 눈이 크지 않습니다.

(3) Wǒ jiějie hěn ___, shēncái yě hěn ___
我姐姐很_____，身材也很_____。 우리 언니[누나]는 예쁘고, 몸매도 좋습니다.

(4) Tā shì Fǎguórén, tā bízi hěn ___
她是法国人，她鼻子很_____。 그녀는 프랑스인입니다. 그녀는 코가 높습니다.

2 제시된 낱말을 활용해 그림 속 인물을 묘사해 봅시다.  32-04

예)  tóufa 头发 yǎnjing 眼睛 bízi 鼻子 zuǐ 嘴
Tā tóufa hěn duǎn, yǎnjing hěn dà, bízi bù gāo, zuǐ hěn xiǎo.
他头发很短，眼睛很大，鼻子不高，嘴很小。

(1)  gèzi 个子 shēncái 身材 yǎnjing 眼睛 tóufa 头发

(2)  yīfu 衣服 gèzi 个子 tuǐ 腿

(3)  gèzi 个子 tóufa 头发 tuǐ 腿 dùzi 肚子

(4)  gèzi 个子 tóufa 头发 yǎnjing 眼睛

3 친한 친구 한 명을 묘사해 말해 봅시다.

33 Běijīng tiānqì zěnmeyàng?
北京天气怎么样?
베이징은 날씨가 어떤가요?

● 녹음을 듣고, 다음 질문에 답해 봅시다. 🔊 33-01

> Běijīng hé Xīní de tiānqì zěnmeyàng?
> 北京和悉尼的天气怎么样? 베이징과 시드니의 날씨는 어떤가요?

Ānni　　　Wèi, shì Wáng Fāngfāng ma?
安妮　　　喂，是王方方吗?

Wáng Fāngfāng　Wǒ jiù shì.
王方方　　我就是。

Ānni　　　Fāngfāng, wǒ shì Ānni. Wǒ míngtiān qù Běijīng.
安妮　　　方方，我是安妮。我明天去北京。
　　　　　Běijīng tiānqì zěnmeyàng?
　　　　　北京天气怎么样?

Wáng Fāngfāng　Běijīng xiànzài shì dōngtiān.
王方方　　北京现在是冬天。
　　　　　Míngtiān yīntiān, yǒu xuě, qìwēn líng xià sān dù dào sì dù.
　　　　　明天阴天，有雪，气温零下3度到4度。

Ānni　　　Zhème lěng a!
安妮　　　这么冷啊!

Wáng Fāngfāng　Shì a. Xīní tiānqì zěnmeyàng?
王方方　　是啊。悉尼天气怎么样?

Ānni　　　Xīní xiànzài shì xiàtiān, hěn rè, jīntiān sānshí'èr dù.
安妮　　　悉尼现在是夏天，很热，今天32度。

Wáng Fāngfāng　Běijīng xiànzài fēicháng lěng. Nǐ duō chuān diǎnr yīfu!
王方方　　北京现在非常冷。你多穿点儿衣服!

Ānni　　　Xièxie!
安妮　　　谢谢!

Wáng Fāngfāng　Bú kèqi.
王方方　　不客气。

새 단어  33-02

喂 wèi 감 여보세요
天气 tiānqì 명 날씨
现在 xiànzài 명 지금, 현재
冬天 dōngtiān 명 겨울
阴天 yīntiān 명 흐린 날
有 yǒu 동 있다[존재를 나타냄]
雪 xuě 명 눈
气温 qìwēn 명 기온

零下 líng xià 영하
度 dù 양 도[온도의 단위]
到 dào 동 이르다, 도달하다
冷 lěng 형 춥다
悉尼 Xīní 고유 시드니
夏天 xiàtiān 명 여름
点儿 diǎnr 양 조금, 약간
不客气 bú kèqi 천만에요, 별말씀을요

핵심 표현

- 喂, 是王方方吗?
  우리가 '여보세요'라는 말로 전화 통화를 시작하듯이 중국인들은 '喂'로 전화 통화를 시작합니다. 원래 성조는 제4성이지만, 많은 사람들이 일상적으로 제2성으로 발음합니다.

- 明天阴天。
  '阴天'이라는 명사가 술어가 되어 '明天'이라는 주어를 설명하는 문장입니다. 주로 날씨, 시간, 날짜 등을 말할 때 이러한 '명사술어문'을 사용합니다.

본문 해석

애니	여보세요, 왕팡팡 씨인가요?		왕팡팡	그래. 시드니 날씨는 어떠니?
왕팡팡	접니다.		애니	시드니는 지금 여름이고, 더워. 오늘은 32도야.
애니	팡팡, 나 애니야. 나 내일 베이징에 가. 베이징 날씨는 어떠니?		왕팡팡	베이징은 지금 무척 추워. 옷을 두둑이 입으렴!
왕팡팡	베이징은 지금 겨울이야. 내일은 흐리고 눈이 와. 기온은 영하 3도에서 4도야.		애니	고마워!
애니	그렇게 추워?		왕팡팡	천만에.

간체자

 bái 희다

 de ~의 (것)

 zì 스스로

34

Mòsīkē dōngtiān chángcháng xià xuě.
莫斯科冬天常常下雪。
모스크바는 겨울에 자주 눈이 옵니다.

● 제시된 낱말을 활용해 녹음 속 질문에 답해 봅시다. 🔊 34-01 🔊 34-02

예

-3~4℃

Běijīng   míngtiān   yīntiān
北京   明天   阴天

líng xià sān dù dào sì dù
零下3度到4度

Běijīng míngtiān tiānqì zěnmeyàng?
北京明天天气怎么样？

Běijīng míngtiān yīntiān, qìwēn líng xià sān dù dào sì dù.
北京明天阴天，气温零下3度到4度。

1

3~9℃

Shànghǎi   jīntiān   qíngtiān
上海   今天   晴天

sān dù dào jiǔ dù
3度到9度

2

3~5℃

Xīní   jīntiān   duōyún
悉尼   今天   多云

sān dù dào wǔ dù
3度到5度

3

2~14℃

Niǔyuē   jīntiān   qíngtiān
纽约   今天   晴天

èr dù dào shísì dù
2度到14度

4

-11~-2℃

Mòsīkē   jīntiān   guā fēng
莫斯科   今天   刮风

líng xià shíyī dù dào líng xià èr dù
零下11度到零下2度

5

26~34℃

Màngǔ   míngtiān   xiǎoyǔ
曼谷   明天   小雨

èrshíliù dù dào sānshísì dù
26度到34度

예

Běijīng   chūntiān
北京   春天

nuǎnhuo   guā fēng
暖和   刮风

Běijīng chūntiān zěnmeyàng?
北京春天怎么样？

Běijīng chūntiān hěn nuǎnhuo, chángcháng guā fēng.
北京春天很暖和，常常刮风。

6

Shànghǎi   qiūtiān
上海   秋天

bù lěng
不冷

7

Mòsīkē   dōngtiān
莫斯科   冬天

xià xuě
下雪

새 단어 34-03

多云 duōyún 명 구름이 많음, 흐린 날씨
纽约 Niǔyuē 고유 뉴욕
晴天 qíngtiān 명 맑은 날
莫斯科 Mòsīkē 고유 모스크바
刮风 guā fēng 동 바람이 불다
曼谷 Màngǔ 고유 방콕

雨 yǔ 명 비
春天 chūntiān 명 봄
暖和 nuǎnhuo 형 따뜻하다
常常 chángcháng 부 자주, 흔히
秋天 qiūtiān 명 가을
下 xià 동 (비, 눈 등이) 내리다

연습

1 제시된 낱말을 활용해 그림 속 날씨를 묘사해 봅시다. 34-04

예
20~30℃
Běijīng qíngtiān
北京　　晴天

Běijīng qíngtiān, èrshí dù dào sānshí dù.
北京晴天，20度到30度。

(1) 25~33℃
Màngǔ duōyún
曼谷　　多云

(2) 5~12℃
Xīní xiǎoyǔ
悉尼　　小雨

(3) -14~-1℃
Mòsīkē dàxuě
莫斯科　　大雪

(4) 5~11℃
Shànghǎi qíngtiān
上海　　晴天

(5) 10~16℃
Niǔyuē guā fēng
纽约　　刮风

2 제시된 낱말을 활용해 날씨를 묻고 답해 봅시다. 34-05

예
chūntiān nuǎnhuo guā fēng
春天　　暖和　　刮风

Běijīng chūntiān zěnmeyàng?
北京春天怎么样？

Běijīng chūntiān hěn nuǎnhuo, chángcháng guā fēng.
北京春天很暖和，常常刮风。

(1) xiàtiān rè xià yǔ
夏天　热　下雨

(2) qiūtiān bù lěng yě bú rè
秋天　不冷也不热

(3) dōngtiān lěng xià xuě
冬天　冷　下雪

3 자신이 살고 있는 도시의 사계절 날씨를 말해 봅시다.

35

Nǐ gǎnmào le.
你感冒了。
감기에 걸렸군요.

● 녹음을 듣고, 다음 질문에 답해 봅시다. 🔊 35-01

> Xiǎomíng wèi shénme shuō "tài hǎo le"?
> **小明为什么说"太好了"?** 샤오밍은 왜 '너무 잘됐어요'라고 말했나요?

Māma	Xiǎomíng, nǐ zěnme le?	
妈妈	小明，你怎么了？	
Xiǎomíng	Wǒ bù shūfu.	
小明	我不舒服。	

Māma　　Nǐ kěnéng shēng bìng le.　Wǒmen qù yīyuàn ba.
妈妈　　你可能生病了。我们去医院吧。

(zài yīyuàn)
（在医院）

Yīshēng　Nǐ nǎr bù shūfu?
医生　　你哪儿不舒服？

Xiǎomíng　Wǒ tóu téng, sǎngzi yě téng.
小明　　我头疼，嗓子也疼。

Yīshēng　Liángliang tǐwēn. Fā shāo le.
医生　　量量体温。发烧了。
　　　　Nǐ gǎnmào le, chī diǎnr yào ba.
　　　　你感冒了，吃点儿药吧。

Yīshēng　Nǐ xūyào zài jiā xiūxi.
医生　　你需要在家休息。

Xiǎomíng　Tài hǎo le, jīntiān bú shàng xué le!
小明　　太好了，今天不上学了！

새 단어 35-02

怎么了 zěnme le 왜 그래?, 어찌된 일이야?
可能 kěnéng 부 아마(도)
生病 shēng bìng 동 병이 나다
在 zài 개 ~에서
头 tóu 명 머리
疼 téng 형 아프다
嗓子 sǎngzi 명 목, 목구멍
量 liáng 동 재다, 측정하다
体温 tǐwēn 명 체온

发烧 fā shāo 동 열이 나다
感冒 gǎnmào 동 감기에 걸리다
药 yào 명 약
需要 xūyào 동 필요로 하다, 요구되다
家 jiā 명 집
休息 xiūxi 동 쉬다
太……了 tài……le 너무 ~하다
上学 shàng xué 동 등교하다

핵심 표현

- 你可能生病了。
  '了'는 종종 문장 끝에 쓰여 상태나 상황의 변화를 나타냅니다.

- 量量体温。
  동사의 중첩은 '좀 ~하다' '잠깐 ~하다'라는 의미로, 동작의 가벼운 시도 또는 짧은 시도를 나타냅니다.

- 你需要在家休息。
  동사 앞에 놓인 '在+장소'는 동작이 일어난 장소를 나타냅니다. 이때 '在'는 '~에서'라는 뜻의 개사입니다.

본문 해석

엄마	샤오밍, 너 왜 그러니?
샤오밍	저 몸이 안 좋아요.
엄마	병이 난 모양이구나. 우리 병원에 가 보자.
(병원에서)	
의사	어디가 불편하신가요?
샤오밍	머리도 아프고, 목도 아파요.
의사	체온을 재 봅시다. 열이 나네요. 감기에 걸렸군요. 약을 좀 먹도록 합시다.
의사	집에서 쉬어야 해요.
샤오밍	너무 잘됐어요. 오늘 학교에 안 간다니!

간체자

 几 jǐ 몇   机 jī 기계   没 méi ~않다

35 你感冒了。 95

36 他怎么了?
Tā zěnme le?

그에게 무슨 일이 있나요?

● 제시된 낱말을 활용해 녹음 속 질문에 답해 봅시다. 36-01 36-02

예

Xiǎomíng gǎnmào
小明 感冒

Xiǎomíng zěnme le?
小明怎么了?

Xiǎomíng gǎnmào le.
小明感冒了。

1

tā shēng bìng
他 生病

2

tā fā shāo
她 发烧

3

tā lèi
他 累

4

tā shēng qì
她 生气

5

Xiǎomíng kùn
小明 困

예

wǒ yá téng
我 牙疼

Nǐ nǎr bù shūfu?
你哪儿不舒服?

Wǒ yá téng.
我牙疼。

6

tā dùzi téng
他 肚子疼

7

tā sǎngzi téng
她 嗓子疼

새 단어  36-03

生气 shēng qì 통 화가 나다
困 kùn 형 졸리다

牙 yá 명 이, 치아

연습

1 빈칸에 알맞은 말을 보기에서 골라 봅시다.

보기: A 怎么了 zěnme le   B 多 duō   C 点儿 diǎnr   D 需要 xūyào   E 可能 kěnéng

(1) Jīntiān hěn lěng, nǐ yào ___ chuān diǎnr yīfu.
今天很冷，你要___穿点儿衣服。 오늘은 추우니 옷을 두둑이 입으셔야 합니다.

(2) Liú Dàshuāng bù gāoxìng, tā
刘大双不高兴，他___? 리우다쌍 기분이 안 좋은데, 그에게 무슨 일이 있나요?

(3) Míngtiān ___ xià xuě, nǐ zuò dìtiě shàng bān ba.
明天___下雪，你坐地铁上班吧。 내일은 아마도 눈이 올 거예요. 지하철을 타고 출근하세요.

(4) Tā fā shāo le, ___ qù yīyuàn.
他发烧了，___去医院。 그는 열이 납니다. 병원에 가야 해요.

2 제시된 낱말을 활용해 그림 속 상황을 표현해 봅시다.  36-04

3 감기에 걸렸다고 가정하고, 증상과 호전될 수 있는 방법을 말해 봅시다.

37

Tāmen zài zuò shénme?
他们在做什么?
그들은 무엇을 하고 있나요?

● 녹음을 듣고, 다음 질문에 답해 봅시다. 37-01

> Tā jiā de xiǎomāo zài zuò shénme?
> 她家的小猫在做什么? 그녀 집의 고양이는 무엇을 하고 있나요?

Jīntiān Xīngqītiān.   Xiànzài zǎoshang bā diǎn.   Wǒ jiā de xiǎomāo zài zuò shénme?
今天星期天。现在早上八点。我家的小猫在做什么?

Nǎinai zài kàn diànshì,   yéye zài kàn bàozhǐ.   Tā zhèngzài chī fàn ne.
奶奶在看电视，爷爷在看报纸。它正在吃饭呢。

Bàba zài shōushi fángjiān,   māma zài zuò fàn.
爸爸在收拾房间，妈妈在做饭。

Jiějie zài huà zhuāng,   gēge zài shuì jiào.
姐姐在化妆，哥哥在睡觉。

Mèimei zài kàn shū,   dìdi zài dǎ diànhuà.
妹妹在看书，弟弟在打电话。

새 단어 37-02

(正)在	(zhèng)zài 뭐 ~하는 중이다	打(电话)	dǎ (diànhuà) 동 (전화를) 걸다
收拾	shōushi 동 정리하다, 치우다	猫	māo 명 고양이
房间	fángjiān 명 방	它	tā 대 그것
做饭	zuò fàn 밥을 하다	吃饭	chī fàn 밥을 먹다
化妆	huà zhuāng 동 화장하다		

핵심 표현

- 奶奶在看电视。

  여기서 동사술어 앞에 위치한 '在'는 '~하는 중이다'라는 뜻의 부사로, 동작이 진행 중임을 나타냅니다. 이때 '在'는 '正在'로 바꿔 쓸 수 있으며, 문장 끝에 '呢'를 붙여 '(正)在……呢'와 같이 쓸 수 있습니다. '正' 또한 동작이 진행 중임을 나타낼 수 있는데, 이때 문장 끝에 붙은 '呢'는 생략될 수 없음에 주의해야 합니다.

본문 해석

오늘은 일요일입니다. 지금은 아침 여덟 시입니다.

할머니는 텔레비전을 보고 계시고, 할아버지는 신문을 보고 계십니다.

아빠는 방을 정리하고 계시고, 엄마는 밥을 하고 계십니다.

언니는 화장을 하고 있고, 오빠는 잠을 자고 있습니다.

여동생은 책을 보고 있고, 남동생은 전화를 하고 있습니다.

우리 집 고양이는 무엇을 하고 있을까요?

그 녀석은 밥을 먹고 있습니다.

간체자

 生 shēng 낳다, 태어나다

 姓 xìng 성이 ~이다

 星 xīng 별

38

Yéye zài dǎ tàijíquán.
爷爷在打太极拳。
할아버지는 태극권을 하고 계십니다.

● 제시된 낱말을 활용해 녹음 속 질문에 답해 봅시다. 🔊 38-01 🔊 38-02

예)

nǎinai　kàn diànshì
奶奶　看电视

Nǎinai zài zuò shénme?
奶奶在做什么？

Nǎinai zài kàn diànshì.
奶奶在看电视。

1

yéye　dǎ tàijíquán
爷爷　打太极拳

2

māma　xiūxi
妈妈　休息

3

bàba　lǐ fà
爸爸　理发

4

Xiǎomíng　chī fàn
小明　吃饭

5

Dīng Shān　huà huàr
丁山　画画儿

6

Wáng Fāngfāng　huà zhuāng
王方方　化妆

7

mèimei　xuéxí
妹妹　学习

8

Ālǐ　huídá wèntí
阿里　回答问题

9

Dàwèi　xiě Hànzì
大卫　写汉字

새 단어 🔊 38-03

理发 lǐ fà 동 이발하다
画画儿 huà huàr 그림을 그리다
学习 xuéxí 동 공부하다, 배우다

回答 huídá 동 대답하다
问题 wèntí 명 질문, 문제
汉字 Hànzì 고유 한자

연습

1 빈칸에 알맞은 말을 보기에서 골라 봅시다.

| 보기 | A 打算 dǎsuàn | B 在 / 正在 zài zhèngzài | C 了 le |

(1) 周末我和大双去健身_____。 Zhōumò wǒ hé Dàshuāng qù jiànshēn
주말에 저와 다솽은 헬스 하러 갔습니다.

(2) 我姐姐_____打电话呢。 Wǒ jiějie dǎ diànhuà ne.
우리 언니[누나]는 전화를 하고 있습니다.

(3) 安妮没去学校，她生病_____。 Ānní méi qù xuéxiào, tā shēng bìng
애니는 학교에 가지 않았습니다. 그녀는 병이 났습니다.

(4) 星期六我_____和妈妈去看电影。 Xīngqīliù wǒ hé māma qù kàn diànyǐng.
토요일에 저는 엄마랑 영화 보러 갈 계획입니다.

(5) 大卫_____写汉字呢。 Dàwèi xiě Hànzì ne.
다비드는 한자를 쓰고 있습니다.

(6) 昨天爸爸坐火车去上海_____。 Zuótiān bàba zuò huǒchē qù Shànghǎi
어제 아빠는 기차를 타고 상하이에 가셨습니다.

2 제시된 낱말을 활용해 묻고 답해 봅시다. 🔊 38-04

| 예 | mǎi 买 píngguǒ 苹果 chāoshì 超市 | Tā zài zuò shénme? 他在做什么? Tā zài mǎi píngguǒ. 他在买苹果。 | Tā zài nǎr mǎi píngguǒ? 他在哪儿买苹果? Tā zài chāoshì mǎi píngguǒ. 他在超市买苹果。 |

(1) 姐姐 上网 家 jiějie shàng wǎng jiā

(2) 奶奶 打太极拳 公园 nǎinai dǎ tàijíquán gōngyuán

(3) 林木 上班 公司 Lín Mù shàng bān gōngsī

(4) 弟弟 写微博 出租车里 dìdi xiě wēibó chūzūchē li

3 '(正)在……(呢)' 구문을 활용한 문장을 다양하게 만들어 말해 봅시다.

39

Fángjiān shōushi wán le.
房间收拾完了。
방 정리를 끝냈습니다.

● 녹음을 듣고, 다음 질문에 답해 봅시다. 🔊 39-01

> Qīzi wǎnfàn zuòhǎo le ma?
> **妻子晚饭做好了吗?** 아내는 저녁밥을 다 했나요?

Qīzi
妻子   Fángjiān shōushi le ma?
房间收拾了吗?

Zhàngfu
丈夫   Fángjiān shōushi wán le.
房间收拾完了。

Qīzi
妻子   Zhuōzi cā le ma?
桌子擦了吗?

Zhàngfu
丈夫   Cā gānjìng le.
擦干净了。

Qīzi
妻子   Yīfu xǐ le ma?
衣服洗了吗?

Zhàngfu
丈夫   Xǐwán le.
洗完了。

Qīzi
妻子   Chē xǐ le ma?
车洗了吗?

Zhàngfu
丈夫   Xǐ gānjìng le.
洗干净了。

Qīzi
妻子   Érzi, nǐ zuòyè xiěwán le ma?
儿子，你作业写完了吗?

Érzi
儿子   Méi xiěwán.
没写完。

Zhàngfu、érzi
丈夫、儿子   Wǎnfàn zuòhǎo le ma?
晚饭做好了吗?

Qīzi
妻子   ……

102

새 단어 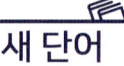 39-02

完 wán 동 끝내다, 마치다	儿子 érzi 명 아들
擦 cā 동 닦다	作业 zuòyè 명 숙제
干净 gānjìng 형 깨끗하다	晚饭 wǎnfàn 명 저녁밥
洗 xǐ 동 빨다, 씻다	好 hǎo 형 [동사 뒤에 쓰여 동작의 완성을 나타냄]
车 chē 명 자동차	

핵심 표현

- **房间收拾完了。/ 擦干净了。**

  몇몇 특정한 동사나 형용사는 동사 뒤에 위치해 동작의 결과를 나타낼 수 있습니다. '收拾完'의 '完'과 '擦干净'의 '干净'이 그 예입니다. '收拾完', '擦干净'의 부정형은 '没收拾完', '没擦干净'입니다.

- **没写完。**

  부사 '没'는 동사 앞에 위치해 동작이나 행위가 일어나지 않았음을 나타냅니다. '没写完.'은 '(숙제를) 다 마치지 못했다.', 다른 예로 '昨天他没去上班.'은 '어제 그는 출근하지 않았다.'라는 의미입니다.

본문 해석

아내	방 정리했어요?	아내	세차는 했나요?
남편	방 정리를 끝냈어요.	남편	깨끗이 세차했어요.

아내	책상은 닦았나요?	아내	아들아, 너는 숙제 다 했니?
남편	깨끗이 닦았어요.	아들	다 못했어요.

아내	옷은 빨았나요?	남편, 아들	저녁밥은 다 했어요?
남편	다 빨았어요.	아내	……

간체자

元 yuán 위안[중국 화폐 단위]	完 wán 끝내다, 마치다	院 yuàn 뜰

40

Bàba tīngdǒng le.
爸爸听懂了。
아빠는 알아들으셨습니다.

● 녹음을 듣고, 그림을 묘사하는 말을 완성해 봅시다. 🔊 40-01 🔊 40-02

Wǒ de fángjiān shōushi hǎo le.
我的房间收拾好了。

Tā de fángjiān
他的房间＿＿＿＿＿＿。

Wǒ de fángjiān shōushi hǎo le.
我的房间收拾好了。

Tā de fángjiān méi shōushi hǎo.
他的房间没收拾好。

1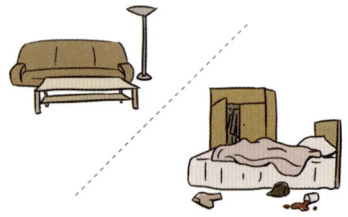

Kètīng dǎsǎo wán le.
客厅打扫完了。

Wòshì
卧室＿＿＿＿＿＿。

2

Wǎn xǐ gānjìng le.
碗洗干净了。

Pánzi
盘子＿＿＿＿＿＿。

3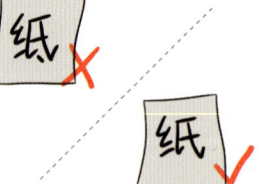

Zhège Hànzì xiěduì le.
这个汉字写对了。

Nàge Hànzì
那个汉字＿＿＿＿＿＿。

4

Dìdi chībǎo le.
弟弟吃饱了。

Jiějie
姐姐＿＿＿＿＿＿。

5

Yéye kàn qīngchu le.
爷爷看清楚了。

Nǎinai
奶奶＿＿＿＿＿＿。

6

Bàba tīngdǒng le.
爸爸听懂了。

Māma
妈妈＿＿＿＿＿＿。

새 단어 🔊 40-03

客厅 kètīng ⑲ 거실
打扫 dǎsǎo ⑤ 청소하다
卧室 wòshì ⑲ 침실
盘子 pánzi ⑲ 접시
对 duì ⑲ 맞다, 옳다

错 cuò ⑲ 틀리다
饱 bǎo ⑲ 배부르다
清楚 qīngchu ⑲ 분명하다, 뚜렷하다
懂 dǒng ⑤ 이해하다, 알다

연습

1 빈칸에 알맞은 말을 보기에서 골라 봅시다.

| 보기 | A 完 wán | B 干净 gānjìng | C 清楚 qīngchu | D 好 hǎo | E 饱 bǎo | F 对 duì | G 累 lèi |

(1) Wǎnfàn zuò____le.
晚饭做____了。 저녁밥이 다 됐습니다.

(2) Tā zǒu____le.
他走____了。 그는 걸어서 피곤합니다.

(3) Hànzì hěn xiǎo, nǐ kàn____le ma?
汉字很小，你看____了吗? 한자가 작은데, 똑똑히 봤나요?

(4) Tā huídá____le.
他回答____了。 그는 맞게 답했습니다.

(5) Wǒ chī____le.
我吃____了。 저는 배부르게 먹었습니다.

(6) Shūguì cā____le, yīguì yě cā____le.
书柜擦____了，衣柜也擦____了。 책장을 깨끗이 닦고, 옷장도 깨끗이 닦았습니다.

2 제시된 낱말을 활용해 묻고 답해 봅시다. 🔊 40-04

| 예 | zhuōzi cā gānjìng 桌子 擦 干净 | Zhuōzi cā le ma? 桌子擦了吗?
 Cā le. 擦了。 | Zhuōzi cā gānjìng le ma? 桌子擦干净了吗?
 Méi cā gānjìng. 没擦干净。 |

(1) fángjiān shōushi hǎo
房间 收拾 好

(2) shū kàn wán
书 看 完

(3) pánzi xǐ gānjìng
盘子 洗 干净

(4) jīngjù tīng dǒng
京剧 听 懂

3 오늘 어떤 일을 했고, 하지 못했는지 말해 봅시다.

부록

홀수 과	번체자 본문	108
짝수 과	녹음 대본과 모범답안	115
단어 색인		140

▶ '짝수 과 녹음 대본과 모범답안' PDF 파일은 '다락원 홈페이지(http://www.darakwon.co.kr)'의 '학습자료〉중국어' 게시판에서 무료로 다운로드 받으실 수 있습니다.

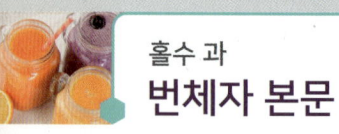

홀수 과
번체자 본문

01 你叫什么名字？ | 你叫什麼名字？

他们叫什么？	他們叫什麼？
王方方　你好！ 林木　　你好！ 王方方　我叫王方方。你叫什么名字？ 林木　　我姓林，叫林木。 王方方　他叫什么名字？ 林木　　他叫刘大双。 王方方　他叫什么名字？ 林木　　他叫刘小双。	王方方　你好！ 林木　　你好！ 王方方　我叫王方方。你叫什麼名字？ 林木　　我姓林，叫林木。 王方方　他叫什麼名字？ 林木　　他叫劉大雙。 王方方　他叫什麼名字？ 林木　　他叫劉小雙。

03 他是中国人。 | 他是中國人。

他们是哪国人？	他們是哪國人？
王方方　这是林木，他是中国人。这是大卫，他是法国人。 大卫　　您好！认识您很高兴。 林木　　您好！认识您我也很高兴。 大卫　　那是谁？ 王方方　他是刘大双。 大卫　　他是哪国人？ 王方方　他是中国人。	王方方　這是林木，他是中國人。這是大衛，他是法國人。 大衛　　您好！認識您很高興。 林木　　您好！認識您我也很高興。 大衛　　那是誰？ 王方方　他是劉大雙。 大衛　　他是哪國人？ 王方方　他是中國人。

05 您是木先生吗？ | 您是木先生嗎？

这是谁的快递？	這是誰的快遞？
邮递员　请问，您是木先生吗？ 林木　　我不是。他姓木。 邮递员　木先生，这是您的快递。 木先生　对不起，这不是我的快递。 邮递员　请问，谁是木林？ 林木　　我叫林木，不叫木林。这是我的快递。 邮递员　对不起，林先生。 林木　　没关系。 邮递员　再见。 林木　　再见。	郵遞員　請問，您是木先生嗎？ 林木　　我不是。他姓木。 郵遞員　木先生，這是您的快遞。 木先生　對不起，這不是我的快遞。 郵遞員　請問，誰是木林？ 林木　　我叫林木，不叫木林。這是我的快遞。 郵遞員　對不起，林先生。 林木　　沒關係。 郵遞員　再見。 林木　　再見。

07 他做什么工作？ | 他做什麽工作？

谁最忙？

A 他做什么工作？
B 他是司机。他很忙。

A 她做什么工作？
B 她是记者。她很忙。

A 他做什么工作？
B 他是医生。他也很忙。

A 他做什么工作？
B 他是经理。他非常忙。

A 她做什么工作？
B 她是家庭主妇。

A 她忙不忙？
B 她最忙。

誰最忙？

A 他做什麽工作？
B 他是司機。他很忙。

A 她做什麽工作？
B 她是記者。她很忙。

A 他做什麽工作？
B 他是醫生。他也很忙。

A 他做什麽工作？
B 他是經理。他非常忙。

A 她做什麽工作？
B 她是家庭主婦。

A 她忙不忙？
B 她最忙。

09 他们喜欢做什么？ | 他們喜歡做什麽？

谁喜欢唱歌？

A 林木喜欢做什么？
B 他喜欢打篮球。

A 王方方喜欢做什么？
B 她喜欢唱歌。

A 刘大双喜欢做什么？
B 他喜欢打太极拳。

A 她喜欢做什么？
B 她喜欢上网。

A 他们喜欢做什么？
B 他们都喜欢吃中国菜。

A 你呢？
B 我喜欢睡觉。

誰喜歡唱歌？

A 林木喜歡做什麽？
B 他喜歡打籃球。

A 王方方喜歡做什麽？
B 她喜歡唱歌。

A 劉大雙喜歡做什麽？
B 他喜歡打太極拳。

A 她喜歡做什麽？
B 她喜歡上網。

A 他們喜歡做什麽？
B 他們都喜歡吃中國菜。

A 你呢？
B 我喜歡睡覺。

11 我有一个姐姐。 | 我有一個姐姐。

王方方有没有男朋友？

我叫王方方。

我爸爸是经理，他很忙。

我妈妈是家庭主妇，她很漂亮。
她有很多漂亮的衣服。

我没有哥哥，有一个姐姐。
我姐姐有男朋友，她喜欢约会。

我没有男朋友，我喜欢上网。

王方方有沒有男朋友？

我叫王方方。

我爸爸是經理，他很忙。

我媽媽是家庭主婦，她很漂亮。
她有很多漂亮的衣服。

我沒有哥哥，有一個姐姐。
我姐姐有男朋友，她喜歡約會。

我沒有男朋友，我喜歡上網。

13 我的钥匙在哪儿? | 我的鑰匙在哪兒?

丈夫的钥匙在哪儿?

丈夫	我的钥匙在哪儿?
妻子	钥匙在桌子上。
丈夫	钥匙不在桌子上。
妻子	钥匙在不在沙发上?
丈夫	不在沙发上。
妻子	在不在沙发下边?
丈夫	也不在沙发下边。
妻子	在不在电话旁边?
丈夫	不在电话旁边。
妻子	你手里是什么?
丈夫	……

丈夫的鑰匙在哪兒?

丈夫	我的鑰匙在哪兒?
妻子	鑰匙在桌子上。
丈夫	鑰匙不在桌子上。
妻子	鑰匙在不在沙發上?
丈夫	不在沙發上。
妻子	在不在沙發下邊?
丈夫	也不在沙發下邊。
妻子	在不在電話旁邊?
丈夫	不在電話旁邊。
妻子	你手裏是什麽?
丈夫	……

15 这条红色的裙子好看吗? | 這條紅色的裙子好看嗎?

丈夫觉得妻子的衣服好看吗?

妻子	这条红色的裙子好看吗?
丈夫	好看。
妻子	这条白色的裙子好看吗?
丈夫	好看。
妻子	这条黄色的裙子呢?
丈夫	好看。
妻子	这件绿色的大衣怎么样?
丈夫	好看。
妻子	这件蓝色的大衣呢?
丈夫	好看。
妻子	你看没看?
丈夫	你穿什么都好看。

丈夫覺得妻子的衣服好看嗎?

妻子	這條紅色的裙子好看嗎?
丈夫	好看。
妻子	這條白色的裙子好看嗎?
丈夫	好看。
妻子	這條黃色的裙子呢?
丈夫	好看。
妻子	這件綠色的大衣怎麽樣?
丈夫	好看。
妻子	這件藍色的大衣呢?
丈夫	好看。
妻子	你看沒看?
丈夫	你穿什麽都好看。

17 春节是农历1月1日。 | 春節是農曆1月1日。

2012年中国情人节是哪天?

阿里	老师,中国有哪些传统节日?
老师	中国有春节、元宵节、中秋节……
阿里	春节是几月几日?
老师	春节是农历1月1日。
阿里	元宵节是几月几日?
老师	元宵节是农历1月15日。
阿里	中秋节呢?
老师	中秋节是农历8月15日。

2012年中國情人節是哪天?

阿里	老師,中國有哪些傳統節日?
老師	中國有春節、元宵節、中秋節……
阿里	春節是幾月幾日?
老師	春節是農曆1月1日。
阿里	元宵節是幾月幾日?
老師	元宵節是農曆1月15日。
阿里	中秋節呢?
老師	中秋節是農曆8月15日。

阿里	中国有情人节吗?	阿里	中國有情人節嗎?
老师	有，中国的情人节是农历7月7日。	老師	有，中國的情人節是農曆7月7日。
阿里	2012年中国情人节是哪天?	阿里	2012年中國情人節是哪天?
老师	是2012年8月23日，星期四。	老師	是2012年8月23日，星期四。

19 现金还是刷卡? | 現金還是刷卡?

他要了什么? | 他要了什麼?

服务员	请问，您要什么?	服務員	請問，您要什麼?
林木	我要一碗面条儿。	林木	我要一碗麵條兒。
服务员	您要大碗的还是小碗的?	服務員	您要大碗的還是小碗的?
林木	大碗的。	林木	大碗的。
服务员	辣的还是不辣的?	服務員	辣的還是不辣的?
林木	不辣的。	林木	不辣的。
林木	再要一杯豆浆。	林木	再要一杯豆漿。
服务员	要热的还是凉的?	服務員	要熱的還是涼的?
林木	凉的。	林木	涼的。
服务员	一共五十块。现金还是刷卡?	服務員	一共五十塊。現金還是刷卡?
林木	刷卡。	林木	刷卡。

21 苹果多少钱一斤? | 蘋果多少錢一斤?

大卫买了什么? | 大衛買了什麼?

大卫	西红柿多少钱一斤?	大衛	西紅柿多少錢一斤?
姑娘	四块钱一斤。	姑娘	四塊錢一斤。
大卫	苹果多少钱一斤?	大衛	蘋果多少錢一斤?
姑娘	八块钱一斤。	姑娘	八塊錢一斤。
大卫	草莓呢?	大衛	草莓呢?
姑娘	草莓十五块钱一盒。	姑娘	草莓十五塊錢一盒。
大卫	我要两斤苹果、一盒草莓。	大衛	我要兩斤蘋果、一盒草莓。
姑娘	好，给您。	姑娘	好，給您。
大卫	谢谢，姑妈。	大衛	謝謝，姑媽。
姑娘	你为什么叫我"姑妈"?	姑娘	你爲什麼叫我"姑媽"?
大卫	"娘"就是"妈"，"姑娘"就是"姑妈"。	大衛	"娘"就是"媽"，"姑娘"就是"姑媽"。
姑娘	……	姑娘	……

23 银行怎么走? | 銀行怎麽走?

电影院在哪儿? | 電影院在哪兒?

| A | 请问，银行怎么走? | A | 請問，銀行怎麽走? |
| B | 一直往前走，那个白色的大楼就是。 | B | 一直往前走，那個白色的大樓就是。 |

A	请问，火车站怎么走?	
B	一直往北走，第二个路口右拐。	
A	请问，邮局怎么走?	
B	一直往北走，在银行旁边。	
A	请问，电影院怎么走?	
B	第一个路口左拐，一直往前走，第一个路口左拐，再一直往前走，第一个路口左拐，往前走，红色的大楼就是。	

A	請問，火車站怎麼走?	
B	一直往北走，第二個路口右拐。	
A	請問，郵局怎麼走?	
B	一直往北走，在銀行旁邊。	
A	請問，電影院怎麼走?	
B	第一個路口左拐，一直往前走，第一個路口左拐，再一直往前走，第一個路口左拐，往前走，紅色的大樓就是。	

25 我坐公共汽车上班。｜我坐公共汽车上班。

他们明天怎么上班?

同事1	明天是世界环境日，我们都不开车。你们打算怎么上班?
同事2	我坐地铁上班。
同事3	我坐公共汽车上班。
同事4	我骑自行车上班。
同事5	我走路上班。
同事6	我不坐地铁，不坐公共汽车，不骑自行车，也不走路上班。
同事们	你怎么上班?
同事6	明天不上班，明天是周末。

他們明天怎麼上班?

同事1	明天是世界環境日，我們都不開車。你們打算怎麼上班?
同事2	我坐地鐵上班。
同事3	我坐公共汽車上班。
同事4	我騎自行車上班。
同事5	我走路上班。
同事6	我不坐地鐵，不坐公共汽車，不騎自行車，也不走路上班。
同事們	你怎麼上班?
同事6	明天不上班，明天是週末。

27 我去埃及旅游了。｜我去埃及旅游了。

周末大卫去哪儿了?

老师	同学们，周末你们做什么了?
同学1	我去颐和园玩儿了。
同学2	我去体育馆健身了。
同学3	我去商店买大衣和鞋了。
同学4	我去剧院看京剧了。
老师	大卫，你去哪儿了?
大卫	我去埃及旅游了。
老师	这么快就回来了?
大卫	我是上网去的。

周末大衛去哪兒了?

老師	同學們，周末你們做什麼了?
同學1	我去頤和園玩兒了。
同學2	我去體育館健身了。
同學3	我去商店買大衣和鞋了。
同學4	我去劇院看京劇了。
老師	大衛，你去哪兒了?
大衛	我去埃及旅游了。
老師	這麼快就回來了?
大衛	我是上網去的。

29 早上六点半出发，怎么样?｜早上六點半出發，怎麼樣?

王方方明天晚上做什么?

大卫	我们明天去长城吧。
王方方	好啊! 几点出发?

王方方明天晚上做什麼?

大衛	我們明天去長城吧。
王方方	好啊! 幾點出發?

大卫	早上六点半出发，怎么样？		大衛	早上六點半出發，怎麼樣？
王方方	好啊！		王方方	好啊！
刘小双	明天我们去喝茶吧。		劉小雙	明天我們去喝茶吧。
王方方	好啊！几点去？		王方方	好啊！幾點去？
刘小双	下午四点，怎么样？		劉小雙	下午四點，怎麼樣？
王方方	没问题。		王方方	沒問題。
刘大双	明天下午我们去看电影吧。		劉大雙	明天下午我們去看電影吧。
王方方	明天下午我有事儿。晚上好吗？		王方方	明天下午我有事兒。晚上好嗎？
刘大双	好吧。几点？		劉大雙	好吧。幾點？
王方方	晚上七点十五分电影院见。		王方方	晚上七點十五分電影院見。

31 他个子很高。 | 他個子很高。

王方方找谁？ | **王方方找誰？**

王方方	请问，你旁边那位先生去哪儿了？		王方方	請問，你旁邊那位先生去哪兒了？
丁山	哪位先生？		丁山	哪位先生？
王方方	他个子很高，眼睛很大，头发很短。		王方方	他個子很高，眼睛很大，頭髮很短。
丁山	他穿什么衣服？		丁山	他穿什麼衣服？
王方方	他衣服很酷。他穿一件黑色的衬衣，一条蓝色的牛仔裤，一双白色的运动鞋。		王方方	他衣服很酷。他穿一件黑色的襯衣，一條藍色的牛仔褲，一雙白色的運動鞋。
丁山	是不是那位先生？		丁山	是不是那位先生？
王方方	是。		王方方	是。
王方方	刘大双，你在这儿啊！		王方方	劉大雙，你在這兒啊！
刘小双	对不起，方方，我是小双！		劉小雙	對不起，方方，我是小雙！

33 北京天气怎么样？ | 北京天氣怎麼樣？

北京和悉尼的天气怎么样？ | **北京和悉尼的天氣怎麼樣？**

安妮	喂，是王方方吗？		安妮	喂，是王方方嗎？
王方方	我就是。		王方方	我就是。
安妮	方方，我是安妮。我明天去北京。北京天气怎么样？		安妮	方方，我是安妮。我明天去北京。北京天氣怎麼樣？
王方方	北京现在是冬天。明天阴天，有雪，气温零下3度到4度。		王方方	北京現在是冬天。明天陰天，有雪，氣溫零下3度到4度。
安妮	这么冷啊！		安妮	這麼冷啊！
王方方	是啊。悉尼天气怎么样？		王方方	是啊。悉尼天氣怎麼樣？
安妮	悉尼现在是夏天，很热，今天32度。		安妮	悉尼現在是夏天，很熱，今天32度。
王方方	北京现在非常冷。你多穿点儿衣服！		王方方	北京現在非常冷。你多穿點兒衣服！
安妮	谢谢！		安妮	謝謝！
王方方	不客气。		王方方	不客氣。

35 你感冒了。 | 你感冒了。

小明为什么说"太好了"?

妈妈	小明,你怎么了?
小明	我不舒服。
妈妈	你可能生病了。我们去医院吧。

(在医院)
医生	你哪儿不舒服?
小明	我头疼,嗓子也疼。
医生	量量体温。发烧了。你感冒了,吃点儿药吧。
医生	你需要在家休息。
小明	太好了,今天不上学了!

小明爲什麼說"太好了"?

媽媽	小明,你怎麼了?
小明	我不舒服。
媽媽	你可能生病了。我們去醫院吧。

(在醫院)
醫生	你哪兒不舒服?
小明	我頭疼,嗓子也疼。
醫生	量量體溫。發燒了。你感冒了,吃點兒藥吧。
醫生	你需要在家休息。
小明	太好了,今天不上學了!

37 他们在做什么? | 他們在做什麼?

她家的小猫在做什么?

今天星期天。现在早上八点。
奶奶在看电视,爷爷在看报纸。
爸爸在收拾房间,妈妈在做饭。
姐姐在化妆,哥哥在睡觉。
妹妹在看书,弟弟在打电话。
我家的小猫在做什么?
它正在吃饭呢。

她家的小貓在做什麼?

今天星期天。現在早上八點。
奶奶在看電視,爺爺在看報紙。
爸爸在收拾房間,媽媽在做飯。
姐姐在化妝,哥哥在睡覺。
妹妹在看書,弟弟在打電話。
我家的小貓在做什麼?
它正在吃飯呢。

39 房间收拾完了。 | 房間收拾完了。

妻子晚饭做好了吗?

妻子	房间收拾了吗?
丈夫	房间收拾完了。
妻子	桌子擦了吗?
丈夫	擦干净了。
妻子	衣服洗了吗?
丈夫	洗完了。
妻子	车洗了吗?
丈夫	洗干净了。
妻子	儿子,你作业写完了吗?
儿子	没写完。
丈夫、儿子	晚饭做好了吗?
妻子	……

妻子晚飯做好了嗎?

妻子	房間收拾了嗎?
丈夫	房間收拾完了。
妻子	桌子擦了嗎?
丈夫	擦乾净了。
妻子	衣服洗了嗎?
丈夫	洗完了。
妻子	車洗了嗎?
丈夫	洗乾净了。
妻子	兒子,你作業寫完了嗎?
兒子	沒寫完。
丈夫、兒子	晚飯做好了嗎?
妻子	……

짝수 과
녹음 대본과 모범답안

02 他叫姚明。

🔊 02-02

예	你叫什么名字? 我叫王方方。	예	이름이 무엇인가요? 저는 왕팡팡이라고 합니다.
1	她叫什么名字? 她叫王玉英。	1	그녀는 이름이 무엇인가요? 그녀는 왕위잉이라고 합니다.
2	他叫什么? 他叫丁山。	2	그는 이름이 무엇인가요? 그는 딩산이라고 합니다.
3	他叫什么? 他叫马华。	3	그는 이름이 무엇인가요? 그는 마화라고 합니다.
4	他叫什么? 他叫孙中平。	4	그는 이름이 무엇인가요? 그는 쑨중핑이라고 합니다.
5	她叫什么? 她叫于文乐。	5	그녀는 이름이 무엇인가요? 그녀는 위원러라고 합니다.
6	她叫什么? 她叫吴明玉。	6	그녀는 이름이 무엇인가요? 그녀는 우밍위라고 합니다.
7	她叫什么? 她叫邓丽君。	7	그녀는 이름이 무엇인가요? 그녀는 덩리쥔이라고 합니다.
8	他叫什么? 他叫李小龙。	8	그는 이름이 무엇인가요? 그는 리샤오롱이라고 합니다.
9	他叫什么? 他叫姚明。	9	그는 이름이 무엇인가요? 그는 야오밍이라고 합니다.

연습

1 ⑴ C ⑵ A ⑶ C ⑷ B ⑸ B, A ⑹ B, A

2 🔊 02-04

예	他叫什么(名字)? 他姓林,叫林木。	예	그는 이름이 무엇인가요? 그는 린 씨예요. 린무라고 합니다.
⑴	他叫什么(名字)? 他姓李,叫李小龙。	⑴	그는 이름이 무엇인가요? 그는 리 씨예요. 리샤오롱이라고 합니다.
⑵	他叫什么(名字)? 他姓姚,叫姚明。	⑵	그는 이름이 무엇인가요? 그는 야오 씨예요. 야오밍이라고 합니다.
⑶	她叫什么(名字)? 她姓王,叫王玉英。	⑶	그녀는 이름이 무엇인가요? 그녀는 왕 씨예요. 왕위잉이라고 합니다.

(4) 他叫什么(名字)?
他姓丁，叫丁山。

(4) 그는 이름이 무엇인가요?
그는 딩 씨예요. 딩산이라고 합니다.

3 她叫汤唯。 그녀는 탕웨이[Tāng Wéi]라고 합니다.

04 他是哪国人?

🔊 04-02

예 他是谁?
   他是大卫。
   他是哪国人?
   他是法国人。

예 그는 누구인가요?
   그는 다비드입니다.
   그는 어느 나라 사람인가요?
   그는 프랑스인입니다.

1 他是谁?
   他是孔子。
   他是哪国人?
   他是中国人。

1 그는 누구인가요?
   그는 공자입니다.
   그는 어느 나라 사람인가요?
   그는 중국인입니다.

2 他是谁?
   他是贝多芬。
   他是哪国人?
   他是德国人。

2 그는 누구인가요?
   그는 베토벤입니다.
   그는 어느 나라 사람인가요?
   그는 독일인입니다.

3 他是谁?
   他是毕加索。
   他是哪国人?
   他是西班牙人。

3 그는 누구인가요?
   그는 피카소입니다.
   그는 어느 나라 사람인가요?
   그는 스페인인입니다.

4 他是谁?
   他是曼德拉。
   他是哪国人?
   他是南非人。

4 그는 누구인가요?
   그는 만델라입니다.
   그는 어느 나라 사람인가요?
   그는 남아프리카인입니다.

5 她是谁?
   她是梦露。
   她是哪国人?
   她是美国人。

5 그녀는 누구인가요?
   그녀는 먼로입니다.
   그녀는 어느 나라 사람인가요?
   그녀는 미국인입니다.

6 她是谁?
   她是巩俐。
   她是哪国人?
   她是中国人。

6 그녀는 누구인가요?
   그녀는 공리입니다.
   그녀는 어느 나라 사람인가요?
   그녀는 중국인입니다.

연습

1 (1) B, A   (2) C, D   (3) B, A, C   (4) A, C

2 🔊 04-04

예 刘大双是哪国人?
   刘大双是中国人。

예 리우다쐉은 어느 나라 사람인가요?
   리우다쐉은 중국인입니다.

王方方是哪国人？ 王方方也是中国人。	왕팡팡은 어느 나라 사람인가요? 왕팡팡도 중국인입니다.
(1) 孔子是哪国人？ 孔子是中国人。 老子是哪国人？ 老子也是中国人。	(1) 공자는 어느 나라 사람인가요? 공자는 중국인입니다. 노자는 어느 나라 사람인가요? 노자도 중국인입니다.
(2) 歌德是哪国人？ 歌德是德国人。 贝多芬是哪国人？ 贝多芬也是德国人。	(2) 괴테는 어느 나라 사람인가요? 괴테는 독일인입니다. 베토벤은 어느 나라 사람인가요? 베토벤도 독일인입니다.
(3) 雨果是哪国人？ 雨果是法国人。 罗丹是哪国人？ 罗丹也是法国人。	(3) 위고는 어느 나라 사람인가요? 위고는 프랑스인입니다. 로댕은 어느 나라 사람인가요? 로댕도 프랑스인입니다.
(4) 毕加索是哪国人？ 毕加索是西班牙人。 塞万提斯是哪国人？ 塞万提斯也是西班牙人。	(4) 피카소는 어느 나라 사람인가요? 피카소는 스페인입니다. 세르반테스는 어느 나라 사람인가요? 세르반테스도 스페인입니다.

3 他是金大韩。他是韩国人。她是李美英。她也是韩国人。

그는 김대한[Jīn Dàhán]입니다. 그는 한국인입니다. 그녀는 이미영[Lǐ Měiyīng]입니다. 그녀도 한국인입니다.

06 他是王经理。

🔊 06-02

예) 他是木先生吗？ 他不是木先生，他是林先生。	예) 그가 무 선생님인가요? 그는 무 선생님이 아닙니다. 그는 린 선생님이에요.
1 他是王先生吗？ 他不是王先生，他是李先生。	1 그가 왕 선생님인가요? 그는 왕 선생님이 아닙니다. 그는 리 선생님이에요.
2 她是于小姐吗？ 她不是于小姐，她是刘小姐。	2 그녀가 위 양인가요? 그녀는 위 양이 아닙니다. 그녀는 리우 양이에요.
3 她是孙女士吗？ 她不是孙女士，她是李女士。	3 그녀가 쑨 여사님인가요? 그녀는 쑨 여사님이 아닙니다. 그녀는 리 여사님이에요.
4 他是张老师吗？ 他不是张老师，他是刘老师。	4 그가 장 선생님인가요? 그는 장 선생님이 아닙니다. 그는 리우 선생님이에요.
5 他是马经理吗？ 他不是马经理，他是王经理。	5 그가 마 사장님인가요? 그는 마 사장님이 아닙니다. 그는 왕 사장님이에요.
6 他是丁大夫吗？ 他不是丁大夫，他是于大夫。	6 그가 딩 (의사) 선생님인가요? 그는 딩 선생님이 아닙니다. 그는 위 선생님이에요.

연습

1 ⑴ A ⑵ D ⑶ A ⑷ C ⑸ C, B

2 🔊 06-04

예) 您是王先生吗? 不是，我姓李。 对不起。 没关系。	예) 당신이 왕 선생님이신가요? 아닙니다. 저는 리 씨예요. 죄송합니다. 괜찮습니다.
⑴ 您是孙经理吗? 不是，我姓刘。 对不起。 没关系。	⑴ 당신이 쑨 사장님이신가요? 아닙니다. 저는 리우 씨예요. 죄송합니다. 괜찮습니다.
⑵ 您是丁老师吗? 不是，我姓张。 对不起。 没关系。	⑵ 당신이 딩 선생님이신가요? 아닙니다. 저는 장 씨예요. 죄송합니다. 괜찮습니다.
⑶ 您是王大夫吗? 不是，我姓于。 对不起。 没关系。	⑶ 당신이 왕 (의사) 선생님이신가요? 아닙니다. 저는 위 씨예요. 죄송합니다. 괜찮습니다.
⑷ 您是李小姐吗? 不是，我姓林。 对不起。 没关系。	⑷ 당신이 리 양이신가요? 아닙니다. 저는 린 씨예요. 죄송합니다. 괜찮습니다.

3 请问，您是成龙吗? 실례지만 청롱[Chéng Lóng] 씨이신가요?

08 她很忙。

🔊 08-02

예) 她做什么工作? 她是家庭主妇。 她忙不忙? 她很忙。	예) 그녀는 무슨 일을 하나요? 그녀는 가정주부입니다. 그녀는 바쁜가요? 그녀는 바쁩니다.
1 他做什么工作? 他是服务员。 他忙不忙? 他很忙。	1 그는 무슨 일을 하나요? 그는 종업원입니다. 그는 바쁜가요? 그는 바쁩니다.
2 她做什么工作? 她是秘书。 她忙不忙? 她不忙。	2 그녀는 무슨 일을 하나요? 그녀는 비서입니다. 그녀는 바쁜가요? 그녀는 바쁘지 않습니다.
3 他做什么工作? 他是厨师。	3 그는 무슨 일을 하나요? 그는 요리사입니다.

他累不累?
他非常累。

4 她做什么工作?
   她是律师。
   她辛苦不辛苦?
   她很辛苦。

5 他做什么工作?
   他是运动员。
   他累不累?
   他非常累。

6 他做什么工作?
   他是学生。
   他快乐不快乐?
   他不快乐。

그는 힘든가요?
그는 무척 힘듭니다.

4 그녀는 무슨 일을 하나요?
   그녀는 변호사입니다.
   그녀는 고생스럽나요?
   그녀는 고생스럽습니다.

5 그는 무슨 일을 하나요?
   그는 운동선수입니다.
   그는 힘든가요?
   그는 무척 힘듭니다.

6 그는 무슨 일을 하나요?
   그는 학생입니다.
   그는 즐거운가요?
   그는 즐겁지 않습니다.

연 습

1 (1) 他是谁?　　(2) 他叫什么名字? 또는 他叫什么?　　(3) 他做什么工作?

   (4) 她是哪国人?　　(5) 他忙不忙? 또는 他忙吗?　　(6) 律师辛苦不辛苦? 또는 律师辛苦吗?

2 08-04

예 林木做什么工作?
    他是律师。
    他辛苦不辛苦?
    他很辛苦。

(1) 孙中平做什么工作?
    他是医生。
    他忙不忙?
    他很忙。

(2) 王玉英做什么工作?
    她是家庭主妇。
    她累不累?
    她很累。

(3) 大卫做什么工作?
    他是学生。
    他快乐不快乐?
    他很快乐。

(4) 于文乐做什么工作?
    她是服务员。
    她辛苦不辛苦?
    她很辛苦。

예 린무는 무슨 일을 하나요?
    그는 변호사입니다.
    그는 고생스럽나요?
    그는 고생스럽습니다.

(1) 쑨중핑은 무슨 일을 하나요?
    그는 의사입니다.
    그는 바쁜가요?
    그는 바쁩니다.

(2) 왕위잉은 무슨 일을 하나요?
    그녀는 가정주부입니다.
    그녀는 힘든가요?
    그녀는 힘듭니다.

(3) 다비드는 무슨 일을 하나요?
    그는 학생입니다.
    그는 즐거운가요?
    그는 즐겁습니다.

(4) 위원러는 무슨 일을 하나요?
    그녀는 종업원입니다.
    그녀는 고생스럽나요?
    그녀는 고생스럽습니다.

3 A 你做什么工作? 무슨 일을 하시나요?
   B 我是医生。 저는 의사예요.

A 你累不累? 힘든가요?
B 我非常累。 무척 힘들어요.

10 我喜欢上网。

🔊 10-02

예 你喜欢做什么? 我喜欢听音乐。	예 무엇 하기를 좋아하시나요? 저는 음악 듣기를 좋아합니다.
1 你喜欢做什么? 我喜欢健身。	1 무엇 하기를 좋아하시나요? 저는 헬스하기를 좋아합니다.
2 你喜欢喝茶吗? 我不喜欢喝茶。	2 차 마시기를 좋아하시나요? 저는 차 마시기를 좋아하지 않습니다.
3 你喜欢看电视吗? 我不喜欢看电视,我喜欢看电影。	3 텔레비전 보기를 좋아하시나요? 저는 텔레비전 보기를 좋아하지 않고, 영화 보기를 좋아합니다.
4 你喜欢看报纸吗? 我不喜欢看报纸,我喜欢读书。	4 신문 보기를 좋아하시나요? 저는 신문 보기를 좋아하지 않고, 책 읽기를 좋아합니다.
5 你喜欢不喜欢上网? 我喜欢上网,我喜欢写微博。	5 인터넷 하기를 좋아하시나요? 저는 인터넷 하기를 좋아하고, 웨이보에 글 쓰기를 좋아합니다.
6 你喜欢做什么? 我喜欢看电影,也喜欢看京剧。	6 무엇 하기를 좋아하시나요? 저는 영화 보기를 좋아하고, 경극 보기도 좋아합니다.

연 습

1 ⑴ 姓 林 | 叫 王方方 | 看 报纸 | 打 篮球 | 上 网

⑵ 喝 茶 | 吃 中国菜 | 打 太极拳 | 听 音乐 | 看 电视

2 🔊 10-04

예 他喜欢看电影吗? 不喜欢。 他喜欢做什么? 他喜欢写微博。	예 그는 영화 보기를 좋아하나요? 좋아하지 않습니다. 그는 무엇 하기를 좋아하나요? 그는 웨이보에 글 쓰기를 좋아합니다.
⑴ 他喜欢看报纸吗? 不喜欢。 他喜欢做什么? 他喜欢读书。	⑴ 그는 신문 보기를 좋아하나요? 좋아하지 않습니다. 그는 무엇 하기를 좋아하나요? 그는 책 읽기를 좋아합니다.
⑵ 她喜欢看电视吗? 不喜欢。 她喜欢做什么? 她喜欢看电影。	⑵ 그녀는 텔레비전 보기를 좋아하나요? 좋아하지 않습니다. 그녀는 무엇 하기를 좋아하나요? 그녀는 영화 보기를 좋아합니다.
⑶ 他喜欢健身吗? 不喜欢。 他喜欢做什么? 他喜欢上网。	⑶ 그는 헬스하기를 좋아하나요? 좋아하지 않습니다. 그는 무엇 하기를 좋아하나요? 그는 인터넷 하기를 좋아합니다.

(4) 她喜欢唱歌吗? 不喜欢。 她喜欢做什么? 她喜欢听音乐。	(4) 그녀는 노래 부르기를 좋아하나요? 좋아하지 않습니다. 그녀는 무엇 하기를 좋아하나요? 그녀는 음악 듣기를 좋아합니다.

3 韩国年轻人喜欢听音乐、上网。 한국 젊은이들은 음악 듣기, 인터넷 하기를 좋아합니다.

12 他家有几口人?

🔊 12-02

예) 她有姐姐吗? 她有姐姐。 她有几个姐姐? 她有一个姐姐。	예) 그녀는 언니가 있나요? 그녀는 언니가 있습니다. 그녀는 언니가 몇 명 있나요? 그녀는 언니가 한 명 있습니다.
1 他有弟弟吗? 他有弟弟。 他有几个弟弟? 他有一个弟弟。	1 그는 남동생이 있나요? 그는 남동생이 있습니다. 그는 남동생이 몇 명 있나요? 그는 남동생이 한 명 있습니다.
2 他有没有妹妹? 他有妹妹。 他有几个妹妹? 他有两个妹妹。	2 그는 여동생이 있나요? 그는 여동생이 있습니다. 그는 여동생이 몇 명 있나요? 그는 여동생이 두 명 있습니다.
3 他有没有哥哥? 他没有哥哥。	3 그는 형이 있나요? 그는 형이 없습니다.
4 她姐姐有没有男朋友? 她姐姐没有男朋友。	4 그녀의 언니는 남자친구가 있나요? 그녀의 언니는 남자친구가 없습니다.
예) 他家有几口人? 他家有五口人。	예) 그의 집은 식구가 몇인가요? 그의 집은 식구가 다섯입니다.
5 她家有几口人? 她家有三口人。	5 그녀의 집은 식구가 몇인가요? 그녀의 집은 식구가 셋입니다.

연습

2 🔊 12-05

예) 你有没有哥哥? 我没有哥哥。 你有姐姐吗? 我有姐姐。	예) 오빠가 있나요? 저는 오빠가 없습니다. 언니가 있나요? 저는 언니가 없습니다.
(1) 刘大双有没有姐姐? 刘大双没有姐姐。 刘大双有弟弟吗? 刘大双有弟弟。	(1) 리우다쐉은 누나가 있나요? 리우다쐉은 누나가 없습니다. 리우다쐉은 남동생이 있나요? 리우다쐉은 남동생이 있습니다.

(2) 张老师有没有哥哥?
张老师没有哥哥。
张老师有妹妹吗?
张老师有妹妹。

(3) 王方方有没有男朋友?
王方方没有男朋友。
王方方有姐姐吗?
王方方有姐姐。

(4) 大卫有没有报纸?
大卫没有报纸。
大卫有书吗?
大卫有书。

(2) 장 선생님은 형이 있나요?
장 선생님은 형이 없습니다.
장 선생님은 여동생이 있나요?
장 선생님은 여동생이 있습니다.

(3) 왕팡팡은 남자친구가 있나요?
왕팡팡은 남자친구가 없습니다.
왕팡팡은 언니가 있나요?
왕팡팡은 언니가 있습니다.

(4) 다비드는 신문을 가지고 있나요?
다비드는 신문을 가지고 있지 않습니다.
다비드는 책을 가지고 있나요?
다비드는 책을 가지고 있습니다.

3 **A** 你家有几口人? 집에 식구가 몇인가요?

B 我家有四口人。我有爸爸、妈妈、一个姐姐。우리 집은 식구가 넷입니다. 저는 아빠, 엄마, 언니[누나] 한 명이 있습니다.

A 他们都做什么工作? 忙不忙? 그들은 무슨 일을 하나요? 바쁜가요?

B 我爸爸是老师,他很忙。我妈妈是家庭主妇,她不忙。姐姐是学生,她最忙。
우리 아빠는 선생님이고, 바쁘십니다. 우리 엄마는 가정주부이고, 바쁘시지 않습니다. 언니[누나]는 학생이고, 가장 바쁩니다.

14 报纸在电脑旁边。

🔊 14-02

예 钥匙在哪儿?
钥匙在他手里。

1 餐桌在哪儿?
餐桌在沙发前边。

2 书柜在哪儿?
书柜在沙发后边。

3 桌子在哪儿?
桌子在书柜左边。

4 电话在哪儿?
电话在电脑右边。

5 茶在桌子上吗?
茶在桌子上。

6 篮球在椅子下边吗?
篮球在椅子下边。

7 妈妈的衣服在衣柜里吗?
妈妈的衣服在衣柜里。

8 报纸在不在电脑旁边?
报纸在电脑旁边。

9 她的书在不在桌子上?
她的书在桌子上。

예 열쇠는 어디 있나요?
열쇠는 그의 손에 있습니다.

1 식탁은 어디 있나요?
식탁은 소파 앞에 있습니다.

2 책장은 어디 있나요?
책장은 소파 뒤에 있습니다.

3 책상은 어디 있나요?
책상은 책장 왼쪽에 있습니다.

4 전화는 어디 있나요?
전화는 컴퓨터 오른쪽에 있습니다.

5 차는 책상 위에 있나요?
차는 책상 위에 있습니다.

6 농구공은 의자 밑에 있나요?
농구공은 의자 밑에 있습니다.

7 엄마의 옷은 옷장 안에 있나요?
엄마의 옷은 옷장 안에 있습니다.

8 신문은 컴퓨터 옆에 있나요?
신문은 컴퓨터 옆에 있습니다.

9 그녀의 책은 책상 위에 있나요?
그녀의 책은 책상 위에 있습니다.

1 (1) 餐桌在哪儿?　(2) 茶在哪儿?　(3) 你的快递在沙发上边。
   (4) 钥匙不在他手里。　(5) 书在桌子上吗?　(6) 报纸在不在电视旁边?

2 14-04

예 钥匙在不在桌子上? 钥匙不在桌子上。 钥匙在哪儿? 钥匙在椅子上。	예 열쇠는 책상 위에 있나요? 열쇠는 책상 위에 없습니다. 열쇠는 어디 있나요? 열쇠는 의자 위에 있습니다.
(1) 丈夫的书在不在桌子上? 丈夫的书不在桌子上。 丈夫的书在哪儿? 丈夫的书在沙发上。	(1) 남편의 책은 책상 위에 있나요? 남편의 책은 책상 위에 없습니다. 남편의 책은 어디 있나요? 남편의 책은 소파 위에 있습니다.
(2) 报纸在不在餐桌上? 报纸不在餐桌上。 报纸在哪儿? 报纸在电脑旁边。	(2) 신문은 식탁 위에 있나요? 신문은 식탁 위에 없습니다. 신문은 어디 있나요? 신문은 컴퓨터 옆에 있습니다.
(3) 爸爸的茶在不在电视旁边? 爸爸的茶不在电视旁边。 爸爸的茶在哪儿? 爸爸的茶在电话旁边。	(3) 아빠의 차는 텔레비전 옆에 있나요? 아빠의 차는 텔레비전 옆에 없습니다. 아빠의 차는 어디 있나요? 아빠의 차는 전화 옆에 있습니다.
(4) 妻子的衣服在不在沙发上? 妻子的衣服不在沙发上。 妻子的衣服在哪儿? 妻子的衣服在衣柜里。	(4) 아내의 옷은 소파 위에 있나요? 아내의 옷은 소파 위에 없습니다. 아내의 옷은 어디 있나요? 아내의 옷은 옷장 안에 있습니다.
(5) 电话在不在电脑左边? 电话不在电脑左边。 电话在哪儿? 电话在电脑右边。	(5) 전화는 컴퓨터 왼쪽에 있나요? 전화는 컴퓨터 왼쪽에 없습니다. 전화는 어디 있나요? 전화는 컴퓨터 오른쪽에 있습니다.

3 书柜在桌子左边，桌子在书柜右边。椅子在桌子前边。电脑在桌子上。电话也在桌子上。
책장은 책상 왼쪽에 있고, 책상은 책장 오른쪽에 있습니다. 의자는 책상 앞에 있습니다. 컴퓨터는 책상 위에 있습니다. 전화도 책상 위에 있습니다.

16 这个黄色的沙发很舒服。

16-02

예 这条红色的裙子好看吗? 这条红色的裙子很好看。	예 이 빨간색 치마는 예쁜가요? 이 빨간색 치마는 예쁩니다.
1 这双棕色的鞋舒服吗? 这双棕色的鞋很舒服。	1 이 갈색 신발은 편한가요? 이 갈색 신발은 편합니다.
2 这条蓝色的裤子好看吗? 这条蓝色的裤子很好看。	2 이 파란색 바지는 예쁜가요? 이 파란색 바지는 예쁩니다.

3	这条绿色的裙子漂亮不漂亮? 这条绿色的裙子很漂亮。	3	이 녹색 치마는 예쁜가요? 이 녹색 치마는 예쁩니다.
4	这件灰色的衬衣好看不好看? 这件灰色的衬衣很好看。	4	이 회색 셔츠는 예쁜가요? 이 회색 셔츠는 예쁩니다.
5	这件蓝色的旗袍好看不好看? 这件蓝色的旗袍不好看。	5	이 파란색 치파오는 예쁜가요? 이 파란색 치파오는 예쁘지 않습니다.
6	这件红色的大衣怎么样? 这件红色的大衣很漂亮。	6	이 빨간색 외투는 어떤가요? 이 빨간색 외투는 예쁩니다.
7	这个黑色的手机怎么样? 这个黑色的手机不好看。	7	이 검은색 휴대전화는 어떤가요? 이 검은색 휴대전화는 예쁘지 않습니다.
8	这个白色的餐桌怎么样? 这个白色的餐桌很漂亮。	8	이 흰색 식탁은 어떤가요? 이 흰색 식탁은 예쁩니다.
9	这个黄色的沙发怎么样? 这个黄色的沙发很舒服。	9	이 노란색 소파는 어떤가요? 이 노란색 소파는 편합니다.

연 습

1 ⑴ A ⑵ B ⑶ C ⑷ B ⑸ A ⑹ B

2  16-04

예	这条蓝色的裙子怎么样? 这条蓝色的裙子很好看。	예	이 파란색 치마는 어떤가요? 이 파란색 치마는 예쁩니다.
⑴	那双红色的鞋怎么样? 那双红色的鞋很舒服。	⑴	저 빨간색 신발은 어떤가요? 저 빨간색 신발은 편합니다.
⑵	这件灰色的大衣怎么样? 这件灰色的大衣不好看。	⑵	이 회색 외투는 어떤가요? 이 회색 외투는 예쁘지 않습니다.
⑶	这件绿色的旗袍怎么样? 这件绿色的旗袍很漂亮。	⑶	이 녹색 치파오는 어떤가요? 이 녹색 치파오는 예쁩니다.
⑷	那个蓝色的沙发怎么样? 那个蓝色的沙发不舒服。	⑷	저 파란색 소파는 어떤가요? 저 파란색 소파는 편하지 않습니다.
⑸	那件黄色的衬衣怎么样? 那件黄色的衬衣不漂亮。	⑸	저 노란색 셔츠는 어떤가요? 저 노란색 셔츠는 예쁘지 않습니다.

3 我喜欢穿蓝色的衣服。我的女朋友喜欢穿红色的衣服。
저는 파란색 옷 입기를 좋아합니다. 제 여자친구는 빨간색 옷 입기를 좋아합니다.

18 元宵节是几月几日？

🔊 18-02

예 春节是几月几日？ 春节是农历1月1日。	예 춘지에는 몇 월 며칠인가요? 춘지에는 음력 1월 1일입니다.
1 元宵节是几月几日？ 元宵节是农历1月15日。	1 위앤샤오지에는 몇 월 며칠인가요? 위앤샤오지에는 음력 1월 15일입니다.
2 劳动节是几月几号？ 劳动节是5月1号。	2 라오둥지에는 몇 월 며칠인가요? 라오둥지에는 5월 1일입니다.
3 今年复活节是哪天？ 今年复活节是4月8号。	3 올해 부활절은 몇 월 며칠인가요? 올해 부활절은 4월 8일입니다.
4 2015年父亲节是哪天？ 2015年父亲节是6月21号。	4 2015년 아버지의 날은 언제인가요? 2015년 아버지의 날은 6월 21일입니다.
5 母亲节是星期几？ 母亲节是星期天。	5 어머니의 날은 무슨 요일인가요? 어머니의 날은 일요일입니다.
6 今年圣诞节是星期几？ 今年圣诞节是星期二。	6 올해 크리스마스는 무슨 요일인가요? 올해 크리스마스는 화요일입니다.

연습

1. (1) 一月 1월 | 二月 2월 | 三月 3월 | 四月 4월 | 五月 5월 | 六月 6월

   (2) 七月 7월 | 八月 8월 | 九月 9월 | 十月 10월 | 十一月 11월 | 十二月 12월

   (3) 星期一 월요일 | 星期二 화요일 | 星期三 수요일 | 星期四 목요일 | 星期五 금요일 | 星期六 토요일 | 星期天/日 일요일

2. 🔊 18-05

예 2016年春节是几月几号？星期几？ 2016年春节是2月8号，星期一。	예 2016년 춘지에는 몇 월 며칠인가요? 무슨 요일입니까? 2016년 춘지에는 2월 8일, 월요일입니다.
(1) 2017年元宵节是几月几号？星期几？ 2017年元宵节是2月11号，星期六。	(1) 2017년 위앤샤오지에는 몇 월 며칠인가요? 무슨 요일입니까? 2017년 위앤샤오지에는 2월 11일, 토요일입니다.
(2) 2018年中秋节是几月几号？星期几？ 2018年中秋节是9月24号，星期一。	(2) 2018년 중치우지에는 몇 월 며칠인가요? 무슨 요일입니까? 2018년 중치우지에는 9월 24일, 월요일입니다.
(3) 今年中国情人节是几月几号？星期几？ 今年中国情人节是8月23号，星期四。	(3) 올해 중국 연인의 날은 몇 월 며칠인가요? 무슨 요일입니까? 올해 중국 연인의 날은 8월 23일, 목요일입니다.

3. 韩国秋夕是农历8月15日。2016年秋夕是9月15号，星期四。
   한국 추석[Qiūxī]은 음력 8월 15일입니다. 2016년 추석은 9월 15일, 목요일입니다.

   韩国儿童节是5月5日。2016年儿童节是星期四。
   한국 어린이날[Értóng Jié]은 5월 5일입니다. 2016년 어린이날은 목요일입니다.

20 您要大的还是小的?

🔊 20-02

예) 请问，您要什么? 我要一碗面条儿。 您要大碗的还是小碗的? 大碗的。	예) 무엇을 드릴까요? 국수 한 그릇 주세요. 큰 그릇으로 드릴까요, 작은 그릇으로 드릴까요? 큰 그릇으로 주세요.
1 请问，您要什么? 我要一个汉堡。 您要大的还是小的? 大的。	1 무엇을 드릴까요? 햄버거 하나 주세요. 큰 것으로 드릴까요, 작은 것으로 드릴까요? 큰 것으로 주세요.
2 请问，您要什么? 我要一个比萨饼。 您要大的还是小的? 小的。	2 무엇을 드릴까요? 피자 하나 주세요. 큰 것으로 드릴까요, 작은 것으로 드릴까요? 작은 것으로 주세요.
3 请问，您要什么? 我要一杯水。 您要凉的还是热的? 热的。	3 무엇을 드릴까요? 물 한 잔 주세요. 찬 것으로 드릴까요, 뜨거운 것으로 드릴까요? 뜨거운 것으로 주세요.
4 请问，您要什么? 我要一杯豆浆。 您要甜的还是咸的? 甜的。	4 무엇을 드릴까요? 콩국 한 컵 주세요. 단 것으로 드릴까요, 짠 것으로 드릴까요? 단 것으로 주세요.
5 请问，您要什么? 我要一个汉堡。 您要辣的还是不辣的? 不辣的。	5 무엇을 드릴까요? 햄버거 하나 주세요. 매운 것으로 드릴까요, 안 매운 것으로 드릴까요? 안 매운 것으로 주세요.
6 请问，您要什么? 我要一斤饺子。 您要羊肉的还是牛肉的? 牛肉的。	6 무엇을 드릴까요? 쟈오즈 한 근 주세요. 양고기로 드릴까요, 소고기로 드릴까요? 소고기로 주세요.
7 请问，您要什么? 我要一碗米饭。 您要大碗的还是小碗的? 小碗的。	7 무엇을 드릴까요? 밥 한 그릇 주세요. 큰 그릇으로 드릴까요, 작은 그릇으로 드릴까요? 작은 그릇으로 주세요.
8 请问，您要什么? 我要一杯咖啡。 您要大杯的还是小杯的? 大杯的。	8 무엇을 드릴까요? 커피 한 잔 주세요. 큰 잔으로 드릴까요, 작은 잔으로 드릴까요? 큰 잔으로 주세요.
9 请问，您要什么? 我要一瓶可乐。 您要大瓶的还是小瓶的? 大瓶的。	9 무엇을 드릴까요? 콜라 한 병 주세요. 큰 병으로 드릴까요, 작은 병으로 드릴까요? 큰 병으로 주세요.

연 습

1 (1) 红色的，蓝色的 (2) 凉的，热的 (3) 大的，小的 (4) 红色的，黑色的

2 🔊 20-04

예 您要什么? 我要一瓶可乐。 您要大瓶的还是小瓶的? 大瓶的。	예 무엇을 드릴까요? 콜라 한 병 주세요. 큰 병으로 드릴까요, 작은 병으로 드릴까요? 큰 병으로 주세요.
(1) 您要什么? 我要一杯咖啡。 您要大杯的还是小杯的? 小杯的。	(1) 무엇을 드릴까요? 커피 한 잔 주세요. 큰 잔으로 드릴까요, 작은 잔으로 드릴까요? 작은 잔으로 주세요.
(2) 您要什么? 我要一杯豆浆。 您要咸的还是甜的? 咸的。	(2) 무엇을 드릴까요? 콩국 한 컵 주세요. 짠 것으로 드릴까요, 단 것으로 드릴까요? 짠 것으로 주세요.
(3) 您要什么? 我要一碗米饭。 您要大碗的还是小碗的? 大碗的。	(3) 무엇을 드릴까요? 밥 한 그릇 주세요. 큰 그릇으로 드릴까요, 작은 그릇으로 드릴까요? 큰 그릇으로 주세요.
(4) 您要什么? 我要一斤饺子。 您要羊肉的还是牛肉的? 羊肉的。	(4) 무엇을 드릴까요? 쟈오즈 한 근 주세요. 양고기로 드릴까요, 소고기로 드릴까요? 양고기로 주세요.

3 我喜欢大杯的、甜的咖啡。 저는 큰 컵의 단 커피를 좋아합니다.

我喜欢大的、辣的汉堡。 저는 크고 매운 햄버거를 좋아합니다.

我喜欢小的、咸的比萨饼。 저는 작고 짠 피자를 좋아합니다.

我喜欢小瓶的、凉的可乐。 저는 작은 병의 차가운 콜라를 좋아합니다.

我喜欢大碗的、热的面条儿。 저는 큰 그릇의 뜨거운 국수를 좋아합니다.

22 香蕉怎么卖?

🔊 22-02

예 苹果多少钱一斤? 苹果八块钱一斤。	예 사과 한 근에 얼마인가요? 사과 한 근에 8콰이입니다.
1 葡萄多少钱一斤? 葡萄九块钱一斤。	1 포도 한 근에 얼마인가요? 포도 한 근에 9콰이입니다.
2 鸡蛋多少钱一斤? 鸡蛋七块钱一斤。	2 계란 한 근에 얼마인가요? 계란 한 근에 7콰이입니다.
3 牛奶多少钱一盒? 牛奶九块钱一盒。	3 우유 한 팩에 얼마인가요? 우유 한 팩에 9콰이입니다.
4 鱼一公斤多少钱? 鱼一公斤五十块。	4 생선 1킬로그램에 얼마인가요? 생선 1킬로그램에 50콰이입니다.

5	巧克力一盒多少钱? 巧克力一盒二十八块。	5 초콜릿 한 상자에 얼마인가요? 초콜릿 한 상자에 28콰이입니다.
6	面包一个多少钱? 面包一个八块五。	6 빵 한 개에 얼마인가요? 빵 한 개에 8콰이 5마오입니다.
예	香蕉怎么卖? 香蕉四块五一斤。	예 바나나는 어떻게 팔아요? 바나나는 한 근에 4콰이 5마오입니다.
7	咖啡怎么卖? 咖啡四十二块一盒。	7 커피는 어떻게 팔아요? 커피는 한 상자에 42콰이입니다.
8	奶酪怎么卖? 奶酪六十块一盒。	8 치즈는 어떻게 팔아요? 치즈는 한 통에 60콰이입니다.

연습

1 (1) 一个　面包 | 两碗　面条儿 | 三斤　苹果 | 四盒　牛奶

(2) 五条　裙子 | 六个　手机 | 七件　衬衣 | 八双　鞋

2 🔊 22-04

예	西红柿多少钱一斤? 西红柿四块钱一斤。 西红柿怎么卖? 西红柿一斤四块钱。	예 토마토는 한 근에 얼마인가요? 토마토는 한 근에 4콰이입니다. 토마토는 어떻게 팔아요? 토마토는 한 근에 4콰이입니다.
(1)	巧克力多少钱一盒? 巧克力四十五块钱一盒。 巧克力怎么卖? 巧克力一盒四十五块钱。	(1) 초콜릿은 한 상자에 얼마인가요? 초콜릿은 한 상자에 45콰이입니다. 초콜릿은 어떻게 팔아요? 초콜릿은 한 상자에 45콰이입니다.
(2)	鱼多少钱一公斤? 鱼六十块钱一公斤。 鱼怎么卖? 鱼一公斤六十块钱。	(2) 생선은 1킬로그램에 얼마인가요? 생선은 1킬로그램에 60콰이입니다. 생선은 어떻게 팔아요? 생선은 1킬로그램에 60콰이입니다.
(3)	咖啡多少钱一杯? 咖啡三十块一杯。 咖啡怎么卖? 咖啡一杯三十块。	(3) 커피 한 잔에 얼마인가요? 커피 한 잔에 30콰이입니다. 커피 어떻게 팔아요? 커피 한 잔에 30콰이입니다.
(4)	奶酪多少钱一盒? 奶酪六十块一盒。 奶酪怎么卖? 奶酪一盒六十块。	(4) 치즈는 한 통에 얼마인가요? 치즈는 한 통에 60콰이입니다. 치즈는 어떻게 팔아요? 치즈는 한 통에 60콰이입니다.

3 牛奶三块钱一盒。 우유 한 팩에 3콰이입니다.

鸡蛋二十一块九三十个。 계란 30개에 21콰이 9마오입니다.

旗袍九十九块一件。 치파오는 한 벌에 99콰이입니다.

葡萄一公斤四十九块。 포도 1킬로그램에 49콰이입니다.

面包一个十九块九。빵 한 개에 19콰이 9마오입니다.

24 那个白色的大楼就是。

🔊 24-02

예 请问，银行怎么走？ 一直往前走，那个白色的大楼就是。	예 말씀 좀 묻겠습니다. 은행에는 어떻게 가나요? 앞으로 쭉 가면 있는 바로 저 흰색 큰 건물입니다.
1 请问，医院怎么走？ 一直往南走，那个很高的大楼就是。	1 말씀 좀 묻겠습니다. 병원에는 어떻게 가나요? 남쪽으로 쭉 가면 있는 바로 저 높고 큰 건물입니다.
2 请问，超市怎么走？ 一直往北走，那个漂亮的小楼就是。	2 말씀 좀 묻겠습니다. 슈퍼마켓에는 어떻게 가나요? 북쪽으로 쭉 가면 있는 바로 저 예쁘고 작은 건물입니다.
3 请问，商店怎么走？ 一直往北走，在银行旁边。	3 말씀 좀 묻겠습니다. 상점에는 어떻게 가나요? 북쪽으로 쭉 가면 은행 옆에 있습니다.
4 请问，饭馆儿怎么走？ 一直往南走，在邮局对面。	4 말씀 좀 묻겠습니다. 식당에는 어떻게 가나요? 남쪽으로 쭉 가면 우체국 맞은편에 있습니다.
5 请问，银行怎么走？ 一直往西走，在学校后边。	5 말씀 좀 묻겠습니다. 은행에는 어떻게 가나요? 서쪽으로 쭉 가면 학교 뒤에 있습니다.
6 请问，地铁站怎么走？ 一直往东走，在超市后边。	6 말씀 좀 묻겠습니다. 지하철역에는 어떻게 가나요? 동쪽으로 쭉 가면 슈퍼마켓 뒤에 있습니다.

연습

2 🔊 24-05

예 请问，电影院怎么走？ 一直往前走，第一个路口右拐。	예 말씀 좀 묻겠습니다. 영화관에는 어떻게 가나요? 앞으로 쭉 가다가 첫 번째 갈림길에서 오른쪽으로 도세요.
(1) 请问，超市怎么走？ 一直往东走，第二个路口左拐。	(1) 말씀 좀 묻겠습니다. 슈퍼마켓에는 어떻게 가나요? 동쪽으로 쭉 가다가 두 번째 갈림길에서 왼쪽으로 도세요.
(2) 请问，地铁站怎么走？ 一直往西走，第三个路口右拐。	(2) 말씀 좀 묻겠습니다. 지하철역에는 어떻게 가나요? 서쪽으로 쭉 가다가 세 번째 갈림길에서 오른쪽으로 도세요.
(3) 请问，银行怎么走？ 一直往南走，第一个路口左拐。	(3) 말씀 좀 묻겠습니다. 은행에는 어떻게 가나요? 남쪽으로 쭉 가다가 첫 번째 갈림길에서 왼쪽으로 도세요.
(4) 请问，医院怎么走？ 一直往北走，第二个路口右拐。	(4) 말씀 좀 묻겠습니다. 병원에는 어떻게 가나요? 북쪽으로 쭉 가다가 두 번째 갈림길에서 오른쪽으로 도세요.

3 A 请问，超市怎么走？ 말씀 좀 묻겠습니다. 슈퍼마켓에는 어떻게 가나요?

B 一直往前走，第一个路口左拐，再往前走，黄色的小楼就是。
앞으로 쭉 가다가 첫 번째 갈림길에서 왼쪽으로 돌아서 다시 앞으로 쭉 가면 있는 노란색 작은 건물이에요.

A 银行在哪儿？ 은행은 어디에 있나요?

B 银行在超市对面。 은행은 슈퍼마켓 맞은편에 있습니다.

A 医院呢? 병원은요?

B 医院在银行后边。 병원은 은행 뒤에 있습니다.

26 姐姐怎么去机场?

🔊 26-02

예 你怎么上班? 我坐地铁上班。	예 어떻게 출근하시나요? 저는 지하철을 타고 출근합니다.
1 爷爷怎么去银行? 爷爷走路去银行。	1 할아버지는 어떻게 은행에 가시나요? 할아버지는 걸어서 은행에 가십니다.
2 哥哥怎么去公园? 哥哥跑步去公园。	2 형은 어떻게 공원에 가나요? 형은 뛰어서 공원에 갑니다.
3 弟弟怎么去学校? 弟弟骑自行车去学校。	3 남동생은 어떻게 학교에 가나요? 남동생은 자전거를 타고 학교에 갑니다.
4 妈妈怎么去商店? 妈妈坐公共汽车去商店。	4 엄마는 어떻게 상점에 가시나요? 엄마는 버스를 타고 상점에 가십니다.
5 姐姐怎么去机场? 姐姐打车去机场。	5 누나는 어떻게 공항에 가나요? 누나는 택시를 타고 공항에 갑니다.
6 奶奶怎么去超市? 奶奶坐出租车去超市。	6 할머니는 어떻게 슈퍼마켓에 가시나요? 할머니는 택시를 타고 슈퍼마켓에 가십니다.
7 爸爸怎么去公司? 爸爸开车去公司。	7 아빠는 어떻게 회사에 가시나요? 아빠는 운전해서 회사에 가십니다.
8 妹妹怎么去上海? 妹妹坐火车去上海。	8 여동생은 어떻게 상하이에 가나요? 여동생은 기차를 타고 상하이에 갑니다.
9 你怎么去北京? 我坐飞机去北京。	9 어떻게 베이징에 가시나요? 저는 비행기를 타고 베이징에 갑니다.

연습

1 (1) 刘老师坐公共汽车上班。　(2) 林先生坐地铁去火车站。　(3) 李女士打车去机场。

　(4) 张小姐坐公共汽车去银行。　(5) 他们走路去饭馆儿。　(6) 王经理坐飞机去上海。

2 🔊 26-04

예 你怎么去超市? 我走路去超市。	예 어떻게 슈퍼마켓에 가시나요? 저는 걸어서 슈퍼마켓에 갑니다.
(1) 哥哥怎么去学校? 哥哥骑自行车去学校。	(1) 형은 어떻게 학교에 가나요? 형은 자전거를 타고 학교에 갑니다.
(2) 妈妈怎么去上海? 妈妈坐火车去上海。	(2) 엄마는 어떻게 상하이에 가시나요? 엄마는 기차를 타고 상하이에 가십니다.

(3) 弟弟怎么去公园? 弟弟跑步去公园。	(3) 남동생은 어떻게 공원에 가나요? 남동생은 뛰어서 공원에 갑니다.
(4) 奶奶怎么去医院? 奶奶坐出租车去医院。	(4) 할머니는 어떻게 병원에 가시나요? 할머니는 택시를 타고 병원에 가십니다.

3 我爸爸开车上班。 우리 아빠는 운전해서 출근하십니다.

我妈妈走路去超市。 우리 엄마는 걸어서 슈퍼마켓에 가십니다.

我哥哥坐地铁去学校。 우리 형은 지하철을 타고 학교에 갑니다.

我坐公共汽车去银行。 저는 버스를 타고 은행에 갑니다.

28 昨天你做什么了?

🔊 28-02

예	周末你做什么了? 周末我去颐和园玩儿了。	예	주말에 무엇을 했나요? 주말에 저는 이허위안에 놀러 갔습니다.
1	今天你做什么了? 今天我去体育馆打篮球了。	1	오늘 무엇을 했나요? 오늘 저는 농구 하러 체육관에 갔습니다.
2	昨天你做什么了? 昨天我去电影院看电影了。	2	어제 무엇을 했나요? 어제 저는 영화 보러 영화관에 갔습니다.
3	前天你做什么了? 前天我去剧院看京剧了。	3	그저께 무엇을 했나요? 그저께 저는 경극 보러 극장에 갔습니다.
4	星期一你去哪儿了? 星期一我去饭馆儿吃中国菜了。	4	월요일에 어디 갔나요? 월요일에 저는 중국요리 먹으러 식당에 갔습니다.
5	星期二你去哪儿了? 星期二我去学校学汉语了。	5	화요일에 어디 갔나요? 화요일에 저는 중국어 배우러 학교에 갔습니다.
6	星期三你去哪儿了? 星期三我去长城玩儿了。	6	수요일에 어디 갔나요? 수요일에 저는 창청에 놀러 갔습니다.
7	星期四你去哪儿了? 星期四我去商店买东西了。	7	목요일에 어디 갔나요? 목요일에 저는 물건 사러 상점에 갔습니다.
8	星期六你去哪儿了? 星期六我去体育馆游泳了。	8	토요일에 어디 갔나요? 토요일에 저는 수영하러 체육관에 갔습니다.
9	星期天你去哪儿了? 星期天我去学校踢足球了。	9	일요일에 어디 갔나요? 일요일에 저는 축구 하러 학교에 갔습니다.

연 습

1 (1) 周末我去电影院看电影了。 또는 我周末去电影院看电影了。

(2) 星期六他去公司上班了。 또는 他星期六去公司上班了。

(3) 昨天哥哥去体育馆打篮球了。또는 哥哥昨天去体育馆打篮球了。

(4) 周末我们去北京旅游了。또는 我们周末去北京旅游了。

(5) 星期天大卫去学校学汉语了。또는 大卫星期天去学校学汉语了。

(6) 前天刘老师去商店买衣服了。또는 刘老师前天去商店买衣服了。

2 28-04

예 星期天丁山去哪儿了? 星期天丁山去体育馆健身了。 我星期天也去体育馆健身了。	예 일요일에 딩산은 어디 갔나요? 일요일에 딩산은 헬스 하러 체육관에 갔습니다. 저도 일요일에 헬스 하러 체육관에 갔습니다.
(1) 周末他们去哪儿了? 周末他们去剧院看京剧了。 我周末也去剧院看京剧了。	(1) 주말에 그들은 어디 갔나요? 주말에 그들은 경극 보러 극장에 갔습니다. 저도 주말에 경극 보러 극장에 갔습니다.
(2) 昨天阿里去哪儿了? 昨天阿里去饭馆儿吃中国菜了。 我昨天也去饭馆儿吃中国菜了。	(2) 어제 알리는 어디 갔나요? 어제 알리는 중국요리 먹으러 식당에 갔습니다. 저도 어제 중국요리 먹으러 식당에 갔습니다.
(3) 星期二哥哥去哪儿了? 星期二哥哥去体育馆踢足球了。 我星期二也去体育馆踢足球了。	(3) 화요일에 오빠는 어디 갔나요? 화요일에 오빠는 축구 하러 체육관에 갔습니다. 저도 화요일에 축구 하러 체육관에 갔습니다.
(4) 星期五刘先生去哪儿了? 星期五刘先生去北京旅游了。 我星期五也去北京旅游了。	(4) 금요일에 리우 선생님은 어디 갔나요? 금요일에 리우 선생님은 베이징에 여행 갔습니다. 저도 금요일에 베이징에 여행 갔습니다。

3 星期五我去电影院看电影了。금요일에 저는 영화 보러 영화관에 갔습니다.

昨天我去饭馆儿吃面条儿了。어제 저는 국수 먹으러 식당에 갔습니다.

8月16日我去上海旅游了。8월 16일에 저는 상하이에 여행 갔습니다.

30 星期日下午我们去打篮球吧。

30-02

예 星期日下午我们做什么? 星期日下午我们去打篮球吧。	예 일요일 오후에 우리 무엇을 할까요? 일요일 오후에 우리 농구 하러 갑시다.
1 星期六上午我们做什么? 星期六上午我们去游泳吧。	1 토요일 오전에 우리 무엇을 할까요? 토요일 오전에 우리 수영하러 갑시다.
2 星期一中午我们做什么? 星期一中午我们去喝茶吧。	2 월요일 낮에 우리 무엇을 할까요? 월요일 낮에 우리 차 마시러 갑시다.
3 星期二下午我们做什么? 星期二下午我们去喝咖啡吧。	3 화요일 오후에 우리 무엇을 할까요? 화요일 오후에 우리 커피 마시러 갑시다.
4 星期五上午我们做什么? 星期五上午我们去跳舞吧。	4 금요일 오전에 우리 무엇을 할까요? 금요일 오전에 우리 춤추러 갑시다.

5	星期三下午我们做什么？ 星期三下午我们去买东西吧。	5	수요일 오후에 우리 무엇을 할까요? 수요일 오후에 우리 물건 사러 갑시다.
6	星期四上午我们做什么？ 星期四上午我们去踢足球吧。	6	목요일 오전에 우리 무엇을 할까요? 목요일 오전에 우리 축구하러 갑시다.
7	今天晚上我们做什么？ 今天晚上六点半我们去听音乐会吧。	7	오늘 저녁에 우리 무엇을 할까요? 오늘 저녁 여섯 시 반에 우리 콘서트 갑시다.
8	明天下午我们做什么？ 明天下午两点二十我们去健身吧。	8	내일 오후에 우리 무엇을 할까요? 내일 오후 두 시 20분에 우리 헬스 하러 갑시다.
9	后天晚上我们做什么？ 后天晚上七点一刻我们去看话剧吧。	9	모레 저녁에 우리 무엇을 할까요? 모레 저녁 일곱 시 15분에 우리 연극 보러 갑시다.

연습

1 🔊 30-04

예	六点一刻 / 六点十五分	예	여섯 시 15분
1	七点	1	일곱 시
2	十一点半	2	열한 시 반
3	五点五分	3	다섯 시 5분
4	十点一刻 / 十点十五分	4	열 시 15분
5	九点四十五分	5	아홉 시 45분

2 🔊 30-05

예	明天下午我们去喝茶吧。 好啊！几点去？ 两点半，怎么样？ 没问题！	예	내일 오후에 우리 차 마시러 갑시다. 좋아요! 몇 시에 갈까요? 두 시 반 어떤가요? 문제없어요!
(1)	后天晚上我们去跳舞吧。 好啊！几点去？ 六点十五，怎么样？ 没问题！	(1)	모레 저녁에 우리 춤추러 갑시다. 좋아요! 몇 시에 갈까요? 여섯 시 15분 어떤가요? 문제없어요!
(2)	星期五晚上我们去听音乐会吧。 好啊！几点去？ 七点二十，怎么样？ 没问题！	(2)	금요일 저녁에 우리 콘서트 갑시다. 좋아요! 몇 시에 갈까요? 일곱 시 20분 어떤가요? 문제없어요!
(3)	星期天上午我们去买东西，怎么样？ 好啊！几点去？ 九点，怎么样？ 没问题！	(3)	일요일 오전에 우리 물건 사러 갑시다. 어때요? 좋아요! 몇 시에 갈까요? 아홉 시 어떤가요? 문제없어요!

(4) 明天上午我们去游泳，怎么样？ 好啊！几点去？ 十点一刻，怎么样？ 没问题！	(4) 내일 오전에 우리 수영하러 갑시다. 어때요? 좋아요! 몇 시에 갈까요? 열 시 15분 어떤가요? 문제없어요!

3 A 明天上午我们去健身吧。내일 오전에 우리 헬스 하러 갑시다.

B 明天上午我有事儿。下午去，怎么样？내일 오전에는 일이 있어요. 오후에 가는 것은 어때요?

A 好吧。几点？좋아요. 몇 시에요?

B 下午三点一刻，怎么样？오후 세 시 15분 어때요?

A 没问题！下午三点一刻体育馆见。문제없어요! 오후 세 시 15분에 체육관에서 만나요.

32 她身材不好。

🔊 32-02

예	他个子很高，他个子很矮。	예	그는 키가 크고, 그는 키가 작습니다.
1	她眼睛很大，他眼睛很小。	1	그녀는 눈이 크고, 그는 눈이 작습니다.
2	她头发很长，他头发很短。	2	그녀는 머리가 길고, 그는 머리가 짧습니다.
3	他嘴很大，她嘴很小。	3	그는 입이 크고, 그녀는 입이 작습니다.
4	他脚很大，她脚很小。	4	그는 발이 크고, 그녀는 발이 작습니다.
5	他肚子大，他肚子不大。	5	그는 배가 나왔고, 그는 배가 나오지 않았습니다.
6	她腿很长，她腿不长。	6	그녀는 다리가 길고, 그녀는 다리가 길지 않습니다.
7	她鼻子很高，她鼻子不高。	7	그녀는 코가 높고, 그녀는 코가 높지 않습니다.
8	她身材很好，她身材不好。	8	그녀는 몸매가 좋고, 그녀는 몸매가 좋지 않습니다.

연습

1 ⑴ D ⑵ C ⑶ F, E ⑷ A

2 🔊 32-04

예	他头发很短，眼睛很大，鼻子不高，嘴很小。	예	그는 머리가 짧고, 눈이 크고, 코가 높지 않고, 입이 작습니다.
⑴	她个子很高，身材很好，眼睛很大，头发很长。	⑴	그녀는 키가 크고, 몸매가 좋고, 눈이 크고, 머리가 깁니다.
⑵	他衣服很酷，个子很高，腿很长。	⑵	그는 옷이 멋지고, 키가 크고, 다리가 깁니다.
⑶	他个子不高，头发不多，腿不长，肚子很大。	⑶	그는 키가 크지 않고, 머리가 많지 않고, 다리가 길지 않고, 배가 나왔습니다.
⑷	她个子很矮，头发不长，眼睛很大。	⑷	그녀는 키가 작고, 머리가 길지 않고, 눈이 큽니다.

3 我有一个朋友叫东东。他个子很高，身材也很好。他头发很短，眼睛不大，腿很长。他的衣服很酷。
제게는 둥둥이라는 친구가 있습니다. 그는 키가 크고, 체격도 좋습니다. 그는 머리가 짧고, 눈은 크지 않고, 다리는 깁니다. 그는 옷이 멋집니다.

34 莫斯科冬天常常下雪。

🔊 34-02

예 北京明天天气怎么样？ 北京明天阴天，气温零下3度到4度。	예 베이징은 내일 날씨가 어떤가요？ 베이징은 내일 흐리고, 기온이 영하 3도에서 4도입니다.
1 上海今天天气怎么样？ 上海今天晴天，气温3度到9度。	1 상하이는 오늘 날씨가 어떤가요？ 상하이는 오늘 맑고, 기온이 3도에서 9도입니다.
2 悉尼今天天气怎么样？ 悉尼今天多云，气温3度到5度。	2 시드니는 오늘 날씨가 어떤가요？ 시드니는 오늘 구름이 많고, 기온이 3도에서 5도입니다.
3 纽约今天天气怎么样？ 纽约今天晴天，气温2度到14度。	3 뉴욕은 오늘 날씨가 어떤가요？ 뉴욕은 오늘 맑고, 기온이 2도에서 14도입니다.
4 莫斯科今天天气怎么样？ 莫斯科今天刮风，气温零下11度到零下2度。	4 모스크바는 오늘 날씨가 어떤가요？ 모스크바는 오늘 바람이 불고, 기온이 영하 11도에서 영하 2도입니다.
5 曼谷明天天气怎么样？ 曼谷明天小雨，气温26度到34度。	5 방콕은 내일 날씨가 어떤가요？ 방콕은 내일 비가 조금 오고, 기온이 26도에서 34도입니다.
예 北京春天怎么样？ 北京春天很暖和，常常刮风。	예 베이징은 봄에 어떤가요？ 베이징은 봄에 따뜻하고 자주 바람이 붑니다.
6 上海秋天怎么样？ 上海秋天不冷。	6 상하이는 가을에 어떤가요？ 상하이는 가을에 춥지 않습니다.
7 莫斯科冬天怎么样？ 莫斯科冬天常常下雪。	7 모스크바는 겨울에 어떤가요？ 모스크바는 겨울에 자주 눈이 옵니다.

연습

1 🔊 34-04

예 北京晴天，20度到30度。	예 베이징은 맑고, 20도에서 30도입니다.
(1) 曼谷多云，25度到33度。	(1) 방콕은 구름이 많고, 25도에서 33도입니다.
(2) 悉尼小雨，5度到12度。	(2) 시드니는 비가 조금 오고, 5도에서 12도입니다.
(3) 莫斯科大雪，零下14度到零下1度。	(3) 모스크바는 눈이 많이 오고, 영하 14도에서 영하 1도입니다.
(4) 上海晴天，5度到11度。	(4) 상하이는 맑고, 5도에서 11도입니다.
(5) 纽约刮风，10度到16度。	(5) 뉴욕은 바람이 불고, 10도에서 16도입니다.

2 🔊 34-05

예) 北京春天怎么样? 北京春天很暖和，常常刮风。	예) 베이징은 봄에 어떤가요? 베이징은 봄에 따뜻하고 자주 바람이 붑니다.
(1) 北京夏天怎么样? 北京夏天很热，常常下雨。	(1) 베이징은 여름에 어떤가요? 베이징은 여름에 덥고 자주 비가 옵니다.
(2) 北京秋天怎么样? 北京秋天不冷也不热。	(2) 베이징은 가을에 어떤가요? 베이징은 가을에 춥지도 덥지도 않습니다.
(3) 北京冬天怎么样? 北京冬天很冷，常常下雪。	(3) 베이징은 겨울에 어떤가요? 베이징은 겨울에 춥고 자주 눈이 옵니다.

3 首尔春天很暖和。首尔夏天很热，常常下雨。首尔秋天不冷也不热。首尔冬天很冷，常常下雪。

서울[Shǒu'ěr]은 봄에 따뜻합니다. 서울은 여름에 덥고 자주 비가 옵니다. 서울은 가을에 춥지도 덥지도 않습니다. 서울은 겨울에 춥고 자주 눈이 옵니다.

36 他怎么了?

🔊 36-02

예) 小明怎么了? 小明感冒了。	예) 샤오밍에게 무슨 일이 있나요? 샤오밍은 감기 걸렸습니다.
1 他怎么了? 他生病了。	1 그에게 무슨 일이 있나요? 그는 병이 났습니다.
2 她怎么了? 她发烧了。	2 그녀에게 무슨 일이 있나요? 그녀는 열이 납니다.
3 他怎么了? 他累了。	3 그에게 무슨 일이 있나요? 그는 힘듭니다.
4 她怎么了? 她生气了。	4 그녀에게 무슨 일이 있나요? 그녀는 화가 났습니다.
5 小明怎么了? 小明困了。	5 샤오밍에게 무슨 일이 있나요? 샤오밍은 졸립니다.
예) 你哪儿不舒服? 我牙疼。	예) 어디가 불편하신가요? 저는 이가 아픕니다.
6 他哪儿不舒服? 他肚子疼。	6 그는 어디가 불편한가요? 그는 배가 아픕니다.
7 她哪儿不舒服? 她嗓子疼。	7 그녀는 어디가 불편한가요? 그녀는 목이 아픕니다.

연 습

1 ⑴ B ⑵ A ⑶ E ⑷ D

2 🔊 36-04

예	他困了。	예	그는 졸립니다.
(1)	她累了。	(1)	그녀는 힘듭니다.
(2)	他生气了。	(2)	그는 화가 났습니다.
(3)	她感冒了。	(3)	그녀는 감기에 걸렸습니다.
(4)	刮风了。	(4)	바람이 붑니다.
(5)	下雨了。	(5)	비가 옵니다.
(6)	下雪了。	(6)	눈이 옵니다.
(7)	阴天了。	(7)	날이 흐려졌습니다.

3 我感冒了，头疼，嗓子也疼。我需要在家休息。
저는 감기에 걸렸습니다. 머리도 아프고 목도 아픕니다. 저는 집에서 쉬어야 합니다.

38 爷爷在打太极拳。

🔊 38-02

예	奶奶在做什么? 奶奶在看电视。	예	할머니는 무엇을 하고 계시나요? 할머니는 텔레비전을 보고 계십니다.
1	爷爷在做什么? 爷爷在打太极拳。	1	할아버지는 무엇을 하고 계시나요? 할아버지는 태극권을 하고 계십니다.
2	妈妈在做什么呢? 妈妈在休息。	2	엄마는 무엇을 하고 계시나요? 엄마는 쉬고 계십니다.
3	爸爸在做什么呢? 爸爸在理发呢。	3	아빠는 무엇을 하고 계시나요? 아빠는 이발을 하고 계십니다.
4	小明在做什么呢? 小明在吃饭呢。	4	샤오밍은 무엇을 하고 있나요? 샤오밍은 밥을 먹고 있습니다.
5	丁山在做什么呢? 丁山在画画儿呢。	5	딩산은 무엇을 하고 있나요? 딩산은 그림을 그리고 있습니다.
6	王方方在做什么? 王方方在化妆。	6	왕팡팡은 무엇을 하고 있나요? 왕팡팡은 화장을 하고 있습니다.
7	妹妹正在做什么? 妹妹正在学习。	7	여동생은 무엇을 하고 있나요? 여동생은 공부하고 있습니다.
8	阿里正在做什么? 阿里正在回答问题。	8	알리는 무엇을 하고 있나요? 알리는 질문에 대답하고 있습니다.
9	大卫在做什么? 大卫在写汉字。	9	다비드는 무엇을 하고 있나요? 다비드는 한자를 쓰고 있습니다.

연 습

1 ⑴ C ⑵ B ⑶ C ⑷ A ⑸ B ⑹ C

2 🔊 38-04

예 他在做什么? 他在买苹果。 他在哪儿买苹果? 他在超市买苹果。	예 그는 무엇을 하고 있나요? 그는 사과를 사고 있습니다. 그는 어디에서 사과를 사나요? 그는 슈퍼마켓에서 사과를 삽니다.
⑴ 姐姐在做什么? 姐姐在上网。 姐姐在哪儿上网? 姐姐在家上网。	⑴ 언니는 무엇을 하고 있나요? 언니는 인터넷을 하고 있습니다. 언니는 어디에서 인터넷을 하나요? 언니는 집에서 인터넷을 합니다.
⑵ 奶奶在做什么? 奶奶在打太极拳。 奶奶在哪儿打太极拳? 奶奶在公园打太极拳。	⑵ 할머니는 무엇을 하고 계시나요? 할머니는 태극권을 하고 계십니다. 할머니는 어디에서 태극권을 하시나요? 할머니는 공원에서 태극권을 하십니다.
⑶ 林木在做什么? 林木在上班。 林木在哪儿上班? 林木在公司上班。	⑶ 린무는 무엇을 하고 있나요? 린무는 근무하고 있습니다. 린무는 어디에서 근무하나요? 린무는 회사에서 근무합니다.
⑷ 弟弟在做什么? 弟弟在写微博。 弟弟在哪儿写微博? 弟弟在出租车里写微博。	⑷ 남동생은 무엇을 하고 있나요? 남동생은 웨이보를 하고 있습니다. 남동생은 어디에서 웨이보를 하나요? 남동생은 택시에서 웨이보를 합니다.

3 他在上网。 그는 인터넷을 하고 있습니다.

我弟弟在跑步呢。 제 남동생은 달리기를 하고 있습니다.

我哥哥正在看电影。 우리 오빠[형]는 영화를 보고 있습니다.

张老师正在喝茶呢。 장 선생님은 차를 마시고 계십니다.

40 爸爸听懂了。

🔊 40-02

예 我的房间收拾好了。 他的房间没收拾好。	예 제 방은 정리를 다 했습니다. 그의 방은 정리를 다 하지 않았습니다.
1 客厅打扫完了。 卧室没打扫完。	1 거실은 청소를 다 했습니다. 침실은 청소를 다 하지 않았습니다.
2 碗洗干净了。 盘子没洗干净。	2 공기는 깨끗이 씻었습니다. 접시는 깨끗이 씻지 않았습니다.
3 这个汉字写对了。 那个汉字写错了。	3 이 한자는 맞게 썼습니다. 저 한자는 틀리게 썼습니다.

4	弟弟吃饱了。 姐姐没吃饱。	4	남동생은 배불리 먹었습니다. 누나는 배불리 먹지 않았습니다.
5	爷爷看清楚了。 奶奶没看清楚。	5	할아버지는 똑똑히 보셨습니다. 할머니는 똑똑히 보지 못하셨습니다.
6	爸爸听懂了。 妈妈没听懂。	6	아빠는 알아들으셨습니다. 엄마는 알아듣지 못하셨습니다.

연 습

1 ⑴ D ⑵ G ⑶ C ⑷ F ⑸ E ⑹ B, B

2  40-04

예	桌子擦了吗? 擦了。 桌子擦干净了吗? 没擦干净。	예	책상은 닦았나요? 닦았습니다. 책상은 깨끗이 닦았나요? 깨끗이 닦지 않았습니다.
⑴	房间收拾了吗? 收拾了。 房间收拾好了吗? 没收拾好。	⑴	방은 정리했나요? 정리했습니다. 방은 잘 정리했나요? 잘 정리하지 않았습니다.
⑵	书看了吗? 看了。 书看完了吗? 没看完。	⑵	책은 봤나요? 봤습니다. 책은 다 봤나요? 다 보지 않았습니다.
⑶	盘子洗了吗? 洗了。 盘子洗干净了吗? 没洗干净。	⑶	접시는 씻었나요? 씻었습니다. 접시는 깨끗이 씻었나요? 깨끗이 씻지 않았습니다.
⑷	京剧听了吗? 听了。 京剧听懂了吗? 没听懂。	⑷	경극은 들었나요? 들었습니다. 경극은 알아들었나요? 알아듣지 못했습니다.

3 今天我写完作业了。 오늘 저는 숙제를 다 했습니다.

今天我没看完书。 오늘 저는 책을 다 보지 못했습니다.

단어 색인

간체자	번체자	한어병음	품사	해당 과
A				
啊	啊	a	조	29
埃及	埃及	Āijí	고유	27
矮	矮	ǎi	형	32
B				
爸爸	爸爸	bàba	명	11
吧	吧	ba	조	29
白色	白色	báisè	명	15
半	半	bàn	수	29
饱	飽	bǎo	형	40
报纸	報紙	bàozhǐ	명	10
杯	杯	bēi	명	19
北	北	běi	명	23
北京	北京	Běijīng	고유	26
鼻子	鼻子	bízi	명	32
比萨饼	比薩餅	bǐsàbǐng	명	20
不	不	bù	부	5
不客气	不客氣	bú kèqi		33
C				
擦	擦	cā	동	39
餐桌	餐桌	cānzhuō	명	14
草莓	草莓	cǎoméi	명	21
茶	茶	chá	명	10
长	長	cháng	형	32
长城	長城	Chángchéng	고유	28
常常	常常	chángcháng	부	34
唱歌	唱歌	chàng gē	동	9
超市	超市	chāoshì	명	24
车	車	chē	명	39
衬衣	襯衣	chènyī	명	16
吃	吃	chī	동	9
吃饭	吃飯	chī fàn		37
出发	出發	chūfā	동	29
出租车	出租車	chūzūchē	명	26
厨师	廚師	chúshī	명	8
穿	穿	chuān	동	15
传统	傳統	chuántǒng	형	17
春节	春節	Chūn Jié	고유	17
春天	春天	chūntiān	명	34
错	錯	cuò	형	40
D				
打	打	dǎ	동	9
打车	打車	dǎ chē	동	26
打(电话)	打(電話)	dǎ (diànhuà)	동	37
打扫	打掃	dǎsǎo	동	40
打算	打算	dǎsuàn	동	25
大	大	dà	형	19
大衣	大衣	dàyī	명	15
大夫	大夫	dàifu	명	6
到	到	dào	동	33
德国	德國	Déguó	고유	4
德国人	德國人	Déguórén	고유	4
的	的	de	조	5
地铁	地鐵	dìtiě	명	24
地铁站	地鐵站	dìtiězhàn	명	24
弟弟	弟弟	dìdi	명	12
第	第	dì	접두	23
点	點	diǎn	양	29
点儿	點兒	diǎnr	양	33
电话	電話	diànhuà	명	13
电脑	電腦	diànnǎo	명	14
电视	電視	diànshì	명	10
电影	電影	diànyǐng	명	10
电影院	電影院	diànyǐngyuàn	명	23
东	東	dōng	명	24
东西	東西	dōngxi	명	28
冬天	冬天	dōngtiān	명	33
懂	懂	dǒng	동	40
都	都	dōu	부	9
豆浆	豆漿	dòujiāng	명	19
读	讀	dú	동	10
肚子	肚子	dùzi	명	32
度	度	dù	양	33
短	短	duǎn	형	31
对	對	duì	형	40
对不起	對不起	duìbuqǐ	동	5
对面	對面	duìmiàn	명	24
多	多	duō	형	11
多少	多少	duōshao	대	21
多云	多雲	duōyún	명	34
E				
儿子	兒子	érzi	명	39

간체자	번체자	한어병음	품사	해당 과
F				
发烧	發燒	fā shāo	동	35
法国	法國	Fǎguó	고유	3
法国人	法國人	Fǎguórén	고유	3
饭馆儿	飯館兒	fànguǎnr	명	24
房间	房間	fángjiān	명	37
飞机	飛機	fēijī	명	26
非常	非常	fēicháng	부	7
分	分	fēn	양	29
服务	服務	fúwù	동	8
服务员	服務員	fúwùyuán	명	8
父亲节	父親節	Fùqīn Jié	고유	18
复活节	復活節	Fùhuó Jié	고유	18
G				
干净	乾淨	gānjìng	형	39
感冒	感冒	gǎnmào	동	35
高	高	gāo	형	24
高兴	高興	gāoxìng	형	3
哥哥	哥哥	gēge	명	11
个	個	gè	양	11
个子	個子	gèzi	명	31
给	給	gěi	동	21
工作	工作	gōngzuò	명동	7
公共	公共	gōnggòng	형	25
公共汽车	公共汽車	gōnggòng qìchē	명	25
公斤	公斤	gōngjīn	양	22
公司	公司	gōngsī	명	26
公园	公園	gōngyuán	명	26
姑妈	姑媽	gūmā	명	21
姑娘	姑娘	gūniang	명	21
刮风	颳風	guā fēng	동	34
拐	拐	guǎi	동	23
H				
还是	還是	háishi	접	19
汉堡	漢堡	hànbǎo	명	20
汉语	漢語	Hànyǔ	고유	28
汉字	漢字	Hànzì	고유	38
好	好	hǎo	형	1, 29, 39
好看	好看	hǎokàn	형	15
号	號	hào	명	18
喝	喝	hē	동	10
和	和	hé	접	27
盒	盒	hé	명	21
黑色	黑色	hēisè	명	16
很	很	hěn	부	3
红色	紅色	hóngsè	명	15
后边	後邊	hòubian	명	14
后天	後天	hòutiān	명	30
化妆	化妝	huà zhuāng	동	37
画画儿	畫畫兒	huà huàr		38
话剧	話劇	huàjù	명	30
环境	環境	huánjìng	명	25
黄色	黃色	huángsè	명	15
灰色	灰色	huīsè	명	16
回答	回答	huídá	동	38
回来	回來	huílai	동	27
火车	火車	huǒchē	명	23
火车站	火車站	huǒchēzhàn	명	23
J				
机场	機場	jīchǎng	명	26
鸡蛋	雞蛋	jīdàn	명	22
几	幾	jǐ	대	12
记者	記者	jìzhě	명	7
家	家	jiā	명	12, 35
家庭	家庭	jiātíng	명	7
家庭主妇	家庭主婦	jiātíng zhǔfù	명	7
见	見	jiàn	동	29
件	件	jiàn	양	15
健身	健身	jiànshēn	동	10
饺子	餃子	jiǎozi	명	20
脚	腳	jiǎo	명	32
叫	叫	jiào	동	1
节日	節日	jiérì	명	17
姐姐	姐姐	jiějie	명	11
斤	斤	jīn	양	20
今年	今年	jīnnián	명	18
今天	今天	jīntiān	명	28
京剧	京劇	jīngjù	명	10
经理	經理	jīnglǐ	명	6
就	就	jiù	부	21
剧院	劇院	jùyuàn	명	27
K				
咖啡	咖啡	kāfēi	명	20
开车	開車	kāi chē	동	25
看	看	kàn	동	10
可乐	可樂	kělè	명	20
可能	可能	kěnéng	부	35
刻	刻	kè	양	30
客厅	客廳	kètīng	명	40
口	口	kǒu	양	12
裤子	褲子	kùzi	명	16
酷	酷	kù	형	31
块	塊	kuài	양	19
快	快	kuài	형	27
快递	快遞	kuàidì	명	5
快乐	快樂	kuàilè	형	8
困	困	kùn	형	36

간체자	번체자	한어병음	품사	해당 과

L

간체자	번체자	한어병음	품사	해당 과
辣	辣	là	형	19
蓝色	藍色	lánsè	명	15
篮球	籃球	lánqiú	명	9
劳动节	勞動節	Láodòng Jié	고유	18
老师	老師	lǎoshī	명	6
了	了	le	조	27
累	累	lèi	형	8
冷	冷	lěng	형	33
理发	理髮	lǐ fà	동	38
里	裏	li	명	13
凉	涼	liáng	형	19
量	量	liáng	동	35
两	兩	liǎng	수	12
零下	零下	líng xià		33
楼	樓	lóu	명	23
路口	路口	lùkǒu	명	23
旅游	旅遊	lǚyóu	동	27
律师	律師	lǜshī	명	8
绿色	綠色	lǜsè	명	15

M

간체자	번체자	한어병음	품사	해당 과
妈	媽	mā	명	21
妈妈	媽媽	māma	명	11
吗	嗎	ma	조	5
买	買	mǎi	동	27
卖	賣	mài	동	22
曼谷	曼谷	Màngǔ	고유	34
忙	忙	máng	형	7
猫	貓	māo	명	37
没	沒	méi	부	15
没关系	沒關係	méi guānxi		5
没问题	沒問題	méi wèntí		29
没有	沒有	méiyǒu	동	11
美国	美國	Měiguó	고유	4
美国人	美國人	Měiguórén	고유	4
妹妹	妹妹	mèimei	명	12
们	們	men	접미	9
米饭	米飯	mǐfàn	명	20
秘书	秘書	mìshū	명	8
面包	麵包	miànbāo	명	22
面条儿	麵條兒	miàntiáor	명	19
名字	名字	míngzi	명	1
明天	明天	míngtiān	명	25
莫斯科	莫斯科	Mòsīkē	고유	34
母亲节	母親節	Mǔqīn Jié	고유	18

N

간체자	번체자	한어병음	품사	해당 과
哪	哪	nǎ	대	3
哪儿	哪兒	nǎr	대	13
哪国人	哪國人	nǎ guó rén		3
哪些	哪些	nǎxiē	대	17
那	那	nà	대	3
奶酪	奶酪	nǎilào	명	22
奶奶	奶奶	nǎinai	명	26
男朋友	男朋友	nánpéngyou	명	11
南	南	nán	명	24
南非	南非	Nánfēi	고유	4
南非人	南非人	Nánfēirén	고유	4
呢	呢	ne	조	9
你	你	nǐ	대	1
年	年	nián	명	17
娘	娘	niáng	명	21
您	您	nín	대	3
牛奶	牛奶	niúnǎi	명	22
牛肉	牛肉	niúròu	명	20
牛仔裤	牛仔褲	niúzǎikù	명	31
纽约	紐約	Niǔyuē	고유	34
农历	農曆	nónglì	명	17
女士	女士	nǚshì	명	6
暖和	暖和	nuǎnhuo	형	34

P

간체자	번체자	한어병음	품사	해당 과
盘子	盤子	pánzi	명	40
旁边	旁邊	pángbiān	명	13
跑步	跑步	pǎo bù	동	26
漂亮	漂亮	piàoliang	형	11
苹果	蘋果	píngguǒ	명	21
瓶	瓶	píng	명	20
葡萄	葡萄	pútao	명	22

Q

간체자	번체자	한어병음	품사	해당 과
妻子	妻子	qīzi	명	13
骑	騎	qí	동	25
旗袍	旗袍	qípáo	명	16
气温	氣溫	qìwēn	명	33
汽车	汽車	qìchē	명	25
前	前	qián	명	23
前边	前邊	qiánbian	명	14
前天	前天	qiántiān	명	28
钱	錢	qián	명	21
巧克力	巧克力	qiǎokèlì	명	22
清楚	清楚	qīngchu	형	40
情人节	情人節	Qíngrén Jié	고유	17
晴天	晴天	qíngtiān	명	34
请问	請問	qǐngwèn	동	5
秋天	秋天	qiūtiān	명	34
去	去	qù	동	26
裙子	裙子	qúnzi	명	15

간체자	번체자	한어병음	품사	해당 과
R				
热	熱	rè	형	19
人	人	rén	명	3
认识	認識	rènshi	동	3
日	日	rì	명	17
S				
三	三	sān	수	12
嗓子	嗓子	sǎngzi	명	35
沙发	沙發	shāfā	명	13
商店	商店	shāngdiàn	명	24
上班	上班	shàng bān	동	25
上海	上海	Shànghǎi	고유	26
上网	上網	shàng wǎng	동	9
上午	上午	shàngwǔ	명	30
上学	上學	shàng xué	동	35
上	上	shang	명	13
谁	誰	shéi	대	3
身材	身材	shēncái	명	32
什么	什麼	shénme	대	1
生病	生病	shēng bìng	동	35
生气	生氣	shēng qì	동	36
圣诞节	聖誕節	Shèngdàn Jié	고유	18
世界	世界	shìjiè	명	25
世界环境日	世界環境日	Shìjiè Huánjìng Rì	고유	25
事儿	事兒	shìr	명	29
是	是	shì	동	3
收拾	收拾	shōushi	동	37
手	手	shǒu	명	13
手机	手機	shǒujī	명	16
书	書	shū	명	10
书柜	書櫃	shūguì	명	14
舒服	舒服	shūfu	형	16
刷卡	刷卡	shuā kǎ	동	19
双	雙	shuāng	양	16
水	水	shuǐ	명	20
睡觉	睡覺	shuì jiào	동	9
司机	司機	sījī	명	7
T				
他	他	tā	대	1
他们	他們	tāmen	대	9
它	它	tā	대	37
她	她	tā	대	2
太极拳	太極拳	tàijíquán	명	9
太……了	太……了	tài……le		35
疼	疼	téng	형	35
踢	踢	tī	동	28
体温	體溫	tǐwēn	명	35
体育	體育	tǐyù	명	27

간체자	번체자	한어병음	품사	해당 과
体育馆	體育館	tǐyùguǎn	명	27
天	天	tiān	명	17
天气	天氣	tiānqì	명	33
甜	甜	tián	형	20
条	條	tiáo	양	15
跳舞	跳舞	tiào wǔ	동	30
听	聽	tīng	동	10
同事	同事	tóngshì	명	25
同学	同學	tóngxué	명	27
头	頭	tóu	명	35
头发	頭髮	tóufa	명	31
腿	腿	tuǐ	명	32
W				
完	完	wán	동	39
玩儿	玩兒	wánr	동	27
晚饭	晚飯	wǎnfàn	명	39
晚上	晚上	wǎnshang	명	29
碗	碗	wǎn	명	19
往	往	wǎng	개	23
微博	微博	wēibó	명	10
为什么	為什麼	wèi shénme		21
位	位	wèi	양	31
喂	喂	wèi	감	33
问题	問題	wèntí	명	38
我	我	wǒ	대	1
卧室	臥室	wòshì	명	40
五	五	wǔ	수	12
X				
西	西	xī	명	24
西班牙	西班牙	Xībānyá	고유	4
西班牙人	西班牙人	Xībānyárén	고유	4
西红柿	西紅柿	xīhóngshì	명	21
悉尼	悉尼	Xīní	고유	33
洗	洗	xǐ	동	39
喜欢	喜歡	xǐhuan	동	9
下	下	xià	동	34
下边	下邊	xiàbian	명	13
下午	下午	xiàwǔ	명	29
夏天	夏天	xiàtiān	명	33
先生	先生	xiānsheng	명	5
咸	鹹	xián	형	20
现金	現金	xiànjīn	명	19
现在	現在	xiànzài	명	33
香蕉	香蕉	xiāngjiāo	명	22
小	小	xiǎo	형	19
小姐	小姐	xiǎojie	명	6
鞋	鞋	xié	명	16
写	寫	xiě	동	10
谢谢	謝謝	xièxie	동	21

간체자	번체자	한어병음	품사	해당 과
辛苦	辛苦	xīnkǔ	형	8
星期	星期	xīngqī	명	17
星期二	星期二	Xīngqī'èr	고유	18
星期几	星期幾	xīngqī jǐ		18
星期四	星期四	Xīngqīsì	고유	17
星期天	星期天	Xīngqītiān	고유	18
姓	姓	xìng	동	1
休息	休息	xiūxi	동	35
需要	需要	xūyào	동	35
学	學	xué	동	28
学生	學生	xuésheng	명	8
学习	學習	xuéxí	동	38
学校	學校	xuéxiào	명	24
雪	雪	xuě	명	33

Y

간체자	번체자	한어병음	품사	해당 과
牙	牙	yá	명	36
眼睛	眼睛	yǎnjing	명	31
羊肉	羊肉	yángròu	명	20
药	藥	yào	명	35
要	要	yào	동	19
钥匙	鑰匙	yàoshi	명	13
爷爷	爺爺	yéye	명	26
也	也	yě	부	3
一	一	yī	수	11
一共	一共	yígòng	부	19
一直	一直	yìzhí	부	23
衣服	衣服	yīfu	명	11
衣柜	衣櫃	yīguì	명	14
医生	醫生	yīshēng	명	7
医院	醫院	yīyuàn	명	24
颐和园	頤和園	Yíhé Yuán	고유	27
椅子	椅子	yǐzi	명	14
阴天	陰天	yīntiān	명	33
音乐	音樂	yīnyuè	명	10
音乐会	音樂會	yīnyuèhuì	명	30
银行	銀行	yínháng	명	23
邮递员	郵遞員	yóudìyuán	명	5
邮局	郵局	yóujú	명	23
游泳	游泳	yóuyǒng	동	28
有	有	yǒu	동	11, 33
右	右	yòu	명	23
右边	右邊	yòubian	명	14
鱼	魚	yú	명	22
雨	雨	yǔ	명	34
元宵节	元宵節	Yuánxiāo Jié	고유	17
约会	約會	yuēhuì	동	11
月	月	yuè	명	17
运动	運動	yùndòng	동	8
运动鞋	運動鞋	yùndòngxié	명	31
运动员	運動員	yùndòngyuán	명	8

Z

간체자	번체자	한어병음	품사	해당 과
再	再	zài	부	19
再见	再見	zàijiàn	동	5
在	在	zài	동	13
			개	35
早上	早上	zǎoshang	명	29
怎么	怎麼	zěnme	대	22
怎么了	怎麼了	zěnme le		35
怎么样	怎麼樣	zěnmeyàng	대	15
丈夫	丈夫	zhàngfu	명	13
这	這	zhè	대	3
这儿	這兒	zhèr	대	31
这么	這麼	zhème	대	27
(正)在	(正)在	(zhèng)zài	부	37
中国	中國	Zhōngguó	고유	3
中国菜	中國菜	zhōngguócài	명	9
中国人	中國人	Zhōngguórén	고유	3
中秋节	中秋節	Zhōngqiū Jié	고유	17
中午	中午	zhōngwǔ	명	30
主妇	主婦	zhǔfù	명	7
周末	周末	zhōumò	명	25
桌子	桌子	zhuōzi	명	13
自行车	自行車	zìxíngchē	명	25
棕色	棕色	zōngsè	명	16
走	走	zǒu	동	23
走路	走路	zǒu lù	동	25
足球	足球	zúqiú	명	28
嘴	嘴	zuǐ	명	32
最	最	zuì	부	7
昨天	昨天	zuótiān	명	28
左	左	zuǒ	명	23
左边	左邊	zuǒbian	명	14
作业	作業	zuòyè	명	39
坐	坐	zuò	동	25
做	做	zuò	동	7
做饭	做飯	zuò fàn		37

북경어언대학출판사 편
원제 新概念汉语 1 – 练习册
편저 崔永华 | 편역 임대근

워크북

차 례

01 你叫什么名字？ 이름이 무엇인가요?　　　　　　　　　　　　　　4

02 他叫姚明。 그는 야오밍이라고 합니다.　　　　　　　　　　　7

03 他是中国人。 그는 중국인입니다.　　　　　　　　　　　　　10

04 他是哪国人？ 그는 어느 나라 사람인가요?　　　　　　　　　13

05 您是木先生吗? 무 선생님이신가요?　　　　　　　　　　　　16

06 他是王经理。 그는 왕 사장입니다.　　　　　　　　　　　　　19

07 他做什么工作? 그는 무슨 일을 하나요?　　　　　　　　　　22

08 她很忙。 그녀는 바쁩니다.　　　　　　　　　　　　　　　　24

09 他们喜欢做什么? 그들은 무엇 하기를 좋아하나요?　　　　　27

10 我喜欢上网。 저는 인터넷 하기를 좋아합니다.　　　　　　　30

11 我有一个姐姐。 저는 언니가 하나 있습니다.　　　　　　　　33

12 他家有几口人? 그의 집은 식구가 몇인가요?　　　　　　　　36

13 我的钥匙在哪儿? 내 열쇠가 어디 있지?　　　　　　　　　　39

14 报纸在电脑旁边。 신문은 컴퓨터 옆에 있습니다.　　　　　　42

15 这条红色的裙子好看吗? 이 빨간색 치마 예쁜가요?　　　　　45

16 这个黄色的沙发很舒服。 이 노란색 소파는 편합니다.　　　　48

17 春节是农历1月1日。 춘지에는 음력 1월 1일입니다.　　　　　51

18 元宵节是几月几日? 위앤샤오지에는 몇 월 며칠인가요?　　　53

19 现金还是刷卡? 현금 결제하시겠어요, 카드 결제하시겠어요?　56

20 您要大的还是小的? 큰 것으로 드릴까요, 작은 것으로 드릴까요?　59

21 苹果多少钱一斤？	사과 한 근에 얼마인가요?	62
22 香蕉怎么卖？	바나나는 어떻게 팔아요?	65
23 银行怎么走？	은행에는 어떻게 가나요?	68
24 那个白色的大楼就是。	바로 저 흰색 큰 건물입니다.	71
25 我坐公共汽车上班。	저는 버스를 타고 출근합니다.	74
26 姐姐怎么去机场？	누나는 어떻게 공항에 가나요?	77
27 我去埃及旅游了。	저는 이집트에 여행을 갔습니다.	80
28 昨天你做什么了？	어제 무엇을 했나요?	83
29 早上六点半出发，怎么样？	아침 여섯 시 반에 출발하면 어떤가요?	86
30 星期日下午我们去打篮球吧。	일요일 오후에 우리 농구하러 갑시다.	89
31 他个子很高。	그는 키가 큽니다.	92
32 她身材不好。	그녀는 몸매가 좋지 않습니다.	94
33 北京天气怎么样？	베이징은 날씨가 어떤가요?	97
34 莫斯科冬天常常下雪。	모스크바는 겨울에 자주 눈이 옵니다.	100
35 你感冒了。	감기에 걸렸군요.	103
36 他怎么了？	그에게 무슨 일이 있나요?	106
37 他们在做什么？	그들은 무엇을 하고 있나요?	109
38 爷爷在打太极拳。	할아버지는 태극권을 하고 계십니다.	112
39 房间收拾完了。	방 정리를 끝냈습니다.	114
40 爸爸听懂了。	아빠는 알아들으셨습니다.	117

▶ 워크북의 '모범답안' PDF 파일은 '다락원 홈페이지(http://www.darakwon.co.kr)'의 '학습자료〉중국어' 게시판에서 무료로 다운로드 받으실 수 있습니다.

01 你叫什么名字?
Nǐ jiào shénme míngzi?

이름이 무엇인가요?

단어 연습

1 각 단어와 의미를 연결한 후, 큰 소리로 읽어 봅시다.

你 nǐ	我 wǒ	他 tā	好 hǎo	什么 shénme	名字 míngzi
그, 이[저] 사람[분]	나, 저	무엇, 무슨	이름	너, 당신	좋다, 잘 지내다

2 빈칸에 알맞은 보기를 고른 후, 큰 소리로 문장을 읽어 봅시다.

보기 A 叫 jiào   B 姓 xìng

(1) 你＿＿＿什么名字? 이름이 무엇인가요?
   Nǐ　　　shénme míngzi?

(2) 你＿＿＿什么? 이름이 무엇인가요?
   Nǐ　　　shénme?

(3) 他＿＿＿什么? 그는 성이 무엇인가요?
   Tā　　　shénme?

(4) 我＿＿＿林，＿＿＿林木。 저는 린 씨예요. 린무라고 합니다.
   Wǒ　　　Lín,　　　Lín Mù.

(5) 我＿＿＿王，＿＿＿王方方。 저는 왕 씨예요. 왕팡팡이라고 합니다.
   Wǒ　　　Wáng,　　　Wáng Fāngfāng.

(6) 他＿＿＿刘，他＿＿＿刘大双。 그는 리우 씨예요. 리우다솽이라고 합니다.
   Tā　　　Liú, tā　　　Liú Dàshuāng.

어법 연습

1 괄호 안 단어의 알맞은 위치를 찾은 후, 큰 소리로 문장을 읽어 봅시다.

(1) A 你 B 叫 C 名字? (什么)
    　 nǐ　 jiào　 míngzi?　shénme

(2) A 我 B 王方方 C 。 (叫)
    　 wǒ　 Wáng Fāngfāng　jiào

(3) A 她 B 叫 C ? (什么)
    　 tā　 jiào　shénme

(4) A 他 B 林 C 。（姓）
       tā   Lín   xìng

(5) A 姓 B 刘 C ，叫刘小双。（他）
       xìng   Liú   jiào Liú Xiǎoshuāng. tā

(6) A 叫 B 什么 C 名字？（他）
       jiào   shénme   míngzi? tā

她 tā 때 그녀, 이[저] 사람[분]

2 제시된 낱말을 알맞게 배열해 문장을 완성한 후, 큰 소리로 읽어 봅시다.

(1) 叫　王方方　我 → _____
   jiào　Wáng Fāngfāng　wǒ

(2) 姓　他　林 → _____
   xìng　tā　Lín

(3) 什么　叫　你 → _____
   shénme　jiào　nǐ

(4) 他　刘小双　叫 → _____
   tā　Liú Xiǎoshuāng　jiào

(5) 叫　名字　他　什么 → _____
   jiào　míngzi　tā　shénme

(6) 什么　你　名字　叫 → _____
   shénme　nǐ　míngzi　jiào

회화 연습

그림을 보고 대화를 완성해 봅시다.

(1) A 你好！刘大双。
   Nǐ hǎo! Liú Dàshuāng.

   B _____

(2) A _____

   B 您好！
   Nín hǎo!

   A 你叫什么名字？
   Nǐ jiào shénme míngzi?

   B _____

(3) A _____

　　　　　Nín hǎo!
　　B 您好!

　　A _____

　　　　　Wǒ jiào Liú Xiǎoshuāng.
　　B 我叫刘小双。

　　　　　Tā xìng shénme?
(4) A 他姓什么?

　　B _____

　　A _____

　　　　　Tā jiào Liú Dàshuāng.
　　B 他叫刘大双。

您 nín 대 당신

쓰기 연습

차이점에 유의하며 간체자를 써 봅시다.

一								
yī	一							

二								
èr	一 二							

三								
sān	一 二 三							

02 他叫姚明。
Tā jiào Yáo Míng.
그는 야오밍이라고 합니다.

단어 연습

1 단어 옆에 한어병음을 쓴 후, 큰 소리로 읽어 봅시다.

(1) 他 _____   (2) 她 _____   (3) 你 _____   (4) 我 _____

2 보기 속 사람 이름을 두 그룹으로 분류해 봅시다.

보기
- A 王方方 Wáng Fāngfāng
- B 林木 Lín Mù
- C 刘大双 Liú Dàshuāng
- D 邓丽君 Dèng Lìjūn
- E 李小龙 Lǐ Xiǎolóng
- F 姚明 Yáo Míng
- G 丁山 Dīng Shān
- H 吴明玉 Wú Míngyù
- I 于文乐 Yú Wénlè
- J 孙中平 Sūn Zhōngpíng

(1) 他 tā _____

(2) 她 tā _____

어법 연습

1 밑줄 친 부분에 대해 묻는 문장을 써 봅시다.

(1) 她叫<u>王方方</u>。 Tā jiào Wáng Fāngfāng. → _____

(2) 他叫<u>丁山</u>。 Tā jiào Dīng Shān. → _____

(3) 她叫<u>吴明玉</u>。 Tā jiào Wú Míngyù. → _____

(4) 他姓<u>马</u>。 Tā xìng Mǎ. → _____

(5) 她姓<u>于</u>。 Tā xìng Yú. → _____

(6) 她姓<u>邓</u>。 Tā xìng Dèng. → _____

2 한국어 문장을 중국어로 바꿔 쓴 후, 큰 소리로 읽어 봅시다.

(1) 이름이 무엇인가요?

→ _____

(2) 그녀의 이름은 무엇인가요?

→ _____

(3) 그의 이름은 리샤오롱(李小龙)입니다.

→ _____

(4) 그녀의 이름은 덩리쥔(邓丽君)입니다.

→ _____

(5) 그의 성은 딩(丁)입니다.

→ _____

(6) 그녀의 성은 우(吴)입니다.

→ _____

회화 연습

괄호 안의 단어를 활용해 대화를 완성해 봅시다.

(1) A Tā jiào shénme míngzi?
　　她叫什么名字?

　　B _____ （于文乐） Yú Wénlè

(2) A Tā jiào shénme?
　　他叫什么?

　　B _____ （马华） Mǎ Huá

(3) A _____

　　B Tā xìng Sūn.
　　他姓孙。

(4) A Tā jiào shénme míngzi?
　　他叫什么名字?

　　B _____ （孙中平） Sūn Zhōngpíng

(5) A _____

　　B Tā jiào Wáng Yùyīng.
　　她叫王玉英。

(6) A 　*Tā xìng shénme?*
　　他姓什么?

　　B _____ （*Yáo* 姚）

활동

알고 있는 중국인의 이름을 표에 적고, 친구들에게 발표해 봅시다. 그리고 각자가 말한 중국인 중에 어떤 성씨가 가장 많은지 통계를 내어 봅시다.

성	이름

03 他是中国人。
Tā shì Zhōngguórén.

그는 중국인입니다.

단어 연습

1 단어 위에 한어병음을 쓰고 해당하는 의미와 연결한 후, 큰 소리로 읽어 봅시다.

是	中国人	认识	法国人	高兴	很

반갑다, 기쁘다, 즐겁다 　 프랑스인 　 중국인 　 ~이다 　 매우, 아주 　 알다

2 빈칸에 알맞은 보기를 고른 후, 큰 소리로 문장을 읽어 봅시다.

보기　A 叫 jiào　B 是 shì　C 不 bù　D 认识 rènshi　E 也 yě

(1) 那＿＿＿谁？ Nà shéi? 저 사람은 누구인가요?

(2) 你＿＿＿什么名字？ Nǐ shénme míngzi? 이름이 무엇인가요?

(3) 林木＿＿＿哪国人？ Lín Mù nǎ guó rén? 린무는 어느 나라 사람인가요?

(4) 刘大双＿＿＿是美国人。 Liú Dàshuāng shì Měiguórén. 리우다솽은 미국인이 아닙니다.

(5) ＿＿＿您很高兴。 nín hěn gāoxìng. 뵙게 되어 반갑습니다.

(6) 王方方是中国人，刘小双＿＿＿是中国人。 Wáng Fāngfāng shì Zhōngguórén, Liú Xiǎoshuāng shì Zhōngguórén. 왕팡팡은 중국인입니다. 리우샤오솽도 중국인입니다.

不 bù 뿐 아니다 | 美国人 Měiguórén 고유 미국인

어법 연습

1 제시된 문장을 부정문과 의문문으로 바꿔 쓴 후, 큰 소리로 읽어 봅시다.

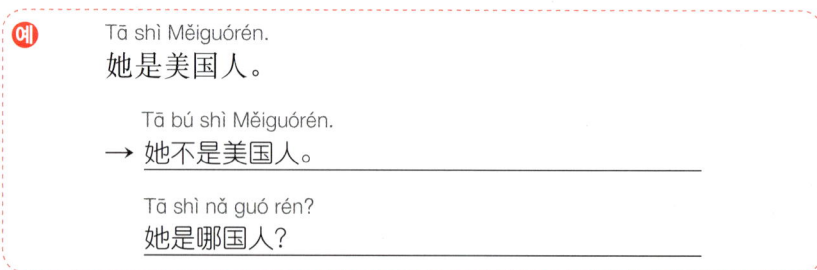

예　她是美国人。 Tā shì Měiguórén.

→ 她不是美国人。 Tā bú shì Měiguórén.

　 她是哪国人？ Tā shì nǎ guó rén?

10

Tā shì Lín Mù.
(1) 他是林木。
→ _____

Nà shì Wáng Fāngfāng.
(2) 那是王方方。
→ _____

Tā jiào Liú Xiǎoshuāng.
(3) 他叫刘小双。
→ _____

Dàwèi shì Fǎguórén.
(4) 大卫是法国人。
→ _____

Zhè shì Dīng Shān, tā shì Zhōngguórén.
(5) 这是丁山，他是中国人。
→ _____

2 제시된 낱말을 알맞게 배열해 문장을 완성한 후, 큰 소리로 읽어 봅시다.

shéi nà shì
(1) 谁 那 是 → _____

Wáng Fāngfāng Fǎguórén shì bù
(2) 王方方 法国人 是 不 → _____

nín rènshi hěn gāoxìng
(3) 您 认识 很 高兴 → _____

wǒ gāoxìng hěn yě
(4) 我 高兴 很 也 → _____

tā nǎ guó rén shì
(5) 他 哪国人 是 → _____

tā Zhōngguórén shì yě
(6) 他 中国人 是 也 → _____

회화 연습

본문과 실제에 근거해 질문에 답해 봅시다.

(1) Dàwèi shì nǎ guó rén?
大卫是哪国人？

(2) Dàwèi rènshi Liú Dàshuāng ma?
大卫认识刘大双吗？

(3) Liú Dàshuāng shì Zhōngguórén ma?
刘大双是中国人吗？

(4) Nǐ xìng shénme?
你姓什么？

(5) Nǐ jiào shénme míngzi?
你叫什么名字？

(6) Nǐ shì nǎ guó rén?
你是哪国人？

쓰기 연습

차이점에 유의하며 간체자를 써 봅시다.

工	
gōng	一 丁 工

土	
tǔ	一 十 土

王	
wáng	一 二 干 王

04 他是哪国人?
Tā shì nǎ guó rén?

그는 어느 나라 사람인가요?

단어 연습

1 단어 위에 한어병음을 쓰고 해당하는 의미와 연결한 후, 큰 소리로 읽어 봅시다.

南非人 ·	· 스페인인
德国人 ·	· 남아프리카인
西班牙人 ·	· 프랑스인
美国人 ·	· 독일인
中国人 ·	· 미국인
法国人 ·	· 중국인

2 나라 이름을 아는 대로 다 써 봅시다.

_____   _____   _____   _____

_____   _____   _____   _____

어법 연습

1 밑줄 친 부분에 대해 묻는 문장을 써 봅시다.

(1) 他是<u>刘大双</u>。 → _____
   Tā shì Liú Dàshuāng.

(2) 贝多芬是<u>德国人</u>。 → _____
   Bèiduōfēn shì Déguórén.

(3) 她叫<u>王方方</u>。 → _____
   Tā jiào Wáng Fāngfāng.

(4) 他姓<u>林</u>。 → _____
   Tā xìng Lín.

(5) <u>他</u>是林木。 → _____
   Tā shì Lín Mù.

(6) 这是<u>林木</u>。 → _____
   Zhè shì Lín Mù.

2 빈칸에 알맞은 보기를 고른 후, 큰 소리로 문장을 읽어 봅시다.

> 보기 A 不 bù   B 也 yě   C 很 hěn

(1) 我____是中国人。 저는 중국인이 아닙니다.
   Wǒ shì Zhōngguórén.

(2) 王方方也____高兴。 왕팡팡도 기쁩니다.
   Wáng Fāngfāng yě gāoxìng.

(3) 他____姓刘，他姓王。 그는 리우 씨가 아닙니다. 그는 왕 씨예요.
   Tā xìng Liú, tā xìng Wáng.

(4) 认识您我____高兴。 뵙게 되어 반갑습니다.
   Rènshi nín wǒ gāoxìng.

(5) 刘大双是中国人，刘小双____是中国人。 리우다쑹은 중국인입니다. 리우샤오쑹도 중국인입니다.
   Liú Dàshuāng shì Zhōngguórén, Liú Xiǎoshuāng shì Zhōngguórén.

(6) 雨果是法国人，大卫____是法国人。 위고는 프랑스인입니다. 다비드도 프랑스인입니다.
   Yǔguǒ shì Fǎguórén, Dàwèi shì Fǎguórén.

회화 연습

그림을 보고 대화를 완성해 봅시다.

(1) A 他叫什么名字？
     Tā jiào shénme míngzi?

   B _____

   A 他是哪国人？
     Tā shì nǎ guó rén?

   B _____

(2) A _____

   B 他叫李小龙。
     Tā jiào Lǐ Xiǎolóng.

   A _____

   B 他也是中国人。
     Tā yě shì Zhōngguórén.

활 동

본문 내용을 떠올리며 아래 인물의 이름과 국적을 한어병음으로 적어 봅시다. 그리고 예와 같이 대화를 만들어 봅시다.

> **예**
>
> Tā shì shéi?
> **A** 她是谁?
>
> Tā shì Wáng Fāngfāng.
> **B** 她是王方方。
>
> Wáng Fāngfāng shì nǎ guó rén?
> **A** 王方方是哪国人?
>
> Wáng Fāngfāng shì Zhōngguórén.
> **B** 王方方是中国人。

인물						
이름						
국적						

04 他是哪国人?

05 您是木先生吗?
Nín shì Mù xiānsheng ma?
무 선생님이신가요?

단어 연습

1 단어-한어병음-의미를 연결한 후, 큰 소리로 읽어 봅시다.

请问	对不起	没关系	不	再见	先生
méi guānxi	duìbuqǐ	qǐngwèn	zàijiàn	bù	xiānsheng
미안합니다, 죄송합니다	안녕, 또 만나요	실례합니다, 좀 여쭙겠습니다	선생(님), ~씨 [성인 남자에 대한 존칭]	괜찮습니다	아니다

2 빈칸에 알맞은 보기를 고른 후, 큰 소리로 문장을 읽어 봅시다.

보기
ma	yě	qǐngwèn	bù	de	duìbuqǐ	méi guānxi
A 吗	B 也	C 请问	D 不	E 的	F 对不起	G 没关系

(1) A _____, 您姓王_____? 실례합니다만 왕 씨이신가요?
　　　nín xìng Wáng

　　B _____, 我不姓王，我姓刘。 아니요. 저는 왕 씨가 아닙니다. 저는 리우 씨예요.
　　　wǒ bú xìng Wáng, wǒ xìng Liú.

(2) A 这是您_____快递吗? 이것은 당신의 택배인가요?
　　　Zhè shì nín　　kuàidì ma?

　　B 这_____是我的快递。 이것은 저의 택배가 아닙니다.
　　　Zhè　　shì wǒ de kuàidì.

　　A 这是您_____快递吗? 이것은 당신의 택배인가요?
　　　Zhè shì nín　　kuàidì ma?

　　C 这_____不是我的快递。 이것은 저의 택배도 아닙니다.
　　　Zhè　　bú shì wǒ de kuàidì.

(3) A 对不起，大卫。 미안합니다. 다비드.
　　　Duìbuqǐ, Dàwèi.

　　B _____。 괜찮습니다.

(4) A 你认识大卫_____? 다비드를 아시나요?
　　　Nǐ rènshi Dàwèi

　　B 我_____认识大卫。 저는 다비드를 모릅니다.
　　　Wǒ　　rènshi Dàwèi.

16

어법 연습

1 제시된 문장을 '吗'자 의문문으로 바꿔 쓴 후, 큰 소리로 읽어 봅시다.

(1) Zhè shì nín de kuàidì.
这是您的快递。→ _____

(2) Tā shì Mù xiānsheng.
他是木先生。→ _____

(3) Tā shì Zhōngguórén.
她是中国人。→ _____

(4) Tā jiào Dàwèi.
他叫大卫。→ _____

(5) Wǒ rènshi Lín Mù.
我认识林木。→ _____

(6) Zhè shì wǒ de kuàidì.
这是我的快递。→ _____

2 제시된 문장을 부정문으로 바꿔 쓴 후, 큰 소리로 읽어 봅시다.

(1) Zhè shì wǒ de kuàidì.
这是我的快递。→ _____

(2) Tā shì Zhōngguórén.
他是中国人。→ _____

(3) Tā shì Mù xiānsheng.
他是木先生。→ _____

(4) Wǒ rènshi Lín Mù.
我认识林木。→ _____

(5) Tā jiào Liú Dàshuāng.
他叫刘大双。→ _____

(6) Tā xìng Wáng.
她姓王。→ _____

회화 연습

대화를 완성해 봅시다.

(1) Yóudìyuán
邮递员 _____

Lín Mù   Zhè shì wǒ de kuàidì.
林木   这是我的快递。

(2) Yóudìyuán   nín jiào Mù Lín ma?
邮递员 _____, 您叫木林吗?

Lín Mù   wǒ jiào Lín Mù.
林木 _____, 我叫林木。

(3) **Wáng Fāngfāng / 王方方**: Nǐ shì Liú Xiǎoshuāng ma? / 你是刘小双吗?

Liú Dàshuāng / 刘大双: _____, wǒ shì Liú Dàshuāng. / _____，我是刘大双。

Wáng Fāngfāng / 王方方: _____

Liú Dàshuāng / 刘大双: Méi guānxi. / 没关系。

(4) **Lín Mù / 林木**: Nǐ hǎo, wǒ jiào Lín Mù, rènshi nǐ hěn gāoxìng. / 你好，我叫林木，认识你很高兴。

Dàwèi / 大卫: Nǐ hǎo, _____, _____。 / 你好，_____，_____。

Lín Mù / 林木: Dàwèi, _____? / 大卫，_____?

Dàwèi / 大卫: Wǒ shì Fǎguórén. / 我是法国人。

쓰기 연습

차이점에 유의하며 간체자를 써 봅시다.

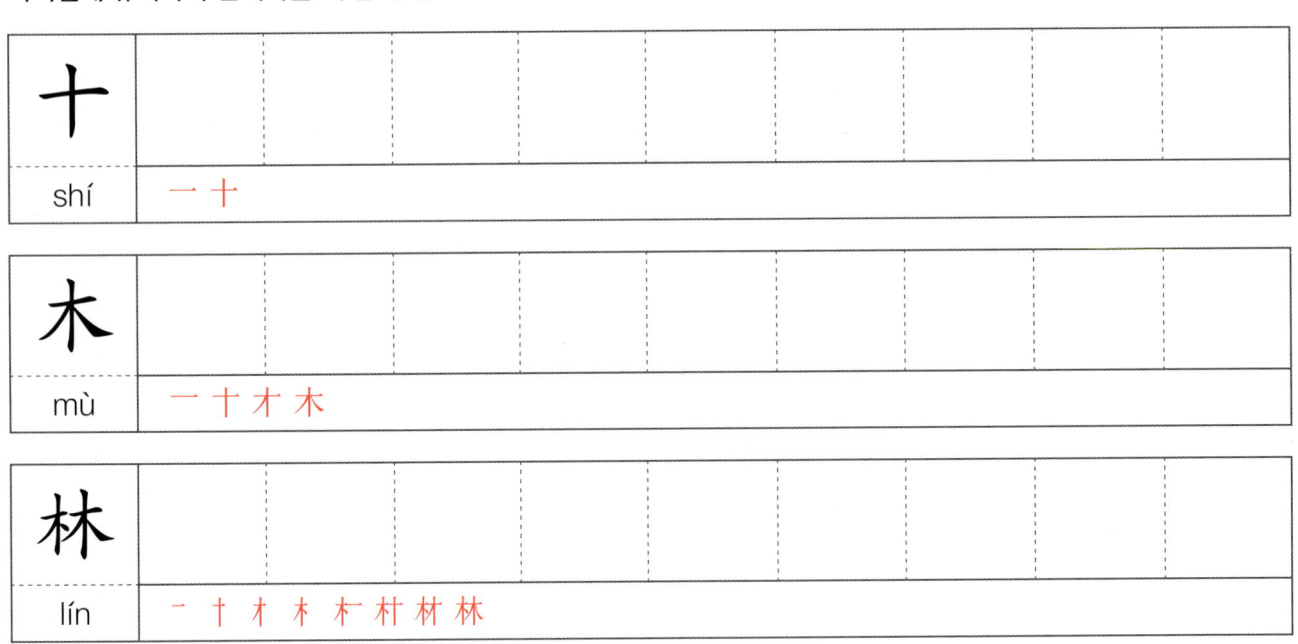

06 他是王经理。
Tā shì Wáng jīnglǐ.

그는 왕 사장입니다.

단어 연습

1 단어-한어병음-의미를 연결한 후, 큰 소리로 읽어 봅시다.

也 ·　　　　　· ma ·　　　　　· 아니다

不 ·　　　　　· yě ·　　　　　· ~도

吗 ·　　　　　· hěn ·　　　　　· 매우, 아주

很 ·　　　　　· de ·　　　　　· ~의 (것)[소유를 나타냄]

的 ·　　　　　· bù ·　　　　　· [문장 끝에 쓰여 의문을 나타냄]

2 한국어 의미에 해당하는 중국어 호칭을 써 봅시다.

(1) 리 양　　李_____ (Lǐ)　　　　(2) 왕 여사님　　王_____ (Wáng)

(3) 리우 씨　　刘_____ (Liú)　　(4) 장 사장님　　张_____ (Zhāng)

(5) 마 (의사) 선생님　　马_____ (Mǎ)　　(6) 딩 선생님, 딩 교사　　丁_____ (Dīng)

어법 연습

1 괄호 안 단어의 알맞은 위치를 찾은 후, 큰 소리로 문장을 읽어 봅시다.

(1) 大卫 A 是 B 美国人 C 。(不)
Dàwèi shì Měiguórén bù

(2) A 您 B 是林经理 C ？(吗)
nín shì Lín jīnglǐ ma

(3) A ，您 B 是哪国人 C ？(请问)
nín shì nǎ guó rén qǐngwèn

(4) 我 A 认识 B 张老师 C 。(不)
Wǒ rènshi Zhāng lǎoshī bù

(5) A ，您 B 姓丁 C ？(吗　请问)
nín xìng Dīng ma qǐngwèn

(6) 这 A 是刘小姐 B 快递 C ？(的　吗)
Zhè shì Liú xiǎojie kuàidì de ma

2 제시된 낱말을 알맞게 배열해 문장을 완성한 후, 큰 소리로 읽어 봅시다.

(1) 这 刘小姐 快递 的 是 不
→ _____

(2) 不 王女士 她 是
→ _____

(3) 不 大卫 中国人 是
→ _____

(4) 这 快递 的 吗 张大夫 是
→ _____

(5) 不 王方方 叫 她
→ _____

(6) 也 大卫 美国人 吗 是
→ _____

회화 연습

그림을 보고 대화를 완성해 봅시다.

(1) 大卫 _____

吴明玉 _____, 我姓吴。

大卫 _____

吴明玉 没关系。

(2) 大卫 _____, _____?

王玉英 我是王玉英。

大卫 您好，我叫大卫。

Wáng Yùyīng 王玉英	Nǐ hǎo! 你好! _____
Dàwèi 大卫	Wǒ shì Fǎguórén. 我是法国人。
Wáng Yùyīng 王玉英	Rènshi nǐ hěn gāoxìng. 认识你很高兴。
Dàwèi 大卫	_____

활 동

본문에서 배운 내용을 떠올리며 각 그림 속 인물에 적합한 호칭을 써 넣어 봅시다.

인물						
호칭						

07 他做什么工作?
Tā zuò shénme gōngzuò?

그는 무슨 일을 하나요?

단어 연습

1 단어 위에 한어병음을 쓰고 해당하는 의미와 연결한 후, 큰 소리로 읽어 봅시다.

做	工作	忙	非常	最
일, 업무, 일하다	하다	무척, 대단히	바쁘다	가장, 최고로

2 그림 속 인물의 직업을 써 봅시다.

(1) _____ (2) _____ (3) _____

(4) _____ (5) _____ (6) _____

어법 연습

1 문장을 큰 소리로 읽은 후, 주어와 형용사술어를 찾아 밑줄 쳐 봅시다.

(1) 丁山很高兴。
   Dīng Shān hěn gāoxìng.

(2) 马经理非常忙。
   Mǎ jīnglǐ fēicháng máng.

(3) 王老师很好。
   Wáng lǎoshī hěn hǎo.

(4) 李先生不忙。
   Lǐ xiānsheng bù máng.

(5) 刘大双不高兴。
   Liú Dàshuāng bù gāoxìng.

(6) 丁大夫最忙。
   Dīng dàifu zuì máng.

2 제시된 문장을 정반의문문으로 바꿔 쓴 후, 큰 소리로 읽어 봅시다.

(1) 林木是中国人吗? → _____
   Lín Mù shì Zhōngguórén ma?

(2) 你累吗? → _____
   Nǐ lèi ma?

(3) 他是大卫吗? → _____
Tā shì Dàwèi ma?

(4) 张老师忙吗? → _____
Zhāng lǎoshī máng ma?

(5) 你认识王方方吗? → _____
Nǐ rènshi Wáng Fāngfāng ma?

(6) 刘大双工作吗? → _____
Liú Dàshuāng gōngzuò ma?

累 lèi 형 힘들다, 지치다, 피곤하다

회화 연습

예와 같이 그림 속 인물들을 묘사해 말해 봅시다.

예) 林木很高兴。
Lín Mù hěn gāoxìng.

쓰기 연습

차이점에 유의하며 간체자를 써 봅시다.

人								
rén	丿 人							

大								
dà	一 ナ 大							

天								
tiān	一 二 干 天							

08

Tā hěn máng.
她很忙。
그녀는 바쁩니다.

단어 연습

1 단어 위에 한어병음을 쓰고 해당하는 의미와 연결한 후, 큰 소리로 읽어 봅시다.

服务员 ·   · 비서

厨师　 ·   · 종업원

秘书　 ·   · 학생

运动员 ·   · 요리사

律师　 ·   · 운동선수

学生　 ·   · 변호사

2 직업과 관련된 단어를 아는 대로 다 써 봅시다.

_____   _____   _____   _____

_____   _____   _____   _____

어법 연습

1 그림을 보고 괄호 안의 단어를 활용해 문장을 쓴 후, 큰 소리로 읽어 봅시다.

máng
(忙)

xīnkǔ
(辛苦)

(1) _____   (2) _____

24

máng
(忙)

kuàilè
(快乐)

(3) _____ (4) _____

lèi
(累)

gāoxìng
(高兴)

(5) _____ (6) _____

2 한국어 문장을 중국어로 바꿔 쓴 후, 큰 소리로 읽어 봅시다.

(1) 무슨 일을 하시나요?

→ _____

(2) 그는 운전사입니다.

→ _____

(3) 그는 의사가 아니라 기자입니다.

→ _____

(4) 린무는 학생인가요?

→ _____

(5) 저는 기쁩니다.

→ _____

(6) 그녀는 주부입니다. 그녀가 가장 바쁩니다.

→ _____

회화 연습

실제에 근거해 질문에 답해 봅시다.

(1) 你是不是学生?
   Nǐ shì bu shì xuésheng?

(2) 你做什么工作?
   Nǐ zuò shénme gōngzuò?

(3) 你忙不忙?
   Nǐ máng bu máng?

(4) 你爸爸做什么工作? 他忙吗?
   Nǐ bàba zuò shénme gōngzuò? Tā máng ma?

(5) 你妈妈做什么工作? 她忙吗?
   Nǐ māma zuò shénme gōngzuò? Tā máng ma?

(6) 你家谁最忙?
   Nǐ jiā shéi zuì máng?

爸爸 bàba 명 아빠 | 妈妈 māma 명 엄마 | 家 jiā 명 가정, 집안

활 동

가족, 친구, 이웃 등의 이름과 직업을 표에 적고, 상태를 묘사하는 문장을 써 봅시다.

이름	직업	상태	문장

09 他们喜欢做什么?
Tāmen xǐhuan zuò shénme?

그들은 무엇 하기를 좋아하나요?

단어 연습

1 단어 위에 한어병음을 쓰고 해당하는 의미와 연결한 후, 큰 소리로 읽어 봅시다.

打篮球 ·	· 모두
睡觉 ·	· 노래 부르다
上网 ·	· 태극권을 하다
唱歌 ·	· 농구하다
都 ·	· 좋아하다
打太极拳 ·	· 잠자다
喜欢 ·	· 인터넷을 하다

2 빈칸에 알맞은 동사를 써 넣은 후, 큰 소리로 읽어 봅시다.

(1) _____做什么 (zuò shénme)

(2) _____中国菜 (zhōngguócài)

(3) _____太极拳 (tàijíquán)

(4) _____上网 (shàng wǎng)

(5) _____篮球 (lánqiú)

(6) 不_____睡觉 (bù / shuì jiào)

어법 연습

1 괄호 안의 단어와 '都'를 활용해 그림을 표현하는 문장을 써 봅시다.

(中国人) Zhōngguórén

(邮递员) yóudìyuán

(1) _____

(2) _____

máng
(忙)

gāoxìng
(高兴)

(3) _____

(4) _____

shàng wǎng
(上网)

lèi
(累)

(5) _____

(6) _____

2 제시된 낱말을 알맞게 배열해 문장을 완성한 후, 큰 소리로 읽어 봅시다.

(1) xǐhuan zuò nǐmen shénme
    喜欢   做   你们   什么
→ _____

(2) tā   shuì jiào   xǐhuan
    她   睡觉   喜欢
→ _____

(3) xǐhuan Dàwèi chàng gē hěn
    喜欢   大卫   唱歌   很
→ _____

(4) Dīng Shān bù dǎ xǐhuan lánqiú
    丁山   不   打   喜欢   篮球
→ _____

(5) hěn wǒmen chī xǐhuan dōu fǎguócài
    很   我们   吃   喜欢   都   法国菜
→ _____

(6) xǐhuan Zhāng lǎoshī bù tàijíquán dǎ xǐhuan
    喜欢   张老师   不   太极拳   打   喜欢
→ _____

회화 연습

실제에 근거해 질문에 답해 봅시다.

(1) Nǐ xǐhuan chī zhōngguócài ma?
你喜欢吃中国菜吗?

(2) Nǐ xǐhuan chī shénme?
你喜欢吃什么?

(3) Nǐ xǐhuan shàng wǎng ma?
你喜欢上网吗?

(4) Nǐ xǐhuan dǎ lánqiú ma?
你喜欢打篮球吗?

(5) Nǐ xǐhuan bu xǐhuan chàng gē?
你喜欢不喜欢唱歌?

(6) Nǐ bù xǐhuan zuò shénme?
你不喜欢做什么?

쓰기 연습

차이점에 유의하며 간체자를 써 봅시다.

也	
yě	一 ㇈ 也

他	
tā	丿 亻 仙 仙 他

她	
tā	㇛ 女 女 如 如 她

10 Wǒ xǐhuan shàng wǎng.
我喜欢上网。
저는 인터넷 하기를 좋아합니다.

단어 연습

1 단어와 한어병음을 연결한 후, 큰 소리로 읽어 봅시다.

电视 •　　　　　　　　　　　• diànyǐng

茶　 •　　　　　　　　　　　• wēibó

微博 •　　　　　　　　　　　• diànshì

电影 •　　　　　　　　　　　• shū

音乐 •　　　　　　　　　　　• jīngjù

报纸 •　　　　　　　　　　　• chá

书　 •　　　　　　　　　　　• bàozhǐ

京剧 •　　　　　　　　　　　• yīnyuè

2 보기 속 단어를 함께 쓸 수 있는 동사 옆으로 분류해 봅시다.

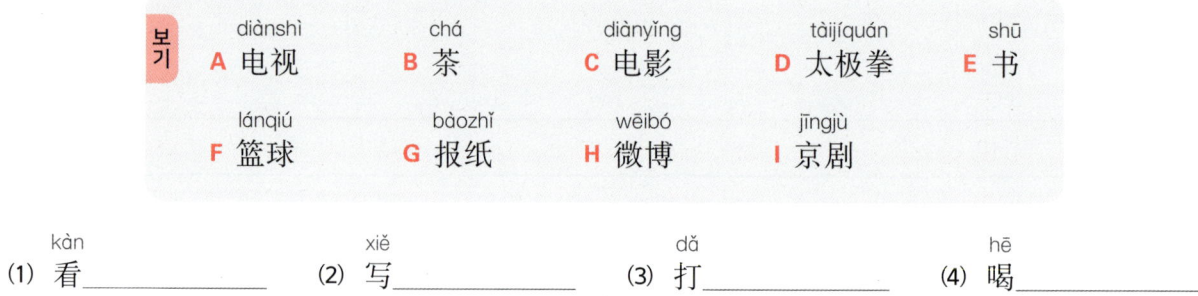

(1) kàn 看＿＿＿＿＿　(2) xiě 写＿＿＿＿＿　(3) dǎ 打＿＿＿＿＿　(4) hē 喝＿＿＿＿＿

어법 연습

1 그림을 보고 괄호 안의 단어를 활용해 문장을 써 봅시다.

(hěn　dǎ)
(很　打)

(dōu　kàn)
(都　看)

(1) Mǎ Huá 马华＿＿＿＿＿＿＿＿＿＿＿＿

＿＿＿＿＿＿＿＿＿＿＿＿＿＿＿＿＿＿

(2) Wáng Yùyīng hé Wú Míngyù 王玉英和吴明玉＿＿＿＿＿＿＿＿＿＿

＿＿＿＿＿＿＿＿＿＿＿＿＿＿＿＿＿＿

bù kàn
(不　看)

Dīng Shān
(3) 丁山_____

dōu chī
(都　吃)

Tāmen
(4) 他们_____

bù jiànshēn
(不　健身)

Tā
(5) 她_____

hěn dú
(很　读)

Lǐ lǎoshī
(6) 李老师_____

和 hé 젭 ~와[과]

2 한국어 문장을 중국어로 바꿔 쓴 후, 큰 소리로 읽어 봅시다.

(1) 차 마시기를 좋아하시나요?

→ _____

(2) 장 사장님은 신문 읽기를 무척 좋아합니다.

→ _____

(3) 저는 헬스하기를 좋아하고, 태극권 하기도 좋아합니다.

→ _____

(4) 우리는 모두 린무(林木)를 압니다.

→ _____

(5) 그들은 기자이고, 모두 고생스럽습니다.

→ _____

(6) 그는 사장이고, 그녀는 의사입니다. 그들은 모두 바쁩니다.

→ _____

회화 연습

그림을 보고 대화를 완성해 봅시다.

A 请问，你做什么工作?
   Qǐngwèn, nǐ zuò shénme gōngzuò?

B _____

A 你喜欢你的工作吗?
   Nǐ xǐhuan nǐ de gōngzuò ma?

B 我不喜欢_____。
   Wǒ bù xǐhuan

A 你爱人做什么工作?
   Nǐ àiren zuò shénme gōngzuò?

B 她是_____。她也不喜欢她的工作。
   Tā shì　　　　　Tā yě bù xǐhuan tā de gōngzuò.

A 为什么?
   Wèi shénme?

B 我们都_____。
   Wǒmen dōu

爱人 àiren 명 남편 또는 아내 | 为什么 wèi shénme 왜

활 동

친구의 이름과 기호를 표에 적고, 그것을 표현하는 문장을 써 봅시다.

이름	좋아하는 것	싫어하는 것	문장

11 我有一个姐姐。
Wǒ yǒu yí ge jiějie.

저는 언니가 하나 있습니다.

단어 연습

1 단어와 한어병음을 연결한 후, 큰 소리로 읽어 봅시다.

爸爸 ・　　　　　　　　　　　　・ gēge

妈妈 ・　　　　　　　　　　　　・ māma

哥哥 ・　　　　　　　　　　　　・ bàba

姐姐 ・　　　　　　　　　　　　・ nánpéngyou

男朋友・　　　　　　　　　　　　・ jiějie

2 빈칸에 알맞은 보기를 고른 후, 큰 소리로 문장을 읽어 봅시다.

| 보기 | A 有 yǒu | B 没有 méiyǒu | C 很多 hěn duō | D 漂亮 piàoliang |

(1) 姐姐＿＿＿男朋友。 언니[누나]는 남자친구가 없습니다.
　　Jiějie　　　nánpéngyou.

(2) 妈妈有很多＿＿＿的衣服。 엄마는 예쁜 옷이 많습니다.
　　Māma yǒu hěn duō　　　de yīfu.

(3) 爸爸有＿＿＿书。 아빠는 책이 많습니다.
　　Bàba yǒu　　　shū.

(4) 哥哥＿＿＿一个篮球。 오빠[형]는 농구공을 하나 가지고 있습니다.
　　Gēge　　　yí ge lánqiú.

(5) 刘老师＿＿＿很多学生。 리우 선생님은 학생이 많습니다.
　　Liú lǎoshī　　　hěn duō xuésheng.

(6) 我＿＿＿姐姐，我＿＿＿一个哥哥。 저는 언니[누나]는 없고, 오빠[형]가 하나 있습니다.
　　Wǒ　　　jiějie, wǒ　　　yí ge gēge.

어법 연습

1 제시된 문장을 '吗'자 의문문으로 바꿔 쓴 후, 큰 소리로 읽어 봅시다.

(1) 孙中平有哥哥。→ ＿＿＿＿＿＿＿＿＿＿＿＿
　　Sūn Zhōngpíng yǒu gēge.

(2) 于文乐没有男朋友。→ ＿＿＿＿＿＿＿＿＿＿＿＿
　　Yú Wénlè méiyǒu nánpéngyou.

(3) 马经理没有秘书。→ ＿＿＿＿＿＿＿＿＿＿＿＿
　　Mǎ jīnglǐ méiyǒu mìshū.

Wáng jīnglǐ yǒu sījī.
(4) 王经理有司机。→ _____

Jiějie yǒu hěn duō piàoliang de yīfu.
(5) 姐姐有很多漂亮的衣服。→ _____

Dàwèi xǐhuan xiě wēibó.
(6) 大卫喜欢写微博。→ _____

2 한국어 문장을 중국어로 바꿔 쓴 후, 큰 소리로 읽어 봅시다.

(1) 저는 누나[언니]가 하나 있습니다.

→ _____

(2) 저는 형[오빠]이 하나 있습니다.

→ _____

(3) 형[오빠]이 있나요?

→ _____

(4) 저희 누나[언니]는 남자친구가 있습니다.

→ _____

(5) 린(林) 씨는 비서가 없습니다.

→ _____

(6) 저희 엄마는 남동생이 없습니다.

→ _____

회화 연습

본문에 근거해 질문에 답해 봅시다.

Wáng Fāngfāng de bàba zuò shénme gōngzuò?
(1) 王方方的爸爸做什么工作？

Wáng Fāngfāng de bàba máng bu máng?
(2) 王方方的爸爸忙不忙？

Wáng Fāngfāng de māma zuò shénme gōngzuò?
(3) 王方方的妈妈做什么工作？

Wáng Fāngfāng de māma yǒu méiyǒu piàoliang de yīfu?
(4) 王方方的妈妈有没有漂亮的衣服？

Wáng Fāngfāng de jiějie xǐhuan zuò shénme?
(5) 王方方的姐姐喜欢做什么?

Wáng Fāngfāng xǐhuan zuò shénme?
(6) 王方方喜欢做什么?

쓰기 연습

차이점에 유의하며 간체자를 써 봅시다.

妈	
mā	ㄑ 夊 女 妁 妈 妈

姐	
jiě	ㄑ 夊 女 夗 妞 姐 姐 姐

妹	
mèi	ㄑ 夊 女 妒 妒 姘 妹 妹

12 他家有几口人?
Tā jiā yǒu jǐ kǒu rén?

그의 집은 식구가 몇인가요?

단어 연습

1 단어 옆에 한어병음을 쓴 후, 큰 소리로 읽어 봅시다.

(1) 几 _____ (2) 家 _____ (3) 口 _____ (4) 个 _____

2 보기 속 단어를 두 그룹으로 분류해 봅시다.

보기	A 爸爸 bàba	B 大夫 dàifu	C 经理 jīnglǐ	D 哥哥 gēge	E 秘书 mìshū
	F 妈妈 māma	G 司机 sījī	H 姐姐 jiějie	I 妹妹 mèimei	J 律师 lǜshī

(1) 가족 _____ (2) 직업 _____

어법 연습

1 밑줄 친 부분에 대해 묻는 문장을 써 봅시다.

(1) 王方方<u>有</u>姐姐。→ _____
   Wáng Fāngfāng yǒu jiějie.

(2) 于文乐<u>有</u>哥哥。→ _____
   Yú Wénlè yǒu gēge.

(3) 刘大双有<u>一个</u>弟弟。→ _____
   Liú Dàshuāng yǒu yí ge dìdi.

(4) 吴明玉<u>没有</u>妹妹。→ _____
   Wú Míngyù méiyǒu mèimei.

(5) 马华有<u>两个</u>弟弟。→ _____
   Mǎ Huá yǒu liǎng ge dìdi.

(6) 马华家有<u>五</u>口人。→ _____
   Mǎ Huá jiā yǒu wǔ kǒu rén.

2 괄호 안 단어의 알맞은 위치를 찾은 후, 큰 소리로 문장을 읽어 봅시다.

(1) A 我 B 妹妹 C 。(没有)
   wǒ   mèimei   méiyǒu

(2) A 他 B 一个 C 弟弟。(有)
   tā   yí ge   dìdi.   yǒu

Tā　　hěn duō　　piàoliang　　de yīfu ma?　yǒu
(3)　她 A　很多 B　漂亮 C　的衣服吗？（有）

Dīng Shān　yǒu　　gēge?　jǐ ge
(4)　A 丁山 B 有 C 哥哥？（几个）

Mǎ Huá　yǒu　　jiějie.　liǎng ge
(5)　A 马华 B 有 C 姐姐。（两个）

nǐ jiā　yǒu　rén?　jǐ kǒu
(6)　A 你家 B 有 C 人？（几口）

회화 연습

그림을 보고 대화를 완성해 봅시다.

(1) A　Lín xiānsheng yǒu jiějie ma?
　　林先生有姐姐吗?

　　B _____

　　A　Lín xiānsheng yǒu jǐ ge jiějie?
　　林先生有几个姐姐?

　　B _____

(2) A　Liú xiǎojie yǒu dìdi ma?
　　刘小姐有弟弟吗?

　　B _____

　　A　Liú xiǎojie yǒu jǐ ge dìdi?
　　刘小姐有几个弟弟?

　　B _____

(3) A　Zhāng jīnglǐ yǒu mìshū ma?
　　张经理有秘书吗?

　　B _____

　　A　Zhāng jīnglǐ yǒu jǐ ge mìshū?
　　张经理有几个秘书?

　　B _____

(4) A　Dàwèi yǒu lánqiú ma?
　　大卫有篮球吗?

　　B _____

　　A　Dàwèi yǒu jǐ ge lánqiú?
　　大卫有几个篮球?

　　B _____

예와 같이 SNS에 게재할 간단한 자기소개를 작성해 봅시다.

> **예**
> Wáng Fāngfāng, xuésheng, xǐhuan chàng gē. Jiā li yǒu bàba、māma hé yí ge jiějie.
> 王方方，学生，喜欢唱歌。家里有爸爸、妈妈和一个姐姐。

_____

_____

_____

13 我的钥匙在哪儿?
Wǒ de yàoshi zài nǎr?
내 열쇠가 어디 있지?

단어 연습

1 한국어 의미에 해당하는 중국어 단어의 한어병음을 쓴 후, 큰 소리로 읽어 봅시다.

(1) 남편 _____ (2) 아내 _____ (3) 열쇠 _____

(4) 탁자 _____ (5) 소파 _____ (6) 전화 _____

2 빈칸에 알맞은 보기를 고른 후, 큰 소리로 문장을 읽어 봅시다.

| 보기 | A 旁边 (pángbiān) | B 上 (shang) | C 下边 (xiàbian) | D 里 (li) |

(1) 茶在桌子_____。 차는 책상 위에 있습니다. (Chá zài zhuōzi)

(2) 报纸在沙发_____。 신문은 소파 위에 있습니다. (Bàozhǐ zài shāfā)

(3) 篮球在桌子_____。 농구공은 책상 밑에 있습니다. (Lánqiú zài zhuōzi)

(4) 钥匙在书包_____。 열쇠는 책가방 속에 있습니다. (Yàoshi zài shūbāo)

(5) 快递在电话_____。 택배는 전화 옆에 있습니다. (Kuàidì zài diànhuà)

(6) 书在衣服_____。 책은 옷 옆에 있습니다. (Shū zài yīfu)

书包 shūbāo 명 책가방

어법 연습

1 긍정문은 부정문으로, 부정문은 긍정문으로 바꿔 쓴 후, 큰 소리로 읽어 봅시다.

(1) 钥匙在沙发上。 → _____
 Yàoshi zài shāfā shang.

(2) 电话在桌子上。 → _____
 Diànhuà zài zhuōzi shang.

(3) 衣服不在沙发上。 → _____
 Yīfu bú zài shāfā shang.

(4) 电视在桌子上。 → _____
 Diànshì zài zhuōzi shang.

(5) 沙发不在桌子旁边。 → _____
 Shāfā bú zài zhuōzi pángbiān.

(6) 篮球不在桌子下边。 → _____
 Lánqiú bú zài zhuōzi xiàbian.

2 예와 같이 질문을 만들어 봅시다.

> **예**
> Shū zài zhuōzi shang.
> 书在桌子上。
>
> Shū zài nǎr?
> → 书在哪儿?
>
> Shū zài bu zài zhuōzi shang?
> 书在不在桌子上?

(1) Lánqiú zài zhuōzi xiàbian.
　　篮球在桌子下边。
　→ _____

(2) Bàozhǐ zài diànhuà pángbiān.
　　报纸在电话旁边。
　→ _____

(3) Chá bú zài zhuōzi shang.
　　茶不在桌子上。
　→ _____

(4) Shāfā bú zài zhuōzi pángbiān.
　　沙发不在桌子旁边。
　→ _____

(5) Yàoshi zài zhàngfu shǒu li.
　　钥匙在丈夫手里。
　→ _____

회화 연습

그림을 보고 대화를 완성해 봅시다.

(1) Bàozhǐ zài bu zài zhuōzi shang?
　A 报纸在不在桌子上?

　B _____

Bàozhǐ zài bu zài zhuōzi xiàbian?
A 报纸在不在桌子下边?

B _____

(2) A Diànhuà zài bu zài zhuōzi shang?
电话在不在桌子上?

B _____

A Diànhuà zài bu zài shāfā shang?
电话在不在沙发上?

B _____

(3) A Shū zài bu zài shāfā shang?
书在不在沙发上?

B _____

A Shū zài bu zài zhuōzi shang?
书在不在桌子上?

B _____

(4) A Kuàidì zài bu zài zhuōzi shang?
快递在不在桌子上?

B _____

A Kuàidì zài bu zài shāfā qiánbian?
快递在不在沙发前边?

B _____

쓰기 연습

차이점에 유의하며 간체자를 써 봅시다.

有	
yǒu	一 ナ 才 有 有 有

友	
yǒu	一 ナ 方 友

在	
zài	一 ナ 才 在 在 在

14 报纸在电脑旁边。
Bàozhǐ zài diànnǎo pángbiān.

신문은 컴퓨터 옆에 있습니다.

단어 연습

1 단어 위에 한어병음을 쓰고 해당하는 의미와 연결한 후, 큰 소리로 읽어 봅시다.

餐桌・　　　　　　　　　　・컴퓨터

书柜・　　　　　　　　　　・의자

电脑・　　　　　　　　　　・식탁

衣柜・　　　　　　　　　　・옷장

椅子・　　　　　　　　　　・책장

2 보기 속 단어를 그림의 해당 위치에 써 봅시다.

| 보기 | A 上/上边 (shàng shàngbian) | B 下边 (xiàbian) | C 左边 (zuǒbian) | D 右边 (yòubian) | E 前边 (qiánbian) | F 后边 (hòubian) |

어법 연습

1 제시된 문장을 정반의문문으로 바꿔 쓴 후, 큰 소리로 읽어 봅시다.

(1) 书在书柜里。 → _____
　　Shū zài shūguì li.

(2) 报纸在电脑旁边。 → _____
　　Bàozhǐ zài diànnǎo pángbiān.

(3) 李先生是医生。 → _____
　　Lǐ xiānsheng shì yīshēng.

42

Jiějie yǒu nánpéngyou.
(4) 姐姐有男朋友。→ _____

Tā jiào Lín Mù.
(5) 他叫林木。→ _____

Wáng Fāngfāng xǐhuan chàng gē.
(6) 王方方喜欢唱歌。→ _____

2 그림 속 사물의 위치를 표현하는 문장을 쓴 후, 큰 소리로 읽어 봅시다.

shū
(书)

lánqiú
(篮球)

(1) _____   (2) _____

diànhuà
(电话)

shāfā
(沙发)

(3) _____   (4) _____

shūguì
(书柜)

yǐzi
(椅子)

(5) _____   (6) _____

회화 연습

그림을 보고 대화를 완성해 봅시다.

Māma zài bu zài yǐzi pángbiān?
(1) A 妈妈在不在椅子旁边?

B _____

Māma zài bu zài shūguì qiánbian?
A 妈妈在不在书柜前边?

B _____

14 报纸在电脑旁边。 43

(2) A Jiějie zài bu zài diànshì qiánbian?
　　　姐姐在不在电视前边?

　　B _____

　　A Jiějie zài bu zài diànhuà pángbiān?
　　　姐姐在不在电话旁边?

　　B _____

(3) A _____

　　B Bàba bú zài yǐzi shang.
　　　爸爸不在椅子上。

　　A _____

　　B Bàba zài yǐzi hòubian.
　　　爸爸在椅子后边。

(4) A _____

　　B Dìdi bú zài cānzhuō pángbiān.
　　　弟弟不在餐桌旁边。

　　A _____

　　B Dìdi zài cānzhuō xiàbian.
　　　弟弟在餐桌下边。

활 동

가상의 방을 간단하게 그린 후, 사물의 위치를 말해 봅시다.

15 这条红色的裙子好看吗?
Zhè tiáo hóngsè de qúnzi hǎokàn ma?

이 빨간색 치마 예쁜가요?

단어 연습

1 단어 위에 한어병음을 쓰고 해당하는 의미와 연결한 후, 큰 소리로 읽어 봅시다.

红色　　白色　　绿色　　蓝色　　黄色　　好看　　没　　怎么样　　穿

(옷을) 입다,　파란색　녹색　어떠한가　빨간색　노란색　흰색　예쁘다,　~않다
(신발을) 신다　　　　　　　　　　　　　　　　　　　보기좋다　[과거 행위에 대한 부정]

2 제시된 표현을 큰 소리로 읽은 후, 그에 따라 색칠해 봅시다.

hóngsè de dàyī
(1) 红色的大衣

lǜsè de qúnzi
(2) 绿色的裙子

báisè de diànhuà
(3) 白色的电话

huángsè de shāfā
(4) 黄色的沙发

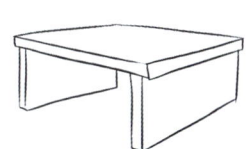
lánsè de zhuōzi
(5) 蓝色的桌子

hóngsè de shūguì
(6) 红色的书柜

어법 연습

1 괄호 안의 단어를 활용해 대화를 완성해 봅시다.

(1) A 这是谁的电脑?
　　 Zhè shì shéi de diànnǎo?

　　 B _____ (爸爸) *bàba*

(2) A 这是谁的钥匙?
　　 Zhè shì shéi de yàoshi?

　　 B _____ (姐姐) *jiějie*

(3) A 这是谁的快递?
　　 Zhè shì shéi de kuàidì?

　　 B _____ (林木) *Lín Mù*

(4) A 这件红色的裙子怎么样?
    Zhè jiàn hóngsè de qúnzi zěnmeyàng?

   B _____ (漂亮)
    piàoliang

(5) A 这个黄色的沙发好看吗?
    Zhège huángsè de shāfā hǎokàn ma?

   B _____ (不好看)
    bù hǎokàn

(6) A 你喜欢这件绿色的大衣吗?
    Nǐ xǐhuan zhè jiàn lǜsè de dàyī ma?

   B _____ (喜欢)
    xǐhuan

2 예와 같이 세 가지 형태의 질문을 만들어 봅시다.

> **예** Zhè jiàn hóngsè de dàyī hěn hǎokàn.
> 这件红色的大衣很好看。
>
> Zhè jiàn hóngsè de dàyī hǎokàn ma?
> → 这件红色的大衣好看吗?
>
> Zhè jiàn hóngsè de dàyī hǎokàn bu hǎokàn?
> 这件红色的大衣好看不好看?
>
> Zhè jiàn hóngsè de dàyī zěnmeyàng?
> 这件红色的大衣怎么样?

(1) 这条白色的裙子不好看。
    Zhè tiáo báisè de qúnzi bù hǎokàn.

→ _____

_____

_____

(2) 这件绿色的衣服很漂亮。
    Zhè jiàn lǜsè de yīfu hěn piàoliang.

→ _____

_____

_____

(3) 那个蓝色的电话不好看。
    Nàge lánsè de diànhuà bù hǎokàn.

→ _____

_____

_____

Zhège báisè de yǐzi hěn hǎokàn.
(4) 这个白色的椅子很好看。

→ _____

회화 연습

자신의 가족 사진 한 장을 보면서 질문에 답해 봅시다.

Nǐmen zài nǎr?
(1) 你们在哪儿?

Nǐ māma chuān shénme yīfu? Tā de yīfu hǎokàn ma?
(2) 你妈妈穿什么衣服？她的衣服好看吗?

Nǐ bàba de yīfu zěnmeyàng?
(3) 你爸爸的衣服怎么样?

Nǐ bàba xǐhuan zuò shénme?
(4) 你爸爸喜欢做什么?

Nǐ māma xǐhuan zuò shénme?
(5) 你妈妈喜欢做什么?

Nǐ ne?
(6) 你呢?

쓰기 연습

차이점에 유의하며 간체자를 써 봅시다.

女	
nǚ	〈 女 女

子	
zǐ	了 了 子

好	
hǎo	〈 女 女 女 好 好

15 这条红色的裙子好看吗? 47

16 这个黄色的沙发很舒服。
Zhège huángsè de shāfā hěn shūfu.

이 노란색 소파는 편합니다.

단어 연습

1 보기 속 단어 위에 한어병음을 쓴 후, 세 그룹으로 분류해 봅시다.

보기					
A 红色	B 白色	C 绿色	D 蓝色	E 黄色	F 裙子
G 大衣	H 件	I 条	J 裤子	K 灰色	L 双
M 棕色	N 鞋	O 衬衣	P 旗袍	Q 黑色	

(1) 양사 _____

(2) 의류 _____

(3) 색깔 _____

2 수량사와 명사를 알맞게 연결한 후, 큰 소리로 읽어 봅시다.

liǎng tiáo
两条 ·

sān jiàn
三件 ·

wǔ shuāng
五双 ·

yí jiàn
一件 ·

sì tiáo
四条 ·

liǎng ge
两个 ·

· dàyī
大衣

· xié
鞋

· qípáo
旗袍

· shǒujī
手机

· qúnzi
裙子

· kùzi
裤子

어법 연습

1 밑줄 친 부분에 대해 묻는 문장을 써 봅시다.

(1) 这件红色的旗袍<u>很好看</u>。
Zhè jiàn hóngsè de qípáo hěn hǎokàn.

→ _____

Nà jiàn hēisè de chènyī bù hǎokàn.
(2) 那件黑色的衬衣<u>不好看</u>。
→ _____

Zhège huángsè de shāfā hěn shūfu.
(3) 这个黄色的沙发<u>很舒服</u>。
→ _____

Zhè shuāng huīsè de xié bù shūfu.
(4) 这双灰色的鞋<u>不舒服</u>。
→ _____

Māma xǐhuan báisè de shǒujī.
(5) 妈妈<u>喜欢</u>白色的手机。
→ _____

Dàwèi xǐhuan zhège zōngsè de lánqiú.
(6) 大卫喜欢<u>这个棕色的篮球</u>。
→ _____

2 그림을 보고 괄호 안의 표현을 활용해 문장을 쓴 후, 큰 소리로 읽어 봅시다.

nà   piàoliang
（那　漂亮）

nà   hǎo
（那　好）

(1) _____

(2) _____

nà   shūfu
（那　舒服）

zhè   bù hǎokàn
（这　不好看）

(3) _____

(4) _____

zhè   bù shūfu
（这　不舒服）

nà   fēicháng piàoliang
（那　非常漂亮）

(5) _____

(6) _____

회화 연습

대화를 완성해 봅시다.

Wáng Fāngfāng　Dàwèi, nǐ xǐhuan zhè jiàn lánsè de chènyī ma?
王方方　大卫，你喜欢这件蓝色的衬衣吗？

Dàwèi　　　　　　　　　wǒ bù xǐhuan lánsè.
大卫　　_____，我不喜欢蓝色。

Wáng Fāngfāng　Zhè jiàn huīsè de chènyī
王方方　这件灰色的衬衣_____？

Dàwèi　Yě bù xǐhuan.
大卫　也不喜欢。

Wáng Fāngfāng　Zhè jiàn báisè de chènyī
王方方　这件白色的衬衣_____？

Dàwèi　Zhè jiàn hěn　　　wǒ hěn xǐhuan.
大卫　这件很_____，我很喜欢。

Wáng Fāngfāng　Zhè tiáo hēisè de kùzi
王方方　这条黑色的裤子_____？

Dàwèi　Bù
大卫　不_____。

Wáng Fāngfāng　Zhè tiáo huīsè de
王方方　这条灰色的_____？

Dàwèi　Huīsè de kùzi　　　　　Báisè de chènyī hé huīsè de kùzi wǒ dōu xǐhuan.
大卫　灰色的裤子_____。白色的衬衣和灰色的裤子我都喜欢。

활 동

자신과 가족들이 좋아하는 색과 물건을 표에 적고, 문장을 써 봅시다. 제15과~제16과에서 배우는 단어와 표현, 문형을 최대한 활용하도록 하세요.

인물	좋아하는 색	좋아하는 물건	문장
我			
爸爸			
妈妈			
哥哥			
姐姐			
弟弟			
妹妹			

17 春节是农历1月1日。

Chūn Jié shì nónglì Yīyuè yī rì.

춘지에는 음력 1월 1일입니다.

단어 연습

1 단어 위에 한어병음을 쓰고 해당하는 의미와 연결한 후, 큰 소리로 읽어 봅시다.

传统　　　节日　　　元宵节　　　农历　　　情人节　　　中秋节

명절, 기념일　위앤샤오지에　연인의 날, 밸런타인데이　중치우지에　음력　전통의

2 보기 속 단어를 의미상 범위가 큰 것에서 작은 것 순으로 배열해 봅시다.

보기　A 年 (nián)　B 天 (tiān)　C 月 (yuè)　D 星期 (xīngqī)

_____

어법 연습

1 제시된 날짜를 중국어로 바꿔 쓴 후, 큰 소리로 읽어 봅시다.

(1) 2012년 1월 1일　_____

(2) 2015년 2월 14일　_____

(3) 2000년 8월 10일　_____

(4) 1998년 12월 25일　_____

(5) 2018년 3월 12일　_____

(6) 2016년 10월 1일　_____

2 제시된 명절과 기념일의 날짜를 중국어로 써 봅시다.

(1) 春节 (Chūn Jié)　_____

(2) 元宵节 (Yuánxiāo Jié)　_____

(3) 中秋节 (Zhōngqiū Jié)　_____

(4) 中国情人节 (Zhōngguó Qíngrén Jié)　_____

회화 연습

그림을 보고 대화를 완성해 봅시다.

(1) A Èr líng yī bā nián Chūn Jié shì jǐ yuè jǐ rì?
       2018年春节是几月几日?

    B _____

(2) A Èr líng yī sì nián Yuánxiāo Jié shì jǐ yuè jǐ rì?
       2014年元宵节是几月几日?

    B _____

(3) A Èr líng yī wǔ nián Zhōngqiū Jié shì nǎ tiān?
       2015年中秋节是哪天?

    B _____

(4) A Èr líng yī qī nián Zhōngguó Qíngrén Jié shì nǎ tiān?
       2017年中国情人节是哪天?

    B _____

쓰기 연습

차이점에 유의하며 간체자를 써 봅시다.

日	
rì	丨 冂 日 日

月	
yuè	丿 冂 月 月

明	
míng	丨 冂 日 日 明 明 明

18 元宵节是几月几日?

<small>Yuánxiāo Jié shì jǐ yuè jǐ rì?</small>

위앤샤오지에는 몇 월 며칠인가요?

단어 연습

1 단어 위에 한어병음을 쓰고 해당하는 의미와 연결한 후, 큰 소리로 읽어 봅시다.

劳动节 ·　　　　　　　　　　　　　　　 · 아버지의 날

复活节 ·　　　　　　　　　　　　　　　 · 라오둥지에

父亲节 ·　　　　　　　　　　　　　　　 · 크리스마스

母亲节 ·　　　　　　　　　　　　　　　 · 부활절

圣诞节 ·　　　　　　　　　　　　　　　 · 어머니의 날

2 빈칸에 모자란 단어를 써 넣어 봅시다.

<small>Xīngqīyī</small>　　　　　　　<small>Xīngqīsān</small>　　　　　　　<small>Xīngqīwǔ</small>
星期一 _____　　星期三 _____　　星期五 _____　　_____

어법 연습

1 그림을 보고 기념일을 말하는 문장을 써 봅시다.

(1) _____

(2) _____

(3) _____

(4) _____

(5) _____

(6) _____

2 한국어 문장을 중국어로 바꿔 쓴 후, 큰 소리로 읽어 봅시다.

(1) 2016년 춘지에는 2월 8일입니다.

→ _____

(2) 2013년 아버지의 날은 6월 16일입니다.

→ _____

(3) 2014년 어머니의 날은 5월 11일입니다.

→ _____

(4) 내년 크리스마스는 금요일입니다.

→ _____

(5) 부활절은 일요일입니다.

→ _____

(6) 2015년 중치우지에는 9월 27일입니다.

→ _____

회화 연습

실제에 근거해 질문에 답해 봅시다.

(1) Jīnnián Chūn Jié shì jǐ yuè jǐ rì? Xīngqī jǐ?
今年春节是几月几日？星期几？

(2) Nǐ de shēngrì shì jǐ yuè jǐ rì?
你的生日是几月几日？

(3) Nǐ bàba de shēngrì shì jǐ yuè jǐ rì?
你爸爸的生日是几月几日？

(4) Nǐ māma de shēngrì shì jǐ yuè jǐ rì?
你妈妈的生日是几月几日？

(5) Nǐ zuì hǎo de péngyou de shēngrì shì jǐ yuè jǐ rì?
你最好的朋友的生日是几月几日？

(6) Jīntiān shì jǐ yuè jǐ rì? Xīngqī jǐ?
今天是几月几日？星期几？

生日 shēngrì 명 생일 | 朋友 péngyou 명 친구 | 今天 jīntiān 명 오늘

활 동

올해의 중요한 명절과 기념일이 언제인지 써 봅시다.

명절 또는 기념일	날짜	요일
春节		
元宵节		
中秋节		
"我"的生日		
爸爸的生日		
妈妈的生日		

19 现金还是刷卡?

Xiànjīn háishi shuā kǎ?

현금 결제하시겠어요, 카드 결제하시겠어요?

단어 연습

1 단어 위에 한어병음을 쓰고 관련 있는 것끼리 연결한 후, 큰 소리로 읽어 봅시다.

辣 ·　　　　　　　　　　　· 凉

热 ·　　　　　　　　　　　· 大碗

刷卡 ·　　　　　　　　　　· 小杯

大杯 ·　　　　　　　　　　· 茶

小碗 ·　　　　　　　　　　· 不辣

豆浆 ·　　　　　　　　　　· 现金

2 빈칸에 알맞은 보기를 고른 후, 큰 소리로 문장을 읽어 봅시다.

| 보기 | A 杯 (bēi) | B 块 (kuài) | C 碗 (wǎn) | D 大 (dà) | E 小 (xiǎo) | F 热 (rè) | G 凉 (liáng) | H 辣 (là) |

(1) 一共二十五____。 모두 25콰이입니다.
　　Yígòng èrshíwǔ

(2) 要大杯的还是____杯的? 큰 잔으로 드릴까요, 작은 잔으로 드릴까요?
　　Yào dà bēi de háishi ____ bēi de?

(3) 我要四____面条儿和一____豆浆。 국수 네 그릇과 콩국 한 컵 주세요.
　　Wǒ yào sì ____ miàntiáor hé yì ____ dòujiāng.

(4) 这____面条儿很____。 이 국수는 맵습니다.
　　Zhè ____ miàntiáor hěn ____.

(5) 要____的还是____的? 뜨거운 것으로 드릴까요, 찬 것으로 드릴까요?
　　Yào ____ de háishi ____ de?

(6) 要____碗的面条儿还是____碗的面条儿? 큰 그릇의 국수를 드릴까요, 작은 그릇의 국수를 드릴까요?
　　Yào ____ wǎn de miàntiáor háishi ____ wǎn de miàntiáor?

어법 연습

1 제시된 낱말을 알맞게 배열해 문장을 완성한 후, 큰 소리로 읽어 봅시다.

(1) 要 / 两 / 面条儿 / 我 / 碗 → _____
　　yào / liǎng / miàntiáor / wǒ / wǎn

(2) 大杯的 小杯的 要 还是 您 → _____
   dà bēi de xiǎo bēi de yào háishi nín

(3) 茶 大卫 要 还是 豆浆 → _____
   chá Dàwèi yào háishi dòujiāng

(4) 喜欢 你 热的 凉的 还是 → _____
   xǐhuan nǐ rè de liáng de háishi

(5) 再 我 要 两 碗 面条儿 → _____
   zài wǒ yào liǎng wǎn miàntiáor

(6) 要 王方方 一 不辣的 碗 → _____
   yào Wáng Fāngfāng yī bú là de wǎn

2 두 개의 문장을 하나의 문장이 되도록 바꿔 써 봅시다.

(1) 你要面条儿吗？你要豆浆吗？
   Nǐ yào miàntiáor ma? Nǐ yào dòujiāng ma?

   → _____

(2) 你喝茶吗？你喝豆浆吗？
   Nǐ hē chá ma? Nǐ hē dòujiāng ma?

   → _____

(3) 今天是星期一吗？今天是星期二吗？
   Jīntiān shì Xīngqīyī ma? Jīntiān shì Xīngqī'èr ma?

   → _____

(4) 今年复活节是4月19号吗？今年复活节是4月20号吗？
   Jīnnián Fùhuó Jié shì Sìyuè shíjiǔ hào ma? Jīnnián Fùhuó Jié shì Sìyuè èrshí hào ma?

   → _____

(5) 你喜欢裙子吗？你喜欢旗袍吗？
   Nǐ xǐhuan qúnzi ma? Nǐ xǐhuan qípáo ma?

   → _____

(6) 报纸在电脑旁边吗？报纸在电视旁边吗？
   Bàozhǐ zài diànnǎo pángbiān ma? Bàozhǐ zài diànshì pángbiān ma?

   → _____

회화 연습

그림을 보고, 본문을 모방해 대화를 완성해 봅시다.

服务员 您好，您要什么？
Fúwùyuán Nín hǎo, nín yào shénme?

王方方 _____
Wáng Fāngfāng

19 现金还是刷卡？

	Fúwùyuán	
	服务员	_____

	Wáng Fāngfāng	Liǎng ge dà wǎn de,
	王方方	两个大碗的，_____。

	Fúwùyuán	Là de háishi _____ de?
	服务员	辣的还是_____的?

	Wáng Fāngfāng	Yì wǎn là de,
	王方方	一碗辣的，_____。

		Wǒ zài yào sān bēi dòujiāng.
		我再要三杯豆浆。

	Fúwùyuán	Yào ____ de háishi liáng de?
	服务员	要_____的还是凉的?

	Wáng Fāngfāng	Yì bēi _____ liáng de.
	王方方	一杯_____，_____凉的。

	Fúwùyuán	Yào dà bēi de háishi _____ de?
	服务员	要大杯的还是_____的?

	Wáng Fāngfāng	_____ dà bēi de. dōu
	王方方	_____大杯的。（都）

	Fúwùyuán	Yígòng yìbǎi sìshí kuài.
	服务员	一共一百四十块。_____?

	Wáng Fāngfāng	Shuā kǎ.
	王方方	刷卡。

百 bǎi 🈯 100, 백

쓰기 연습

차이점에 유의하며 간체자를 써 봅시다.

不	
bù	一 ア 不 不

杯	
bēi	一 十 オ 木 杧 杯 杯 杯

还	
hái	一 ア 不 不 不 还 还

20 您要大的还是小的?
Nín yào dà de háishi xiǎo de?

큰 것으로 드릴까요, 작은 것으로 드릴까요?

단어 연습

1 단어 위에 한어병음을 쓰고 해당하는 의미와 연결한 후, 큰 소리로 읽어 봅시다.

甜	汉堡	饺子	可乐	咖啡	米饭	比萨饼	咸	水
짜다	콜라	커피	피자	햄버거	쟈오즈 [소가 든 반달 모양의 만두]	물	달다	(쌀)밥

2 그림을 표현하기에 적합한 양사와 수식어 조합을 보기에서 골라 봅시다.

보기
- A 个 dà de / xiǎo de 大的 / 小的
- B 杯 dà bēi de / xiǎo bēi de 大杯的 / 小杯的
- C 杯 rè de / liáng de 热的 / 凉的
- D 瓶 dà píng de / xiǎo píng de 大瓶的 / 小瓶的
- E 碗 dà wǎn de / xiǎo wǎn de 大碗的 / 小碗的
- F 个 là de / bú là de 辣的 / 不辣的
- G 杯 tián de / xián de 甜的 / 咸的
- H 斤 yángròu de / niúròu de 羊肉的 / 牛肉的

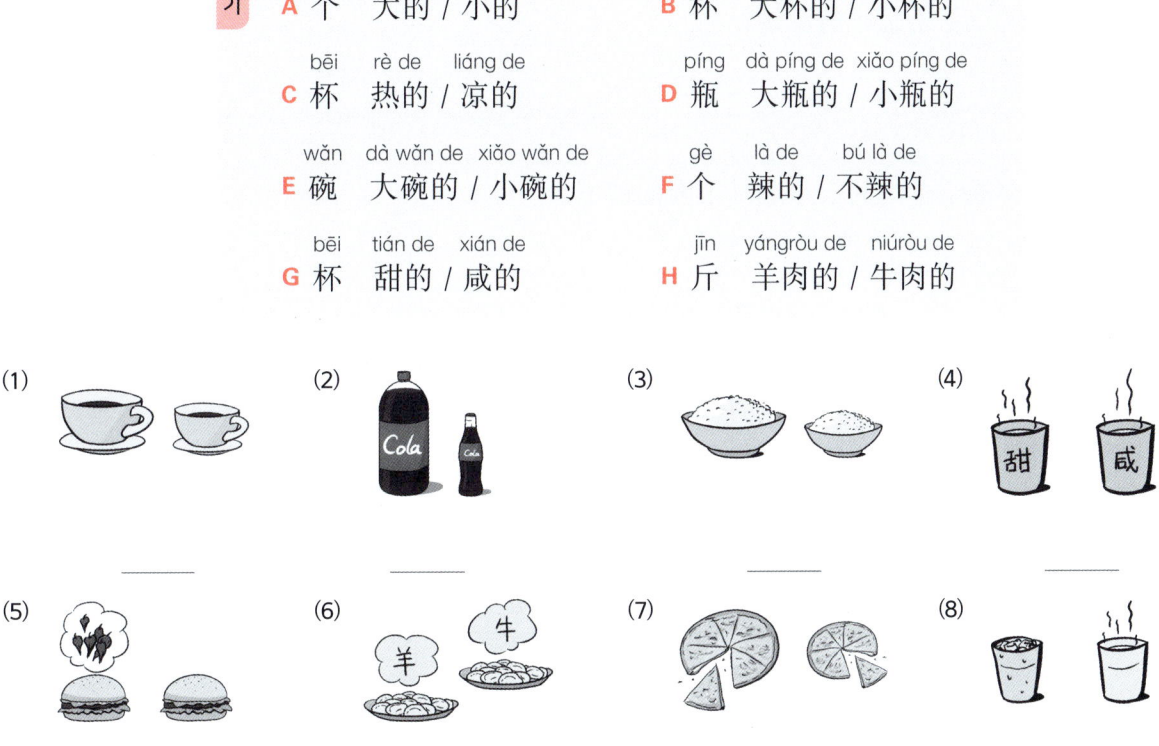

(1)　(2)　(3)　(4)
(5)　(6)　(7)　(8)

어법 연습

1 빈칸에 알맞은 보기를 고른 후, 큰 소리로 문장을 읽어 봅시다.

보기 A 碗 wǎn　B 个 gè　C 斤 jīn　D 瓶 píng　E 杯 bēi

(1) 　　　　Wáng Fāngfāng yào yì　　miàntiáor.
　　　王方方要一＿＿＿面条儿。왕팡팡은 국수 한 그릇을 원합니다.

(2) 　　　　Ālǐ yào sān　　　xiǎo de、bú là de hànbǎo.
　　　阿里要三＿＿＿小的、不辣的汉堡。알리는 작고 맵지 않은 햄버거 세 개를 원합니다.

(3) 　　　　Lín Mù yào yì　　yángròu jiǎozi.
　　　林木要一＿＿＿羊肉饺子。린무는 양고기 쟈오즈 한 근을 원합니다.

(4) 　　　　Tāmen yào yì　　kělè、liǎng　　xián dòujiāng.
　　　他们要一＿＿＿可乐、两＿＿＿咸豆浆。그들은 콜라 한 병, 짠 콩국 두 컵을 원합니다.

2　예와 같이 문장을 바꿔 써 봅시다.

> 예
> A　Nǐ yào tián de dòujiāng háishi xián de dòujiāng?
> 　　你要甜的豆浆还是咸的豆浆？
> B　Wǒ yào tián de dòujiāng.　Wǒ yào tián de.
> 　　我要甜的豆浆。→ 我要甜的。

(1) A　Nǐ yào dà de hànbǎo háishi xiǎo de hànbǎo?
　　你要大的汉堡还是小的汉堡？
　B　Wǒ yào xiǎo de hànbǎo.
　　我要小的汉堡。→ ＿＿＿＿＿＿＿＿＿

(2) A　Wáng Fāngfāng xǐhuan chī yángròu de jiǎozi háishi niúròu de jiǎozi?
　　王方方喜欢吃羊肉的饺子还是牛肉的饺子？
　B　Wáng Fāngfāng xǐhuan chī yángròu de jiǎozi.
　　王方方喜欢吃羊肉的饺子。→ ＿＿＿＿＿＿＿＿＿

(3) A　Ālǐ xǐhuan báisè de chènyī háishi huángsè de chènyī?
　　阿里喜欢白色的衬衣还是黄色的衬衣？
　B　Ālǐ xǐhuan báisè de chènyī.
　　阿里喜欢白色的衬衣。→ ＿＿＿＿＿＿＿＿＿

(4) A　Zhè shì shéi de kuàidì?
　　这是谁的快递？
　B　Zhè shì Lín Mù de kuàidì.
　　这是林木的快递。→ ＿＿＿＿＿＿＿＿＿

(5) A　Nà shì shéi de diànnǎo?
　　那是谁的电脑？
　B　Nà shì Dàwèi de diànnǎo.
　　那是大卫的电脑。→ ＿＿＿＿＿＿＿＿＿

회화 연습

실제에 근거해 질문에 답해 봅시다.

(1) 　Nǐ xǐhuan hē kělè háishi kāfēi?
　　你喜欢喝可乐还是咖啡？

(2) 　Nǐ yǒu jiějie háishi mèimei?　Yǒu gēge háishi dìdi?
　　你有姐姐还是妹妹？有哥哥还是弟弟？

　　　　　　Nǐ xǐhuan chī hànbǎo ma? Xǐhuan là de háishi bú là de?
(3) 你喜欢吃汉堡吗？喜欢辣的还是不辣的？

　　　　　　Nǐ xǐhuan huángsè de shāfā háishi báisè de shāfā?
(4) 你喜欢黄色的沙发还是白色的沙发？

　　　　　　Nǐ xǐhuan chuān dàyī ma? Xǐhuan báisè de háishi hēisè de?
(5) 你喜欢穿大衣吗？喜欢白色的还是黑色的？

　　　　　　Nǐ xǐhuan shuā kǎ háishi fù xiànjīn?
(6) 你喜欢刷卡还是付现金？

付 fù 동 지불하다

활동

가족과 함께 식당에 갔다고 가정하고, 보기의 단어를 활용해 종업원과의 대화를 완성해 봅시다.

보기

miàntiáor	mǐfàn	jiǎozi	yángròu	niúròu	hànbǎo	bǐsàbǐng	dà	xiǎo	wǎn	là
面条儿	米饭	饺子	羊肉	牛肉	汉堡	比萨饼	大	小	碗	辣

bú là	kāfēi	kělè	dòujiāng	niúnǎi	shuǐ	bēi	píng	rè	liáng	tián	xián
不辣	咖啡	可乐	豆浆	牛奶	水	杯	瓶	热	凉	甜	咸

牛奶 niúnǎi 명 우유

Fúwùyuán　Nín hǎo,
服务员　　您好，_____？

Wǒ
我　　　_____

Fúwùyuán　Nín yào
服务员　　您要_____？

Wǒ
我　　　_____

Fúwùyuán
服务员　　_____

Wǒ
我　　　_____

　　　　　Zài yào
　　　　　再要_____。

Fúwùyuán
服务员　　_____

Wǒ
我　　　_____

Fúwùyuán　Yígòng
服务员　　一共_____，_____？

Wǒ
我　　　_____

21 苹果多少钱一斤?
Píngguǒ duōshao qián yì jīn?

사과 한 근에 얼마인가요?

단어 연습

1 단어-한어병음-의미를 연결한 후, 큰 소리로 읽어 봅시다.

西红柿 •	• gūniang	• 아가씨
钱 •	• xīhóngshì	• 사과
姑娘 •	• cǎoméi	• 토마토
草莓 •	• qián	• 돈
苹果 •	• gūmā	• 고모
姑妈 •	• píngguǒ	• 딸기

2 빈칸에 알맞은 보기를 고른 후, 큰 소리로 읽어 봅시다.

보기: A 件 jiàn   B 斤 jīn   C 碗 wǎn   D 个 gè   E 盒 hé   F 瓶 píng

(1) 一____咖啡 커피 한 상자 *yì kāfēi*
(2) 两____大衣 외투 두 벌 *liǎng dàyī*
(3) 三____水 물 세 병 *sān shuǐ*
(4) 四____饺子 쟈오즈 네 근 *sì jiǎozi*
(5) 五____面条儿 국수 다섯 그릇 *wǔ miàntiáor*
(6) 六____手机 휴대전화 여섯 개 *liù shǒujī*

어법 연습

1 '多少钱' '什么' '哪(儿)' '怎么样'을 활용해 질문을 만들어 봅시다.

(1) _____ 她叫王方方。 *Tā jiào Wáng Fāngfāng.*

(2) _____ 这条蓝色的裙子很好看。 *Zhè tiáo lánsè de qúnzi hěn hǎokàn.*

(3) _____ 大卫是法国人。 *Dàwèi shì Fǎguórén.*

(4) _____ 草莓十八块钱一盒。 *Cǎoméi shíbā kuài qián yì hé.*

(5) _____ 书在桌子上。 *Shū zài zhuōzi shang.*

(6) _____ 面条儿一碗十五块。 *Miàntiáor yì wǎn shíwǔ kuài.*

2 한국어 문장을 중국어로 바꿔 쓴 후, 큰 소리로 읽어 봅시다.

(1) 콩국 한 컵에 얼마인가요? → _____

(2) 당신은 왜 그녀를 '姑妈'라고 부르나요? → _____

(3) A 모두 10.5콰이입니다. → _____

　　 B 돈 여기 있습니다. _____

　　 A 고맙습니다. _____

(4) 저는 사과 반 근과 딸기 두 팩을 원합니다. → _____

(5) A 토마토 한 근에 얼마인가요? → _____

　　 B 4콰이입니다. _____

(6) 반 근에 10콰이입니다. → _____

회화 연습

그림을 보고 대화를 완성해 봅시다.

(1) A Píngguǒ duōshao qián yì jīn?
　　 苹果多少钱一斤?

　　 B _____

　　 A _____

　　 B Shí'èr.
　　 十二。

(2) A _____

　　 B Wǒ yào yì jīn xīhóngshì,
　　 我要一斤西红柿，_____。

　　 A _____

　　 B Xièxie.
　　 谢谢。

(3) A Nín yào shénme?
　　 您要什么?

　　 B Wǒ yào yì bēi dòujiāng. Duōshao qián yì bēi?
　　 我要一杯豆浆。多少钱一杯?

　　 A _____

　　 B Zài yào
　　 再要_____。

> Yígòng
A 一共_____。_____?

> Xiànjīn.
B 现金。

(4) A _____

> Liù kuài qián yì jīn.
B 六块钱一斤。

> Xīhóngshì yì jīn duōshao qián?
A 西红柿一斤多少钱?

B _____

> Cǎoméi duōshao qián yì hé?
A 草莓多少钱一盒?

B _____

쓰기 연습

차이점에 유의하며 간체자를 써 봅시다.

口									
kǒu	丨 冂 口								

名									
míng	丿 ク 夕 夕 名 名								

多									
duō	丿 ク 夕 夕 多 多								

22 香蕉怎么卖?
Xiāngjiāo zěnme mài?
바나나는 어떻게 팔아요?

단어 연습

1 음식과 관련된 단어를 아는 대로 다 써 봅시다.

(1) 과일 _____ _____ _____ _____

(2) 간식 _____ _____ _____ _____

(3) 음료 _____ _____ _____ _____

(4) 기타 _____ _____ _____ _____

2 빈칸에 알맞은 보기를 고른 후, 큰 소리로 읽어 봅시다.

| 보기 | A 盒 (hé) | B 碗 (wǎn) | C 公斤 (gōngjīn) | D 听 (tīng) | E 斤 (jīn) | F 杯 (bēi) |

(1) 一_____米饭 밥 한 그릇 (yì / mǐfàn)

(2) 两_____苹果 사과 2킬로그램 (liǎng / píngguǒ)

(3) 三_____草莓 딸기 세 팩 (sān / cǎoméi)

(4) 四_____可乐 콜라 네 캔 (sì / kělè)

(5) 五_____豆浆 콩국 다섯 컵 (wǔ / dòujiāng)

(6) 六_____西红柿 토마토 여섯 근 (liù / xīhóngshì)

听 tīng 명 캔

어법 연습

1 그림을 보고 가격을 묻고 답하는 대화를 완성해 봅시다.

(1) A _____

B _____

草莓 12元/斤

(2) A _____

B _____

苹果 6.5元/斤

(3) A _____
    B _____

香蕉 4.5元/斤

(4) A _____
    B _____

牛奶 10元/盒

(5) A _____
    B _____

面条儿 12元/碗

(6) A _____
    B _____

咖啡 18元/杯

2 제시된 금액을 읽고 한어병음을 써 봅시다.

(1) ￥32 _____ (2) ￥201 _____

(3) ￥4.5 _____ (4) ￥10.2 _____

(5) ￥5.06 _____ (6) ￥8.81 _____

회화 연습

괄호 안의 표현을 활용해 대화를 완성해 봅시다.

(1) A _____

　　　Píngguǒ wǔ kuài qián yì jīn.
    B 苹果五块钱一斤。

                                                    ne
    A _____（呢）

　　　Cǎoméi shí kuài qián yì jīn.
    B 草莓十块钱一斤。

66

(2) A　Wǒ yào liǎng jīn píngguǒ、yì jīn cǎoméi.
　　　我要两斤苹果、一斤草莓。

　　B　Gěi nín.　　　　　　　　　　　　　èrshí yuán
　　　给您。_____（20元）

　　A　_____

(3) A　Xiāngjiāo zěnme mài?
　　　香蕉怎么卖?

　　B　　　　　　　　　　　　　　　　　èrdiǎnwǔ yuán
　　　_____（2.5元）

　　A　Xīhóngshì duōshao qián yì jīn?
　　　西红柿多少钱一斤?

　　B　　　　　　　　　　　　　　　　　sìdiǎnwǔ yuán
　　　_____（4.5元）

(4) A　_____

　　B　Xiāngjiāo liǎng kuài wǔ yì jīn.
　　　香蕉两块五一斤。

　　A　_____

　　B　Yígòng shí kuài qián.
　　　一共十块钱。

활 동

중국 인터넷 상점에 접속해 아래 상품의 가격을 적어 봅시다.

23 Yínháng zěnme zǒu?
银行怎么走?
은행에는 어떻게 가나요?

단어 연습

1 단어–한어병음–의미를 연결한 후, 큰 소리로 읽어 봅시다.

(1) 银行 · · huǒchēzhàn · · 기차역
　　火车站 · · yínháng · · 은행
　　路口 · · yóujú · · 영화관
　　邮局 · · diànyǐngyuàn · · 갈림길, 길목
　　电影院 · · lùkǒu · · 우체국

(2) 北 · · qián · · 뒤
　　右 · · běi · · 앞
　　前 · · zuǒ · · 왼쪽
　　左 · · hòu · · 오른쪽
　　后 · · yòu · · 북쪽

2 빈칸에 알맞은 보기를 고른 후, 큰 소리로 문장을 읽어 봅시다.

| 보기 | A 一直 yìzhí | B 往 wǎng | C 前 qián | D 拐 guǎi | E 第 dì | F 走 zǒu |

(1) ＿＿＿往前走，那个白色的大楼就是。 앞으로 쭉 가면 있는 바로 저 흰색 큰 건물입니다.
　　wǎng qián zǒu, nàge báisè de dà lóu jiù shì.

(2) 第二个路口右＿＿＿，邮局在银行旁边。 두 번째 갈림길에서 오른쪽으로 돌면 우체국이 은행 옆에 있습니다.
　　Dì-èr ge lùkǒu yòu___, yóujú zài yínháng pángbiān.

(3) 一直往北＿＿＿，＿＿＿一个路口左＿＿＿。 북쪽으로 쭉 가다가 첫 번째 갈림길에서 왼쪽으로 도세요.
　　Yìzhí wǎng běi___, ___ yī ge lùkǒu zuǒ___.

(4) 往＿＿＿走，第一个路口右拐。 앞으로 쭉 가다가 첫 번째 갈림길에서 오른쪽으로 도세요.
　　Wǎng ___ zǒu, dì-yī ge lùkǒu yòu guǎi.

(5) 第一个路口右拐，＿＿＿往北走。 첫 번째 갈림길에서 우회전해 북쪽으로 쭉 가세요.
　　Dì-yī ge lùkǒu yòu guǎi, ___ wǎng běi zǒu.

(6) 一直＿＿＿北走，红色的大楼就是。 북쪽으로 쭉 가면 있는 빨간색 큰 건물입니다.
　　Yìzhí ___ běi zǒu, hóngsè de dà lóu jiù shì.

어법 연습

1 그림을 보고 제시된 표현을 활용해 문장을 써 봅시다.

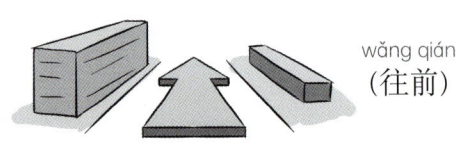
wǎng qián
(往前)

jiù
(就)

(1) ＿＿＿＿＿＿＿＿＿＿＿＿＿＿

(2) ＿＿＿＿＿＿＿＿＿＿＿＿＿＿

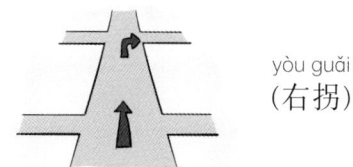
yòu guǎi
(右拐)

zài　　pángbiān
(在……旁边)

(3) _____

(4) _____

zěnme zǒu
(怎么走)

wǎng běi
(往北)

(5) _____

(6) _____

2 한국어 문장을 중국어로 바꿔 쓴 후, 큰 소리로 읽어 봅시다.

(1) 앞으로 쭉 가면 있는 바로 그 예쁜 큰 건물입니다.

→ _____

(2) 기차역에는 어떻게 가나요?

→ _____

(3) 영화관은 바로 은행 옆에 있습니다.

→ _____

(4) 북쪽으로 쭉 가다가 첫 번째 갈림길에서 왼쪽으로 도세요.

→ _____

(5) 앞으로 쭉 가면 우체국이 바로 은행 옆에 있습니다.

→ _____

(6) 두 번째 갈림길에서 오른쪽으로 돈 다음 앞으로 쭉 가세요.

→ _____

회화 연습

그림을 보고 대화를 완성해 봅시다.

(1) A Qǐngwèn, yínháng zěnme zǒu?
   请问，银行怎么走？

   B _____

(2) A _____ （邮局）
                                        yóujú

   B Yìzhí wǎng qián zǒu, nàge huīsè de lóu jiù shì.
      一直往前走，那个灰色的楼就是。

(3) A Qǐngwèn, diànyǐngyuàn zěnme zǒu?
   请问，电影院怎么走？

   B _____

(4) A Qǐngwèn, huǒchēzhàn zěnme zǒu?
   请问，火车站怎么走？

   B _____

쓰기 연습

차이점에 유의하며 간체자를 써 봅시다.

很	
hěn	㇒㇒亻彳彳彳彳彳彳很很很

行	
xíng	㇒㇒亻彳彳行

往	
wǎng	㇒㇒亻彳彳彳往往

24 那个白色的大楼就是。

Nàge báisè de dà lóu jiù shì.

바로 저 흰색 큰 건물입니다.

단어 연습

1 한국어 의미에 해당하는 중국어 단어를 써 봅시다.

(1) 병원 _____ (2) 슈퍼마켓 _____

(3) 상점 _____ (4) 식당 _____

(5) 학교 _____ (6) 지하철역 _____

2 단어 위에 한어병음을 쓰고 반의어와 연결한 후, 큰 소리로 읽어 봅시다.

左 ・　　　　　　　　・下

上 ・　　　　　　　　・右

右边・　　　　　　　　・北

前面・　　　　　　　　・西

南 ・　　　　　　　　・左边

东 ・　　　　　　　　・后面

어법 연습

1 괄호 안 단어의 알맞은 위치를 찾아 봅시다.

(1) 一直 A 往 B 走，第一个路口 C 左拐。（前）
   Yìzhí wǎng zǒu, dì-yī ge lùkǒu zuǒ guǎi. qián

(2) 请问，A 地铁站 B 走 C？（怎么）
   Qǐngwèn, dìtiězhàn zǒu zěnme

(3) 那个 A 漂亮的 B 大楼 C 是。（就）
   Nàge piàoliang de dà lóu shì jiù

(4) A 往东走 B，C 在学校旁边。（一直）
   wǎng dōng zǒu zài xuéxiào pángbiān. yìzhí

(5) 一直 A 南 B 走，C 第二个路口右拐。（往）
   Yìzhí nán zǒu, dì-èr ge lùkǒu yòu guǎi. wǎng

(6) 一直往 A 前走，B 一个 C 路口左拐。（第）
   Yìzhí wǎng qián zǒu, yī ge lùkǒu zuǒ guǎi. dì

2 한국어 문장을 중국어로 바꿔 쓴 후, 큰 소리로 읽어 봅시다.

(1) 북쪽으로 쭉 가면 상점이 학교 옆에 있습니다.

→ _____

(2) 말씀 좀 묻겠습니다. 병원에는 어떻게 가나요?

→ _____

(3) 서쪽으로 가다가 두 번째 갈림길에서 오른쪽으로 도세요. 지하철역이 바로 슈퍼마켓 뒤에 있습니다.

→ _____

(4) 첫 번째 갈림길에서 왼쪽으로 돈 다음 남쪽으로 가세요. 바로 그 높은 건물입니다.

→ _____

(5) 동쪽으로 가면 병원이 바로 슈퍼마켓 맞은편에 있습니다.

→ _____

(6) 남쪽으로 가다가 두 번째 갈림길에서 왼쪽으로 도세요. 식당이 바로 상점 앞에 있습니다.

→ _____

회화 연습

실제에 근거해 질문에 답해 봅시다.

(1) Yínháng zěnme zǒu?
银行怎么走?

(2) Shāngdiàn zěnme zǒu?
商店怎么走?

(3) Dìtiězhàn zěnme zǒu?
地铁站怎么走?

(4) Huǒchēzhàn zěnme zǒu?
火车站怎么走?

(5) Diànyǐngyuàn zěnme zǒu?
电影院怎么走?

(6) Yīyuàn zěnme zǒu?
医院怎么走?

활 동

아래 대화 내용에 따라 약도를 그려 봅시다.

(1) A Qǐngwèn, xuéxiào zěnme zǒu?
请问，学校怎么走?

B Yìzhí wǎng qián zǒu, dì-èr ge lùkǒu zuǒ guǎi.
一直往前走，第二个路口左拐。

(2) A　Qǐngwèn, chāoshì zěnme zǒu?
请问，超市怎么走？

B　Yìzhí wǎng qián zǒu, dì-yī ge lùkǒu zuǒ guǎi.
一直往前走，第一个路口左拐。

(3) A　Qǐngwèn, diànyǐngyuàn zěnme zǒu?
请问，电影院怎么走？

B　Yìzhí wǎng qián zǒu, dì-èr ge lùkǒu yòu guǎi.
一直往前走，第二个路口右拐。

(4) A　Qǐngwèn, yóujú zěnme zǒu?
请问，邮局怎么走？

B　Yìzhí wǎng qián zǒu, nàge lǜsè de dà lóu jiù shì.
一直往前走，那个绿色的大楼就是。

(5) A　Qǐngwèn, huǒchēzhàn zěnme zǒu?
请问，火车站怎么走？

B　Yìzhí wǎng qián zǒu, dì-èr ge lùkǒu yòu guǎi, zài diànyǐngyuàn pángbiān.
一直往前走，第二个路口右拐，在电影院旁边。

(6) A　Qǐngwèn, yīyuàn zěnme zǒu?
请问，医院怎么走？

B　Yìzhí wǎng qián zǒu, zài yóujú duìmiàn.
一直往前走，在邮局对面。

25 我坐公共汽车上班。
Wǒ zuò gōnggòng qìchē shàng bān.
저는 버스를 타고 출근합니다.

단어 연습

1 단어-한어병음-의미를 연결한 후, 큰 소리로 읽어 봅시다.

同事	•	• dìtiě	•	• 버스
明天	•	• tóngshì	•	• 지하철
地铁	•	• gōnggòng qìchē	•	• 주말
公共汽车	•	• míngtiān	•	• 동료
自行车	•	• zhōumò	•	• 내일
周末	•	• zìxíngchē	•	• 자전거

2 한국어 의미에 해당하는 중국어 표현을 써 봅시다.

(1) 한 명의 동료　_____

(2) 운전하기를 좋아한다　_____

(3) 지하철을 타다　_____

(4) 버스를 타다　_____

(5) 자전거를 타다　_____

(6) 길을 걷다　_____

어법 연습

1 '怎么'를 활용해 질문을 만들어 봅시다.

(1) _____
我坐地铁上班。
Wǒ zuò dìtiě shàng bān.

(2) _____
李先生开车上班。
Lǐ xiānsheng kāi chē shàng bān.

(3) _____
一直往前走，超市在邮局旁边。
Yìzhí wǎng qián zǒu, chāoshì zài yóujú pángbiān.

(4) _____
丁大夫骑自行车上班。
Dīng dàifu qí zìxíngchē shàng bān.

(5) _____
第二个路口右拐，那个白色的大楼就是银行。
Dì-èr ge lùkǒu yòu guǎi, nàge báisè de dà lóu jiù shì yínháng.

(6) ＿＿＿＿＿＿＿＿＿＿＿＿＿＿＿＿＿＿

Píngguǒ wǔ kuài qián yì jīn.
苹果五块钱一斤。

2 두 개의 문장을 하나의 문장이 되도록 바꿔 쓴 후, 큰 소리로 읽어 봅시다.

Lín Mù shàng bān. Lín Mù zuò dìtiě.
(1) 林木上班。林木坐地铁。

→ ＿＿＿＿＿＿＿＿＿＿＿＿＿＿＿＿＿＿

Liú nǚshì shàng bān. Liú nǚshì zuò gōnggòng qìchē.
(2) 刘女士上班。刘女士坐公共汽车。

→ ＿＿＿＿＿＿＿＿＿＿＿＿＿＿＿＿＿＿

Wǒ shàng bān. Wǒ qí zìxíngchē.
(3) 我上班。我骑自行车。

→ ＿＿＿＿＿＿＿＿＿＿＿＿＿＿＿＿＿＿

Wáng xiǎojie shàng bān. Wáng xiǎojie bú zuò dìtiě.
(4) 王小姐上班。王小姐不坐地铁。

→ ＿＿＿＿＿＿＿＿＿＿＿＿＿＿＿＿＿＿

Tā shàng bān. Tā zǒu lù.
(5) 他上班。他走路。

→ ＿＿＿＿＿＿＿＿＿＿＿＿＿＿＿＿＿＿

Zhāng lǎoshī shàng bān. Zhāng lǎoshī bù qí zìxíngchē.
(6) 张老师上班。张老师不骑自行车。

→ ＿＿＿＿＿＿＿＿＿＿＿＿＿＿＿＿＿＿

회화 연습

그림을 보고 대화를 완성해 봅시다.

Tā zěnme shàng bān?
(1) A 她怎么上班?

B ＿＿＿＿＿＿＿＿＿＿＿＿＿＿＿＿＿＿

Tā zěnme shàng bān?
(2) A 他怎么上班?

B ＿＿＿＿＿＿＿＿＿＿＿＿＿＿＿＿＿＿

(3) A 　Tā zěnme shàng bān?
　　　 他怎么上班?

　　B _____

(4) A 　Tā zěnme shàng bān?
　　　 他怎么上班?

　　B _____

쓰기 연습

차이점에 유의하며 간체자를 써 봅시다.

个	
gè	ノ 人 个

会	
huì	ノ 人 ㅅ 仝 숲 会

坐	
zuò	ノ 人 ㅅ 人人 坐 坐 坐

26 姐姐怎么去机场?
Jiějie zěnme qù jīchǎng?

누나는 어떻게 공항에 가나요?

단어 연습

1 교통수단과 관련된 단어를 아는 대로 다 써 봅시다.

_____ _____ _____ _____

_____ _____ _____ _____

2 단어 위에 한어병음을 쓰고 동사와 목적어를 연결해 봅시다. 연결선은 단어마다 한 번씩만 주고받게 합니다.

骑 ·   · 篮球

坐 ·   · 电影

打 ·   · 自行车

看 ·   · 茶

听 ·   · 公共汽车

喝 ·   · 音乐

어법 연습

1 문장을 큰 소리로 읽고 동작의 방식에 밑줄 친 후, '怎么'를 활용해 묻는 문장을 써 봅시다.

(1) *Wáng xiǎojie zuò huǒchē qù Běijīng.*
王小姐坐火车去北京。

→ _____

(2) *Yéye zǒu lù qù chāoshì.*
爷爷走路去超市。

→ _____

(3) *Dàwèi dǎ chē qù jīchǎng.*
大卫打车去机场。

→ _____

(4) *Lín Mù pǎo bù qù gōngyuán.*
林木跑步去公园。

→ _____

(5) Liú Xiǎoshuāng zuò fēijī qù Shànghǎi.
刘小双坐飞机去上海。
→ _____

(6) Wáng Fāngfāng kāi chē qù xuéxiào.
王方方开车去学校。
→ _____

2 제시된 낱말을 알맞게 배열해 문장을 완성한 후, 큰 소리로 읽어 봅시다.

(1) huǒchē Shànghǎi qù zuò wǒ
　　火车　　上海　　去　坐　我
→ _____

(2) chūzūchē Dàwèi yínháng qù zuò
　　出租车　　大卫　　银行　　去　坐
→ _____

(3) zuò Měiguó Lín Mù qù fēijī
　　坐　　美国　　林木　　去　飞机
→ _____

(4) qù dǎ chē Yú xiǎojie chāoshì
　　去　打车　　于小姐　　超市
→ _____

(5) jīchǎng zuò dìtiě Liú lǎoshī qù
　　机场　　坐　地铁　　刘老师　　去
→ _____

(6) qù gōngyuán pǎo bù gēge
　　去　公园　　跑步　　哥哥
→ _____

회화 연습

괄호 안의 단어를 활용해 대화를 완성해 봅시다.

(1) A Zhāng xiānsheng zěnme qù jīchǎng?
　　　张先生怎么去机场?

　　B _____ （kāi chē 开车）

(2) A Mǎ jīnglǐ zěnme qù gōngsī?
马经理怎么去公司?

B _____ gōnggòng qìchē
（公共汽车）

(3) A Lǐ nǚshì zěnme qù huǒchēzhàn?
李女士怎么去火车站?

B _____ dìtiě
（地铁）

(4) A Jiějie zěnme qù diànyǐngyuàn?
姐姐怎么去电影院?

B _____ dǎ chē
（打车）

(5) A Nǎinai zěnme qù gōngyuán?
奶奶怎么去公园?

B _____ zǒu lù
（走路）

(6) A Gēge zěnme qù Shànghǎi?
哥哥怎么去上海?

B _____ fēijī
（飞机）

활 동

평상시 자신이 집에서 제시된 장소까지 어떻게 가는지 적고, 문장을 써 봅시다.

장소	가는 방법·수단	문장
学校		
银行		
公园		
机场		
商店		

27 Wǒ qù Āijí lǚyóu le.
我去埃及旅游了。
저는 이집트에 여행을 갔습니다.

단어 연습

1 단어–한어병음–의미를 연결한 후, 큰 소리로 읽어 봅시다.

玩儿 ·	· mǎi	· ~와[과]
买 ·	· wánr	· 돌아오다
旅游 ·	· huílai	· 이렇게
回来 ·	· hé	· 여행하다
和 ·	· zhème	· 사다
这么 ·	· lǚyóu	· 놀다

2 은행, 공원 등 공공장소를 나타내는 단어를 아는 대로 다 써 봅시다.

_____ _____ _____ _____

_____ _____ _____ _____

어법 연습

1 '了'의 알맞은 위치를 찾아 써 넣어 봅시다.

(1) Tā qù　　tǐyùguǎn　　jiànshēn
　　他去____体育馆____健身____。

(2) Zhōumò　　Dàwèi qù　　Shànghǎi lǚyóu
　　周末____大卫去____上海旅游____。

(3) Zhōumò Wáng Fāngfāng qù　　jùyuàn kàn　　jīngjù
　　周末王方方去____剧院看____京剧____。

(4) Tāmen qù fànguǎnr　　chī　　zhōngguócài
　　他们去饭馆儿____吃____中国菜____。

(5) Gēge qù　　xuéxiào　　kàn shū
　　哥哥去____学校____看书____。

(6) Zhōumò　　Lín Mù qù　　gōngsī shàng bān
　　周末____林木去____公司上班____。

2 '了'를 활용해 그림을 표현하는 연동문을 써 봅시다.

(1) _____

(2) _____

(3) _____   (4) _____

(5) _____   (6) _____

3 제시된 낱말을 알맞게 배열해 문장을 완성한 후, 큰 소리로 읽어 봅시다.

(1) Yíhé Yuán　wánr　qù　wǒ　le
颐和园　玩儿　去　我　了
→ _____

(2) Běijīng　le　Dàwèi　lǚyóu　qù
北京　了　大卫　旅游　去
→ _____

(3) gēge　tǐyùguǎn　le　pǎo bù　qù
哥哥　体育馆　了　跑步　去
→ _____

(4) jiějie　nánpéngyou　le　yuēhuì　hé　gōngyuán　qù
姐姐　男朋友　了　约会　和　公园　去
→ _____

(5) mǎi　shāngdiàn　māma　qù　yīfu　le
买　商店　妈妈　去　衣服　了
→ _____

(6) kàn　Wáng Fāngfāng　Liú Dàshuāng　qù　hé　diànyǐng　diànyǐngyuàn　le
看　王方方　刘大双　去　和　电影　电影院　了
→ _____

회화 연습

괄호 안의 단어를 활용해 대화를 완성해 봅시다.

(1) A　Xīngqīyī nǐ zuò shénme le?
　　星期一你做什么了?

B _____ (体育馆)
tǐyùguǎn

(2) A 星期二你做什么了?
Xīngqī'èr nǐ zuò shénme le?

B _____ (剧院)
jùyuàn

(3) A 星期三你做什么了?
Xīngqīsān nǐ zuò shénme le?

B _____ (公园)
gōngyuán

(4) A 王经理星期六做什么了?
Wáng jīnglǐ Xīngqīliù zuò shénme le?

B _____ (公司)
gōngsī

(5) A 星期天你做什么了?
Xīngqītiān nǐ zuò shénme le?

B _____ (超市)
chāoshì

(6) A 周末他做什么了?
Zhōumò tā zuò shénme le?

B _____ (上海)
Shànghǎi

쓰기 연습

차이점에 유의하며 간체자를 써 봅시다.

头								
tóu	丶 丷 三 头 头							

买								
mǎi	乛 ⺜ ヱ 丞 买 买							

卖								
mài	一 十 丰 韦 韦 走 卖 卖							

28 昨天你做什么了?
Zuótiān nǐ zuò shénme le?

어제 무엇을 했나요?

단어 연습

1 단어-한어병음-의미를 연결한 후, 큰 소리로 읽어 봅시다.

前天 ·　　　　· zuótiān ·　　　　· 주말

昨天 ·　　　　· qiántiān ·　　　　· 올해, 금년

今天 ·　　　　· míngtiān ·　　　　· 내일

明天 ·　　　　· jīntiān ·　　　　· 어제

周末 ·　　　　· jīnnián ·　　　　· 오늘

今年 ·　　　　· zhōumò ·　　　　· 그저께

2 중국의 도시와 유명 관광지 이름을 아는 대로 다 써 봅시다.

_____　_____　_____　_____

_____　_____　_____　_____

어법 연습

1 문장을 큰 소리로 읽은 후, 동사를 찾아 밑줄 쳐 봅시다.

(1) Wáng lǎoshī zuótiān qù xuéxiào shàng bān le.
王老师昨天去学校上班了。

(2) Zuótiān wǒmen qù fànguǎnr chī bǐsàbǐng le.
昨天我们去饭馆儿吃比萨饼了。

(3) Qiántiān wǒ hé gēge qù gōngyuán pǎo bù le.
前天我和哥哥去公园跑步了。

(4) Jīntiān Liú Dàshuāng qù tǐyùguǎn dǎ lánqiú le.
今天刘大双去体育馆打篮球了。

(5) Zhōumò wǒ hé nánpéngyou qù jùyuàn kàn jīngjù le.
周末我和男朋友去剧院看京剧了。

(6) Míngtiān wǒ dǎsuàn qù Shànghǎi lǚyóu.
明天我打算去上海旅游。

2 두 개의 문장을 하나의 문장이 되도록 바꿔 쓴 후, 큰 소리로 읽어 봅시다.

(1) Zuótiān wǒ qù chāoshì le. Zuótiān wǒ mǎi dōngxi le.
昨天我去超市了。昨天我买东西了。

→ _____

(2) Tóngxuémen qiántiān qù Chángchéng le. Tóngxuémen qiántiān qù wánr le.
同学们前天去长城了。同学们前天去玩儿了。
→ _____

(3) Xīngqītiān Dàwèi qù tǐyùguǎn le. Xīngqītiān Dàwèi qù yóuyǒng le.
星期天大卫去体育馆了。星期天大卫去游泳了。
→ _____

(4) Zhōumò Lín Mù shàng wǎng le. Zhōumò Lín Mù xiě wēibó le.
周末林木上网了。周末林木写微博了。
→ _____

(5) Èr líng yī wǔ nián Ālǐ qù Zhōngguó le. Èr líng yī wǔ nián Ālǐ xué Hànyǔ le.
2015年阿里去中国了。2015年阿里学汉语了。
→ _____

(6) Èr líng yī yī nián Bāyuè Liú Dàshuāng qù Nánfēi le. Èr líng yī yī nián Bāyuè Liú Dàshuāng qù lǚyóu le.
2011年8月刘大双去南非了。2011年8月刘大双去旅游了。
→ _____

회화 연습

그림을 보고, 괄호 안의 단어를 활용해 대화를 완성해 봅시다.

(1) A Nǐ Xīngqītiān zuò shénme le?
你星期天做什么了?

B _____ diànyǐngyuàn
（电影院）

(2) A Nǐ zuótiān zuò shénme le?
你昨天做什么了?

B _____ shāngdiàn
（商店）

(3) A Nǐ èr líng yī sì nián Bāyuè zuò shénme le?
你2014年8月做什么了?

B _____ Běijīng
（北京）

(4) A 你今年圣诞节打算做什么?
   Nǐ jīnnián Shèngdàn Jié dǎsuàn zuò shénme?

   B _____（法国）
                                              Fǎguó

활 동

일요일에 주로 어디 가서 무엇을 하는지 표에 적고, 문장을 써 봅시다.

	(1)	(2)	(3)	(4)	(5)	(6)
가는 곳						
하는 일						

(1) 문장 _____

(2) 문장 _____

(3) 문장 _____

(4) 문장 _____

(5) 문장 _____

(6) 문장 _____

29 早上六点半出发，怎么样?
Zǎoshang liù diǎn bàn chūfā, zěnmeyàng?

아침 여섯 시 반에 출발하면 어떤가요?

단어 연습

1 그림에 표현된 시간을 중국어로 써 봅시다.

(1) _____ (2) _____ (3) _____

(4) _____ (5) _____ (6) _____

2 빈칸에 알맞은 보기를 고른 후, 큰 소리로 문장을 읽어 봅시다.

| 보기 | A 吧 (ba) | B 呢 (ne) | C 啊 (a) | D 吗 (ma) |

(1) A 周末我们去看京剧_____。 주말에 우리 경극 보러 갑시다.
      Zhōumò wǒmen qù kàn jīngjù

   B 好_____。 좋아요.
    Hǎo

(2) 我叫王方方。你_____? 저는 왕팡팡이라고 합니다. 당신은요?
   Wǒ jiào Wáng Fāngfāng. Nǐ

(3) 这是你的手机_____? 이것은 당신의 휴대전화입니까?
   Zhè shì nǐ de shǒujī

(4) A 草莓多少钱一斤? 딸기는 한 근에 얼마인가요?
    Cǎoméi duōshao qián yì jīn?

   B 十块钱一斤。 한 근에 10콰이입니다.
    Shí kuài qián yì jīn.

   A 苹果_____? 사과는요?
    Píngguǒ

(5) 明天早上我们五点出发_____。 내일 아침에 우리 다섯 시에 출발합시다.
   Míngtiān zǎoshang wǒmen wǔ diǎn chūfā

(6) 钥匙在沙发上_____? 열쇠가 소파 위에 있나요?
   Yàoshi zài shāfā shang

어법 연습

1 괄호 안 단어의 알맞은 위치를 찾은 후, 큰 소리로 문장을 읽어 봅시다.

(1) A 我们去 B 颐和园吧 C。(明天)
   wǒmen qù   Yíhé Yuán ba   míngtiān

(2) 我们 A 去 B 商店买东西吧 C。(星期天)
   Wǒmen   qù   shāngdiàn mǎi dōngxi ba   Xīngqītiān

(3) A 我们去体育馆 B 健身吧 C。(周末)
   wǒmen qù tǐyùguǎn   jiànshēn ba   zhōumò

(4) 我们 A 出发 B, C 怎么样？(下午两点)
   Wǒmen   chūfā   zěnmeyàng? xiàwǔ liǎng diǎn

(5) A 晚上 B 我们去看电影，C 怎么样？(星期六)
   wǎnshang   wǒmen qù kàn diànyǐng,   zěnmeyàng?   Xīngqīliù

(6) A 后天 B 早上 C 公园见。(7点半)
   hòutiān   zǎoshang   gōngyuán jiàn.   qī diǎn bàn

后天 hòutiān 명 모레

2 한국어 문장을 중국어로 바꿔 쓴 후, 큰 소리로 읽어 봅시다.

(1) 내일 우리 영화 보러 갑시다. → _____

(2) A 모레 우리 체육관에 수영하러 갑시다. → _____

   B 좋아요. _____

(3) A 우리 몇 시에 출발할까요? → _____

   B 오후 두 시는 어떤가요? _____

(4) 모레 우리 옷 사러 가면 어떤가요? → _____

(5) 저는 토요일에 일이 있어요. 일요일은 어떤가요? → _____

(6) 금요일 저녁 일곱 시 반에 영화관에서 만나요. → _____

회화 연습

그림을 보고, 괄호 안의 단어를 활용해 대화를 완성해 봅시다.

(1) A _____ (周末)
                                 zhōumò

   B 好啊! 几点去?
     Hǎo a! Jǐ diǎn qù?

   A _____ (早上)
                                 zǎoshang

   B 没问题。
     Méi wèntí.

(2) A _____

　　B 好啊！几点去？
　　　Hǎo a! Jǐ diǎn qù?

　　A _____（下午）
　　　　　　　　　　　　　　　　　xiàwǔ

　　B 好吧。
　　　Hǎo ba.

(3) A _____

　　B 好啊！几点出发？
　　　Hǎo a! Jǐ diǎn chūfā?

　　A _____（下午）
　　　　　　　　　　　　　　　　　xiàwǔ

　　B 好啊！
　　　Hǎo a!

(4) A 明天我们去看电影吧。
　　　Míngtiān wǒmen qù kàn diànyǐng ba.

　　B _____！_____？

　　A 晚上八点十分，怎么样？
　　　Wǎnshang bā diǎn shí fēn, zěnmeyàng?

　　B _____

쓰기 연습

차이점에 유의하며 간체자를 써 봅시다.

门	
mén	`丶 亠 门`

问	
wèn	`丶 亠 门 冂 问 问`

们	
men	`丿 亻 亻 们 们`

88

30

Xīngqīrì xiàwǔ wǒmen qù dǎ lánqiú ba.
星期日下午我们去打篮球吧。
일요일 오후에 우리 농구하러 갑시다.

단어 연습

1 단어-한어병음-의미를 연결한 후, 큰 소리로 읽어 봅시다.

早上 ·　　　　　· shàngwǔ ·　　　　　· 오전

上午 ·　　　　　· zhōngwǔ ·　　　　　· 정오, 한낮

中午 ·　　　　　· zǎoshang ·　　　　　· 오후

下午 ·　　　　　· wǎnshang ·　　　　　· 저녁

晚上 ·　　　　　· xiàwǔ ·　　　　　· 아침

2 그림에 표현된 시간을 중국어로 써 봅시다.

(1) _____ (2) _____ (3) _____

(4) _____ (5) _____ (6) _____

어법 연습

1 밑줄 친 부분에 대해 묻는 문장을 써 봅시다.

(1) Zhōumò wǒmen qù tī zúqiú.
　　周末我们去踢足球。→ _____

(2) Wǒmen Xīngqīliù zǎoshang bā diǎn chūfā.
　　我们星期六早上八点出发。→ _____

(3) Zhège báisè de shǒujī hěn piàoliang.
　　这个白色的手机很漂亮。→ _____

(4) Xīngqīwǔ wǒmen zuò gōnggòng qìchē shàng bān.
　　星期五我们坐公共汽车上班。→ _____

(5) Wǒ qù Déguó lǚyóu le.
　　我去德国旅游了。→ _____

(6) Wǒ de yàoshi zài diànnǎo pángbiān.
我的钥匙在电脑旁边。→ _____

2 제시된 낱말을 알맞게 배열해 문장을 완성한 후, 큰 소리로 읽어 봅시다.

(1) zúqiú 足球 xiàwǔ 下午 Xīngqīrì 星期日 wǒmen 我们 ba 吧 qù tī 去踢
→ _____

(2) wǎnshang 晚上 yīnyuèhuì 音乐会 wǒmen 我们 qù tīng 去听 ba 吧 hòutiān 后天
→ _____

(3) Xīngqīliù 星期六 wǒmen 我们 qù tiào wǔ 去跳舞 xiàwǔ 下午 ba 吧
→ _____

(4) shàngwǔ 上午 Xīngqīrì 星期日 wǒmen 我们 ba 吧 qù xué 去学 Hànyǔ 汉语
→ _____

(5) bǐsàbǐng 比萨饼 zhōngwǔ 中午 wǒmen 我们 qù chī 去吃 ba 吧 míngtiān 明天
→ _____

(6) zǎoshang 早上 hòutiān 后天 ba 吧 tàijíquán 太极拳 wǒmen 我们 qù dǎ 去打
→ _____

회화 연습

그림을 보고, 괄호 안의 단어를 활용해 대화를 완성해 봅시다.

(1) A Míngtiān zǎoshang wǒmen zuò shénme?
明天早上我们做什么?

B _____ gōngyuán （公园）

A Hǎo a! Jǐ diǎn qù?
好啊! 几点去?

B _____

A Méi wèntí.
没问题。_____

(2) A   Xīngqīliù shàngwǔ wǒmen zuò shénme?
　　　　星期六上午我们做什么?

    B   _____ （体育馆 tǐyùguǎn）

    A   Hǎo a! Jǐ diǎn qù?
　　　　好啊! 几点去?

    B   _____

    A   Méi wèntí.
　　　　没问题。_____

(3) A   Xīngqīyī xiàwǔ wǒmen zuò shénme?
　　　　星期一下午我们做什么?

    B   _____ （学校 xuéxiào）

    A   Hǎo a! Jǐ diǎn qù?
　　　　好啊! 几点去?

    B   _____

    A   Méi wèntí.
　　　　没问题。_____

(4) A   Xīngqīrì wǎnshang wǒmen zuò shénme?
　　　　星期日晚上我们做什么?

    B   _____ （剧院 jùyuàn）

    A   Hǎo a! Jǐ diǎn qù?
　　　　好啊! 几点去?

    B   _____

    A   Méi wèntí.
　　　　没问题。_____

활 동

그림 속 인물과 함께 토요일을 보낸다고 가정하고, 예와 같이 제안하는 문장을 말해 봅시다.

    Xīngqīliù wǒmen yìqǐ qù kàn diànyǐng, zěnmeyàng?
　　　　星期六天我们一起去看电影，怎么样?

一起 yìqǐ 뮌 같이, 함께

30 星期日下午我们去打篮球吧。   91

31 他个子很高。
Tā gèzi hěn gāo.

그는 키가 큽니다.

단어 연습

1 단어-한어병음-의미를 연결한 후, 큰 소리로 읽어 봅시다.

个子	·	· wèi	·	· 운동화
位	·	· yùndòngxié	·	· 키
运动鞋	·	· yǎnjing	·	· 여기, 이곳
这儿	·	· gèzi	·	· 머리카락
头发	·	· tóufa	·	· 눈
眼睛	·	· zhèr	·	· 분[사람을 세는 단위]

2 빈칸에 알맞은 보기를 고른 후, 큰 소리로 읽어 봅시다.

| 보기 | A 酷 kù | B 高 gāo | C 小 xiǎo | D 漂亮 piàoliang | E 短 duǎn | F 大 dà |

(1) _____ 个子 큰 키 (gèzi)

(2) _____ 眼睛 작은 눈 (yǎnjing)

(3) _____ 头发 짧은 머리 (tóufa)

(4) 衣服很_____ 옷이 멋지다 (yīfu hěn)

(5) 裙子不_____ 치마가 예쁘지 않다 (qúnzi bú)

(6) 牛仔裤很_____ 청바지가 짧다 (niúzǎikù hěn)

어법 연습

1 문장을 큰 소리로 읽은 후, 전체 문장의 주어와 술어부의 주어를 찾아 밑줄 쳐 봅시다.

(1) 丁山个子不高。
Dīng Shān gèzi bù gāo.

(2) 刘大双眼睛很大。
Liú Dàshuāng yǎnjing hěn dà.

(3) 张小姐头发很短。
Zhāng xiǎojie tóufa hěn duǎn.

(4) 李经理衣服很酷。
Lǐ jīnglǐ yīfu hěn kù.

(5) 我眼睛不舒服。
Wǒ yǎnjing bù shūfu.

(6) 这双鞋颜色不好看。
Zhè shuāng xié yánsè bù hǎokàn.

颜色 yánsè 명 색

2 제시된 낱말을 알맞게 배열해 문장을 완성한 후, 큰 소리로 읽어 봅시다.

(1) 眼睛 不 他 大 → _____
yǎnjing bù tā dà

　　　　gāo　Dàwèi　gèzi　hěn
(2) 高　大卫　个子　很 → _____

　　　　tóufa　duǎn　hěn　Liú Xiǎoshuāng
(3) 头发　短　很　刘小双 → _____

　　　　shǒu　mèimei　xiǎo　hěn
(4) 手　妹妹　小　很 → _____

　　　　Wáng lǎoshī　jiā　hěn　shū　duō
(5) 王老师　家　很　书　多 → _____

　　　　yánsè　zhè tiáo　qúnzi　hǎokàn　bù
(6) 颜色　这条　裙子　好看　不 → _____

家 jiā 명 집

회화 연습

실제에 근거해 질문에 '주술술어문'으로 답해 봅시다.

　　Nǐ jiā fángzi dà ma?
(1) 你家房子大吗?

　　Nǐ bàba gōngzuò máng bu máng?
(2) 你爸爸工作忙不忙?

　　Nǐ māma yīfu duō ma?
(3) 你妈妈衣服多吗?

　　Nǐ xuéxí lèi bu lèi?
(4) 你学习累不累?

　　Nǐ yǎnjing dà bu dà?
(5) 你眼睛大不大?

　　Nǐ gèzi gāo bu gāo?
(6) 你个子高不高?

房子 fángzi 명 집, 건물 ｜ 学习 xuéxí 동 공부하다, 배우다

쓰기 연습

차이점에 유의하며 간체자를 써 봅시다.

位	
wèi	ノ 亻 亻 亻 位 位 位

件	
jiàn	ノ 亻 亻 亻 件 件

作	
zuò	ノ 亻 亻 亻 作 作 作

32 她身材不好。

Tā shēncái bù hǎo.

그녀는 몸매가 좋지 않습니다.

단어 연습

1 단어 위에 한어병음을 쓰고 반의어와 연결한 후, 큰 소리로 읽어 봅시다.

长·　　　　　　　　　　　·错

大·　　　　　　　　　　　·短

高·　　　　　　　　　　　·小

对·　　　　　　　　　　　·矮

对 duì 형 맞다, 옳다 | 错 cuò 형 틀리다

2 신체 부위를 나타내는 단어를 아는 대로 다 써 봅시다.

_____　　_____　　_____　　_____

_____　　_____　　_____　　_____

어법 연습

1 제시된 낱말을 활용해 그림 속 주인공을 묘사하는 문장을 써 봅시다.

(它　眼睛) tā yǎnjing

(它　鼻子) tā bízi

(1) _____

(2) _____

(它　嘴) tā zuǐ

(姐姐　身材) jiějie shēncái

(3) _____

(4) _____

(弟弟　个子)

(哥哥　头发)

(5) _____

(6) _____

它 tā 때 그것

2 한국어 문장을 중국어로 바꿔 쓴 후, 큰 소리로 읽어 봅시다.

(1) 그는 흰색 셔츠에 파란색 청바지를 입고 있습니다.
→ _____

(2) 우리 언니[누나]는 몸매가 좋습니다.
→ _____

(3) 당신은 머리가 길군요.
→ _____

(4) 상하이는 오늘 날씨가 좋지 않습니다.
→ _____

(5) 린무(林木)는 일이 고생스럽습니다.
→ _____

(6) 그 상점 물건은 비쌉니다.
→ _____

贵 guì 형 비싸다

회화 연습

그림 속 가족 구성원의 특징을 말로 최대한 표현해 본 후, 글로 써 봅시다.

예
Yéye tóufa hěn bái.
爷爷头发很白。

白 bái 형 희다

활 동

아래 글에 묘사된 인물을 그려 봅시다.

Zhè shì wǒ de gēge.　Tā chuān yí jiàn huīsè de chènyī、yì tiáo lánsè de niúzǎikù、yì shuāng báisè de yùndòngxié, tā yīfu hěn kù.
这是我的哥哥。他穿一件灰色的衬衣、一条蓝色的牛仔裤、一双白色的运动鞋，他衣服很酷。

Tā yǎnjing hěn xiǎo, bízi hěn gāo, zuǐ yǒudiǎnr dà.　　Tā gèzi hěn gāo, tuǐ hěn cháng, shēncái hěn hǎo. Tā shì yùndòngyuán.
他眼睛很小，鼻子很高，嘴有点儿大。他个子很高，腿很长，身材很好。他是运动员。

有点儿 yǒudiǎnr 부 조금, 약간

33 北京天气怎么样?

Běijīng tiānqì zěnmeyàng?

베이징은 날씨가 어떤가요?

단어 연습

1 단어–한어병음–의미를 연결한 후, 큰 소리로 읽어 봅시다.

天气 ·	· xiànzài ·	· 지금, 현재
现在 ·	· tiānqì ·	· 겨울
冬天 ·	· qìwēn ·	· 기온
阴天 ·	· líng xià ·	· 여름
气温 ·	· dōngtiān ·	· 날씨
零下 ·	· yīntiān ·	· 영하
夏天 ·	· xiàtiān ·	· 눈이 오다
有雪 ·	· yǒu xuě ·	· 흐린 날

2 그림에 표현된 온도를 중국어로 써 봅시다.

(1) 16℃ _____

(2) -8℃ _____

(3) 0℃ _____

(4) 最低 3℃ / 最高 9℃ _____

(5) 最低 -7℃ / 最高 0℃ _____

(6) 最低 -14℃ / 最高 -2℃ _____

低 dī 형 낮다

어법 연습

1 괄호 안의 표현을 활용해 질문에 답해 봅시다.

(1) Míngtiān xīngqī jǐ?
　　明天星期几?
　→ _____ （星期六）
　　　　　　　　　　　　　　　　　　　　　Xīngqīliù

(2) Jīntiān duōshao dù?
　　今天多少度?
　→ _____ （18度）
　　　　　　　　　　　　　　　　　　　　　shíbā dù

(3) Míngtiān Běijīng tiānqì zěnmeyàng? Shànghǎi ne?
　　明天北京天气怎么样? 上海呢?
　→ _____ （晴天　阴天）
　　　　　　　　　　　　　　　　　qíngtiān　yīntiān

(4) Xiànzài jǐ diǎn?
　　现在几点?
　→ _____ （下午三点半）
　　　　　　　　　　　　　　　　　　xiàwǔ sān diǎn bàn

(5) Zuótiān jǐ yuè jǐ hào, xīngqī jǐ?
　　昨天几月几号，星期几?
　→ _____ （5月30号　星期一）
　　　　　　　　　　　　　　　　Wǔyuè sānshí hào Xīngqīyī

(6) Jīntiān Xīní duōshao dù?
　　今天悉尼多少度?
　→ _____ （29度）
　　　　　　　　　　　　　　　　　　　èrshíjiǔ dù

2 한국어 문장을 중국어로 바꿔 쓴 후, 큰 소리로 읽어 봅시다.

(1) 오늘은 흐린 날입니다.

　→ _____

(2) 오늘은 영하 5도입니다.

　→ _____

(3) 상하이의 날씨는 어떤가요?

　→ _____

(4) 베이징은 지금 여름입니다.

　→ _____

(5) 시드니에는 내일 눈이 옵니다.

　→ _____

(6) 기온은 영하 10도에서 1도입니다.

→ _____

회화 연습

그림 속 날씨를 말로 표현해 본 후, 글로 써 봅시다.

(1) 上海 (Shànghǎi) _____

(2) 北京 (Běijīng) _____

(3) 悉尼 (Xīní) _____

(4) 西安 (Xī'ān) _____

西安 Xī'ān 고유 시안

쓰기 연습

차이점에 유의하며 간체자를 써 봅시다.

白	´ ⺁ ⺁ 白 白							
bái								

的	´ ⺁ ⺁ 白 白 白´ 的 的							
de								

自	´ ⺁ ⺁ 白 自 自							
zì								

33 北京天气怎么样?

34 莫斯科冬天常常下雪。

Mòsīkē dōngtiān chángcháng xià xuě.

모스크바는 겨울에 자주 눈이 옵니다.

단어 연습

1 단어–한어병음–의미를 연결한 후, 큰 소리로 읽어 봅시다.

刮风 ·　　　　· chūntiān ·　　　　· 봄

春天 ·　　　　· guā fēng ·　　　　· 바람이 불다

暖和 ·　　　　· chángcháng ·　　　　· 자주, 흔히

常常 ·　　　　· xià ·　　　　· (비, 눈 등이) 내리다

秋天 ·　　　　· nuǎnhuo ·　　　　· 가을

下 ·　　　　· qiūtiān ·　　　　· 따뜻하다

2 날씨를 나타내는 단어를 아는 대로 다 써 봅시다.

_____　_____　_____　_____

_____　_____　_____　_____

어법 연습

1 그림을 보고 날씨를 묘사하는 문장을 써 봅시다.

(1) 北京 _____

(2) 上海 _____

(3) 悉尼 _____

(4) 曼谷 _____

(5) 莫斯科 Mòsīkē

(6) 纽约 Niǔyuē

2 한국어 문장을 중국어로 바꿔 쓴 후, 큰 소리로 읽어 봅시다.

(1) 베이징은 오늘 바람이 불고, 기온은 3도에서 9도입니다.
→ _____

(2) 상하이의 가을은 춥지도 덥지도 않습니다.
→ _____

(3) 모스크바는 겨울에 춥고, 눈이 많이 옵니다.
→ _____

(4) 봄은 따뜻합니다. 저는 봄을 좋아합니다.
→ _____

(5) 어제는 눈이 왔고, 추웠습니다.
→ _____

(6) 오늘은 춥습니다. 옷을 두둑이 입으세요.
→ _____

회화 연습

자신이 살고 있는 도시의 계절적 특징을 말해 보고, 아래 예문을 모방해 글로 써 봅시다.

> 예
> Qīngdǎo chūntiān hěn nuǎnhuo, bù lěng yě bú rè, qìwēn chángcháng shì shí dù dào èrshí dù. Qīngdǎo xiàtiān yě bú rè,
> 青岛春天很暖和，不冷也不热，气温常常是10度到20度。青岛夏天也不热，
>
> chángcháng xià yǔ. Qīngdǎo qiūtiān hěn liángkuai, qìwēn bù gāo yě bù dī. Qīngdǎo dōngtiān bù lěng, hěn shǎo xià xuě.
> 常常下雨。青岛秋天很凉快，气温不高也不低。青岛冬天不冷，很少下雪。

青岛 Qīngdǎo 고유 칭다오 | **凉快** liángkuai 형 선선하다, 시원하다

🔴 **활 동**

일주일 간의 날씨를 적고, 문장을 써 봅시다.

날짜	요일	날씨	기온	문장

35 你感冒了。
Nǐ gǎnmào le.
감기에 걸렸군요.

단어 연습

1 단어 옆에 한어병음을 쓴 후, 큰 소리로 읽어 봅시다.

(1) 可能 _____ (2) 生病 _____ (3) 嗓子 _____

(4) 体温 _____ (5) 发烧 _____ (6) 感冒 _____

(7) 休息 _____ (8) 上学 _____ (9) 怎么了 _____

2 단어와 단어를 알맞게 연결한 후, 큰 소리로 읽어 봅시다. 연결선은 단어마다 한 번씩만 주고받게 합니다.

tóu
头 •

liáng
量 •

zài jiā
在家 •

chī
吃 •

qù
去 •

tǐwēn
• 体温

yào
• 药

téng
• 疼

shàng xué
• 上学

xiūxi
• 休息

어법 연습

1 동사 뒤에 어울리는 목적어를 쓰고, 다시 '동사 중첩' 형태로 바꿔 써 봅시다.

(1) 量_____ _____

(2) 看_____ _____

(3) 听_____ _____

(4) 上_____ _____

(5) 跑_____ _____

(6) 唱_____ _____

2 '在'에 주의해 제시된 낱말을 알맞게 배열한 후, 큰 소리로 읽어 봅시다.

(1) Wáng dàifu　zài　gōngzuò　nà jiā　yīyuàn
　　 王大夫　　在　　工作　　那家　　医院
　　 → _____

(2) wǒ　míngtiān　xiūxi　jiā　zài
　　 我　明天　　休息　家　在
　　 → _____

(3) chāoshì　miànbāo　mǎi　zài　Dàwèi
　　 超市　　面包　　买　　在　　大卫
　　 → _____

(4) zài　tāmen　tī　xuéxiào　zúqiú
　　 在　他们　踢　学校　　足球
　　 → _____

(5) jùyuàn　jīngjù　zài　kàn　yéye
　　 剧院　　京剧　在　看　爷爷
　　 → _____

(6) Liú Xiǎoshuāng　zài　yóuyǒng　tǐyùguǎn
　　 刘小双　　　　在　游泳　　　体育馆
　　 → _____

家 jiā 양 [집, 점포 등을 세는 단위]

회화 연습

그림을 보고 대화를 완성해 봅시다.

(1) A　Māma zài nǎr zuò fàn?
　　　 妈妈在哪儿做饭?

　　 B _____

(2) A　Ānni zài nǎr?
　　　 安妮在哪儿?

　　 B _____

(3) A Nǐ zài nǎr gōngzuò?
你在哪儿工作?

B _____

(4) A Xiànzài tiānqì zěnmeyàng?
现在天气怎么样?

B _____

(5) A _____

B Wǒ gǎnmào le.
我感冒了。

(6) A _____

B Tā shēng qì le.
她生气了。

做饭 zuò fàn 밥을 하다 | 生气 shēng qì 동 화가 나다

쓰기 연습

차이점에 유의하며 간체자를 써 봅시다.

几							
jǐ	丿几						

机							
jī	一 十 才 木 机 机						

没							
méi	丶 丶 氵 氵 沪 没 没						

35 你感冒了。

36 他怎么了?
Tā zěnme le?
그에게 무슨 일이 있나요?

단어 연습

1 단어 위에 한어병음을 쓰고 해당하는 의미와 연결한 후, 큰 소리로 읽어 봅시다.

生气 ·　　　　　　　　　　　· 졸리다

困　 ·　　　　　　　　　　　· 화가 나다

累　 ·　　　　　　　　　　　· 병이 나다

生病 ·　　　　　　　　　　　· 열이 나다

发烧 ·　　　　　　　　　　　· 힘들다, 지치다, 피곤하다

2 질병이나 증상을 나타내는 단어를 아는 대로 다 써 봅시다.

_____　_____　_____　_____

_____　_____　_____　_____

어법 연습

1 빈칸에 알맞은 보기를 고른 후, 큰 소리로 문장을 읽어 봅시다.

| 보기 | A 了 le | B 点儿 diǎnr | C 需要 xūyào | D 可能 kěnéng | E 哪儿 nǎr | F 去 qù |

(1) 你＿＿＿发烧了，去医院看看吧。 열이 나는지도 모르니 병원에 가 보세요.
　　Nǐ　　fā shāo le, qù yīyuàn kànkan ba.

(2) 昨天她想去商店，今天她不想去＿＿＿。 어제 그녀는 상점에 가고 싶었는데, 오늘은 가고 싶지 않아졌다.
　　Zuótiān tā xiǎng qù shāngdiàn, jīntiān tā bù xiǎng qù

(3) 你生病了，吃＿＿＿药吧。 병이 났군요. 약을 좀 드세요.
　　Nǐ shēng bìng le, chī　　yào ba.

(4) 他＿＿＿不舒服？ 그는 어디가 불편한가요?
　　Tā　　bù shūfu?

(5) 奶奶不＿＿＿公园，她＿＿＿剧院看京剧。 할머니는 공원에 가지 않고, 경극을 보러 극장에 가십니다.
　　Nǎinai bú　　gōngyuán, tā　　jùyuàn kàn jīngjù.

(6) 他肚子疼，＿＿＿在家休息。 그는 배가 아파 집에서 쉬어야 합니다.
　　Tā dùzi téng,　　zài jiā xiūxi.

想 xiǎng [조동] ~하고 싶다

106

2 '了'의 용법에 주의해 한국어 문장을 중국어로 바꿔 쓴 후, 큰 소리로 읽어 봅시다.

(1) 병이 난 모양이구나. 우리 병원에 가 보자.

→ _____

(2) 저는 감기에 걸려서 몸이 안 좋습니다.

→ _____

(3) 내일은 토요일이라 우리는 학교에 가지 않습니다.

→ _____

(4) 바람이 부니 옷을 두둑이 입으세요.

→ _____

(5) 당신은 열이 나네요. 체온을 좀 재 봅시다.

→ _____

(6) 지금은 날이 흐려진 것이 비가 올 모양입니다.

→ _____

회화 연습

그림을 보고 대화를 완성해 봅시다.

Nǐ
A 你_____?

Wǒ bù shūfu.
B 我不舒服。

A _____

Wǒ tóu téng、dùzi téng.
B 我头疼、肚子疼。

Nǐ
A 你_____?

Wǒ chīle bàn jīn jiǎozi、 yí ge hànbǎo、 liǎng kuài bǐsàbǐng, hēle yì bēi dòujiāng……
B 我吃了半斤饺子、一个汉堡、两块比萨饼，喝了一杯豆浆……

Nǐ kěnéng chī duō le.　　　　　　　　　ba.
A 你可能吃多了。_____吧。

Hǎo de. Xièxie yīshēng.
B 好的。谢谢医生。

	Nǐ xūyào
A	你需要_____。

	Hǎo de, nà wǒ míngtiān
B	好的，那我明天_____。

块 kuài 양 조각, 덩어리[조각 또는 덩어리로 된 것을 세는 단위] | 那 nà 접 그러면

활 동

감기에 걸려 진료를 본다고 가정하고, 의사 선생님과의 대화를 완성해 봅시다.

Yīshēng	Nǐ zěnme le?
医生	你怎么了？

Wǒ	Wǒ gǎnmào le, hái yǒudiǎnr
我	我感冒了，还有点儿_____。

Yīshēng	Nǐ fā shāo le.
医生	_____。……你发烧了。

Wǒ	Wǒ xūyào chī yào ma?
我	我需要吃药吗？

Yīshēng	hái yào　xiūxi jǐ tiān.
医生	_____，还要_____休息几天。

Wǒ	
我	_____

还 hái 부 또, 게다가 | 要 yào 조동 ~해야 한다

37 他们在做什么?
Tāmen zài zuò shénme?

그들은 무엇을 하고 있나요?

단어 연습

1 단어 위에 한어병음을 쓰고 해당하는 의미와 연결한 후, 큰 소리로 읽어 봅시다.

正在 / 在 ·　　　　　　　　　· 밥을 먹다

房间 ·　　　　　　　　　· ~하는 중이다

小猫 ·　　　　　　　　　· 그것

它 ·　　　　　　　　　· 방

吃饭 ·　　　　　　　　　· 고양이

2 빈칸에 알맞은 보기를 고른 후, 큰 소리로 읽어 봅시다.

보기　A 收拾 shōushi　B 做 zuò　C 打 dǎ　D 看 kàn　E 吃 chī　F 量 liáng

(1) ____饭 fàn 밥을 하다　　(2) ____体温 tǐwēn 체온을 재다　　(3) ____饺子 jiǎozi 쟈오즈를 먹다

(4) ____电话 diànhuà 전화하다　　(5) ____房间 fángjiān 방을 정리하다　　(6) ____书 shū 책을 보다

어법 연습

1 '(正)在'를 활용해 그림을 표현하는 문장을 쓴 후, 큰 소리로 읽어 봅시다.

(1) _____

(2) _____

(3) _____   (4) _____

(5) _____   (6) _____

2 제시된 낱말을 알맞게 배열해 문장을 완성한 후, 큰 소리로 읽어 봅시다.

   zhèngzài Lín Mù shàng bān
(1) 正在 林木 上班 → _____

   tāmen ne dǎ zhèngzài lánqiú
(2) 他们 呢 打 正在 篮球 → _____

   Wáng Fāngfāng chàng gē zài
(3) 王方方 唱歌 在 → _____

   zài dìdi shuì jiào ne
(4) 在 弟弟 睡觉 呢 → _____

   Dīng Shān wēibó xiě zhèngzài
(5) 丁山 微博 写 正在 → _____

   Wǒ jiějie ne yuēhuì zhèng
(6) 我姐姐 呢 约会 正 → _____

회화 연습

그림을 보고 대화를 완성해 봅시다.

   Tāmen zài zuò shénme?
(1) **A** 他们在做什么?

  B _____

	Tā zhèngzài zuò shénme?
(2) A	他正在做什么?
B	_____

	Tā zài zuò shénme ne?
(3) A	她在做什么呢?
B	_____

	Tāmen zhèngzài zuò shénme ne?
(4) A	他们正在做什么呢?
B	_____

쓰기 연습

차이점에 유의하며 간체자를 써 봅시다.

生	
shēng	ノ 𠂉 ⺧ 牛 生

姓	
xìng	⺄ 女 女 女 女⺀ 女⺀ 姓 姓

星	
xīng	丨 冂 日 日 旦 𡗗 星 星

38 *Yéye zài dǎ tàijíquán.*
爷爷在打太极拳。
할아버지는 태극권을 하고 계십니다.

단어 연습

1 단어 위에 한어병음을 쓰고 해당하는 의미와 연결한 후, 큰 소리로 읽어 봅시다.

理发	回答	收拾	画画儿	学习
정리하다, 치우다	공부하다, 배우다	그림을 그리다	이발하다	대답하다

2 빈칸에 알맞은 보기를 고른 후, 큰 소리로 읽어 봅시다.

보기: A *Hànyǔ* 汉语　B *wèntí* 问题　C *diànhuà* 电话　D *huàr* 画儿　E *Hànzì* 汉字　F *tàijíquán* 太极拳

(1) *dǎ* 打_____ 태극권을 하다　(2) *huà* 画_____ 그림을 그리다　(3) *xuéxí* 学习_____ 중국어를 배우다

(4) *huídá* 回答_____ 질문에 답하다　(5) *xiě* 写_____ 한자를 쓰다　(6) *dǎ* 打_____ 전화하다

어법 연습

1 보기 속 문장을 큰 소리로 읽은 후, 세 그룹으로 분류해 봅시다.

보기:
A *Bàba bú zài jiā li.* 爸爸不在家里。
B *Tāmen zài tī zúqiú.* 他们在踢足球。
C *Nǐ de diànnǎo zài zhuōzi shang.* 你的电脑在桌子上。
D *Gēge zài tǐyùguǎn jiànshēn.* 哥哥在体育馆健身。
E *Wǒmen zài chī fàn ne.* 我们在吃饭呢。
F *Māma zài chāoshì mǎi dōngxi ne.* 妈妈在超市买东西呢。

(1) '在'가 '~에 있다'라는 동사 의미로 쓰인 문장　_____

(2) '在'가 '~에(서)'라는 개사 의미로 쓰인 문장　_____

(3) '在'가 '~하고 있는 중이다'라는 부사 의미로 쓰인 문장　_____

2 괄호 안 단어의 알맞은 위치를 찾은 후, 큰 소리로 문장을 읽어 봅시다.

(1) A 妹妹 B 上网 C 写微博。(正在)
　　mèimei 　　*shàng wǎng* 　　*xiě wēibó.* 　　*zhèngzài*

(2) 丁山 A 不在银行 B，他在超市买草莓 C。(呢)
　　Dīng Shān 　　*bú zài yínháng* 　　*tā zài chāoshì mǎi cǎoméi* 　　*ne*

112

(3) A 我姐姐 B 和男朋友 C 听音乐会呢！（正）

(4) 大卫 A 和他的朋友 B 颐和园 C 玩儿呢！（在）

(5) 下雪 A，你多穿 B 点儿衣服 C。（了）

(6) 我 A 明天去 B 商店 C 买运动鞋。（打算）

회화 연습

그림을 보고 대화를 완성해 봅시다.

A 奶奶正在做什么?

B _____(唱戏)

A 妈妈在做什么?

B _____

A 爸爸正在做什么?

B _____

A 爷爷在做什么?

B _____

A 哥哥在做什么?

B _____

唱戏 chàng xì 통 중국 전통극을 공연하다

활동

학교 운동장, 공원, 광장 등 사람이 많은 곳에 가서 사진을 한 장 찍고, 사진 속 사람들이 각자 무엇을 하고 있는지 표현하는 문장을 써 봅시다.

_____
_____
_____

39 房间收拾完了。
Fángjiān shōushi wán le.

방 정리를 끝냈습니다.

단어 연습

1 단어 위에 한어병음을 쓰고 해당하는 의미와 연결한 후, 큰 소리로 읽어 봅시다.

干净 ·　　　　　　　　　　　· 아들

洗车 ·　　　　　　　　　　　· 숙제

作业 ·　　　　　　　　　　　· 깨끗하다

儿子 ·　　　　　　　　　　　· 저녁밥

晚饭 ·　　　　　　　　　　　· 닦다

擦　 ·　　　　　　　　　　　· 세차하다

2 동사와 목적어를 알맞게 연결한 후, 큰 소리로 읽어 봅시다. 연결선은 단어마다 한 번씩만 주고받게 합니다.

cā
擦 ·　　　　　　　　　　　　chē
　　　　　　　　　　　　　· 车

zuò
做 ·　　　　　　　　　　　　zuòyè
　　　　　　　　　　　　　· 作业

xǐ
洗 ·　　　　　　　　　　　　zhuōzi
　　　　　　　　　　　　　· 桌子

xiě
写 ·　　　　　　　　　　　　Hànyǔ
　　　　　　　　　　　　　· 汉语

kàn
看 ·　　　　　　　　　　　　wǎnfàn
　　　　　　　　　　　　　· 晚饭

xué
学 ·　　　　　　　　　　　　shū
　　　　　　　　　　　　　· 书

어법 연습

1 빈칸에 알맞은 보기를 고른 후, 큰 소리로 문장을 읽어 봅시다.

| 보기 | **A** hǎo 好 | **B** gānjìng 干净 | **C** wán 完 |

(1) 这本书看＿＿＿了。 이 책을 다 봤습니다.
Zhè běn shū kàn　　le.

(2) 衣服洗＿＿＿了。 옷을 깨끗이 빨았습니다.
Yīfu xǐ　　le.

(3) 作业写_____了。 숙제를 다 했습니다.
　　Zuòyè xiě　　le.

(4) 面条儿做_____了，你吃吧。 국수가 다 됐으니 먹어요.
　　Miàntiáor zuò　　le, nǐ chī ba.

(5) 豆浆喝_____了，再来一杯。 콩국을 다 마셨습니다. 한 컵 더 주세요.
　　Dòujiāng hē　　le, zài lái yì bēi.

(6) 卧室收拾_____了，真干净！ 침실이 정리되어 정말 깨끗하네요!
　　Wòshì shōushi　　le, zhēn gānjìng!

本 běn 양 권[책을 세는 단위] | 卧室 wòshì 명 침실 | 真 zhēn 부 참으로, 정말로

2 제시된 낱말을 알맞게 배열해 문장을 완성한 후, 큰 소리로 읽어 봅시다.

(1) 干净　餐桌　擦　了
　　gānjìng cānzhuō cā le
　→ _____

(2) 吃　了　草莓　完
　　chī le cǎoméi wán
　→ _____

(3) 那个　写　汉字　错　没
　　nàge xiě Hànzì cuò méi
　→ _____

(4) 这本　看　了　书　完
　　Zhè běn kàn le shū wán
　→ _____

(5) 小明　的　没　写　作业　完
　　Xiǎomíng de méi xiě zuòyè wán
　→ _____

(6) 错　你　看　了　他　林木　不是
　　cuò nǐ kàn le tā Lín Mù bú shì
　→ _____

회화 연습

그림을 보고 대화를 완성해 봅시다.

(1) A 这个汉字我写对了吗？
　　　Zhège Hànzì wǒ xiěduì le ma?

　　B _____

(2) A Nǐ zuòyè xiěwán le ma?
    你作业写完了吗?

    B _____

(3) A _____

    B Dàyī xǐhǎo le.
       大衣洗好了。

(4) A _____

    B Xīhóngshì xǐ gānjìng le.
       西红柿洗干净了。

쓰기 연습

차이점에 유의하며 간체자를 써 봅시다.

元								
yuán	一 二 テ 元							

完								
wán	丶 宀 宀 宀 宀 宀 完							

院								
yuàn	丨 阝 阝 阝 阝 阝 阝 院 院							

40 爸爸听懂了。
Bàba tīngdǒng le.
아빠는 알아들으셨습니다.

단어 연습

1 단어 위에 한어병음을 쓰고 해당하는 의미와 연결한 후, 큰 소리로 읽어 봅시다.

客厅 ·   · 의자

卧室 ·   · 옷장

沙发 ·   · 탁자, 책상

椅子 ·   · 거실

桌子 ·   · 소파

衣柜 ·   · 침실

2 빈칸에 알맞은 보기를 고른 후, 큰 소리로 읽어 봅시다.

보기 A 对 duì   B 错 cuò   C 清楚 qīngchu   D 饱 bǎo   E 懂 dǒng   F 完 wán

(1) 听____了 알아들었다 tīng le
(2) 说____了 분명히 말했다 shuō le
(3) 看____了 잘못 봤다 kàn le
(4) 写____了 맞게 썼다 xiě le
(5) 吃____了 배불리 먹었다 chī le
(6) 洗____了 다 빨았다 xǐ le

说 shuō 동 말하다

어법 연습

1 빈칸에 '不'나 '没'를 넣어 문장을 완성한 후, 큰 소리로 읽어 봅시다.

(1) 昨天他____去公司上班。
Zuótiān tā qù gōngsī shàng bān.

(2) 明天大卫____来了。
Míngtiān Dàwèi lái le.

(3) 京剧____看完，奶奶就回家了。
Jīngjù kànwán, nǎinai jiù huí jiā le.

(4) 下个星期我____去上海了。
Xià ge xīngqī wǒ qù Shànghǎi le.

　　　　　　Wǎnshang jiǔ diǎn bàn le, tā hái　　chī wǎnfàn.
(5) 晚上九点半了，他还_____吃晚饭。

　　　　　　Míngtiān　　guā fēng, kěnéng huì xià yǔ.
(6) 明天_____刮风，可能会下雨。

来 lái 동 오다 | 回家 huí jiā 귀가하다 | 下个星期 xià ge xīngqī 다음 주

2 긍정문은 부정문으로, 부정문은 긍정문으로 바꿔 쓴 후, 큰 소리로 읽어 봅시다.

　　　Fángjiān dǎsǎo wán le.
(1) 房间打扫完了。

→ _____

　　　Wǒ tīng qīngchu le.
(2) 我听清楚了。

→ _____

　　　Tā shuōcuò le.
(3) 他说错了。

→ _____

　　　Pánzi méi xǐ gānjìng.
(4) 盘子没洗干净。

→ _____

　　　Wǒ méi chībǎo.
(5) 我没吃饱。

→ _____

　　　Zhè běn shū wǒ méi kàndǒng.
(6) 这本书我没看懂。

→ _____

회화 연습

실제에 근거해 질문에 답해 봅시다.

　　　Zhè běn shū nǐ xuéwán le ma?
(1) 这本书你学完了吗?

　　　Zhè běn shū de yǔfǎ nǐ dōu xuéhuì le ma?
(2) 这本书的语法你都学会了吗?

　　　Kèwén nǐ dōu jìzhù le ma?
(3) 课文你都记住了吗?

　　　Zhōngguórén shuō huà, nǐ dōu néng tīngdǒng le ma?
(4) 中国人说话，你都能听懂了吗?

Nǐ Hànyǔ xuéhǎo le ma?
(5) 你汉语学好了吗?

语法 yǔfǎ 몡 어법 | **课文** kèwén 몡 본문 | **记** jì 동 기억하다 | **住** zhù 동 [동사 뒤에 쓰여 견고함이나 안정됨을 나타냄] | **能** néng 조동 ~할 수 있다

활 동

계획표를 짜서 하루를 보내고, 끝낸 일과 그렇지 않은 일을 OX 표시해 문장을 써 봅시다.

시간	할 일	완수 여부	문장

MP3 파일 다운로드 및
실시간 재생 서비스

New Concept Chinese
신개념 중국어 1 워크북

지은이 崔永华
옮긴이 임대근
펴낸이 정규도
펴낸곳 (주)다락원

기획·편집 고은지, 이상윤, 박소정
디자인 박나래, 최영란

 다락원 경기도 파주시 문발로 211
전화 (02)736-2031(내선 250~252/내선 430, 437)
팩스 (02)732-2037
출판등록 1977년 9월 16일 제406-2008-000007호

Copyright © 2012, 北京语言大学出版社
한국 내 Copyright © 2016, (주)다락원

이 책의 한국 내 저작권은 北京语言大学出版社와의
독점 계약으로 (주)다락원이 소유합니다.

저자 및 출판사의 허락 없이 이 책의 일부 또는 전부를 무
단 복제·전재·발췌할 수 없습니다. 구입 후 철회는 회사
내규에 부합하는 경우에 가능하므로 구입처에 문의하시기
바랍니다. 분실·파손 등에 따른 소비자 피해에 대해서는 공
정거래위원회에서 고시한 소비자 분쟁 해결 기준에 따라 보
상 가능합니다. 잘못된 책은 바꿔 드립니다.

www.darakwon.co.kr
다락원 홈페이지를 방문하시면 상세한 출판 정보와 함께
동영상 강좌, MP3 자료 등 다양한 어학 정보를 얻으실 수
있습니다.